经典粤菜分步详解

| 张鹏　主编 |

Ch TX 724.5 .C5 J559 2013

Jing dian yue cai fen bu
 xiang jie

金盾出版社

图书在版编目（CIP）数据

经典粤菜分步详解 / 张鹏主编 . — 北京 : 金盾出版社 , 2013.9（2014.8 重印）
ISBN 978-7-5082-8605-1

Ⅰ . ①经… Ⅱ . ①张… Ⅲ . ①粤菜—菜谱 Ⅳ . ① TS972.182.65

中国版本图书馆 CIP 数据核字（2013）第 170340 号

金盾出版社出版、总发行

北京太平路5号（地铁万寿路站往南）

邮政编码：100036　电话：68214039　83219215

传真：68276683　网址：www.jdcbs.cn

封面印刷：北京鑫海达印刷有限公司

正文印刷：北京市松源印刷有限公司

装订：北京市松源印刷有限公司

各地新华书店经销

开本：720×1020　1/16　印张：21

2014年8月第1版第2次印刷

定价：29.80元

前言
Foreword

　　粤菜有着悠久的历史，其特有的菜式和韵味，独树一帜，是我国著名的八大菜系之一，在国内外都享有盛誉。粤菜由广州菜、潮州菜和客家菜组成。虽然是起步较晚的菜系，但它影响比较深远，港、澳及世界各国的中菜馆多数以粤菜为主。

　　粤菜取百家之长，用料广博，选料珍奇，配料精巧，善于在模仿中创新，依食客喜好而烹制。烹调技艺多样善变，烹调方法有21种之多，尤以蒸、炒、煎、焗、焖、炸、煲、炖、扣等见长。讲究火候，尤重"镬气"和现炒现吃，做出的菜肴注重色、香、味、形，口味上以清、鲜、嫩、爽为主，而且随季节时令的不同而变化。夏秋菜色多清淡，冬春则偏重浓郁，并有"五滋"（香、酥、脆、肥、浓）、六味（酸、甜、苦、辣、咸、鲜）之别。

　　粤菜选料广博奇异，品种花样繁多，飞禽走兽、鱼虾鳌蟹，几乎都能上席。用量精而细，配料多且巧，装饰美而艳，而且善于在模仿中创新，品种繁多。风味注重质量和原汁原味，口味比较清淡，力求清中求鲜、淡中求美。

　　粤菜品种繁多，1965年"广州名菜美点展览会"介绍的就有5 457种之多。

　　除了正式菜点，广东的小食、点心也制作精巧，而各地的饮食风俗也有其独到之处，如广州的早茶，潮州的功夫茶等。这些饮食风俗已经超出"吃"的范畴，成为广东的饮食文化。

　　食在广东还离不开早茶。它实际是变相的吃饭，各酒楼、酒店、茶楼均设早、午、晚茶，饮茶也就与谈生意、听消息、会朋友连在一起了。广东饮茶离不开茶、点心、粥、粉、面，还有一些小菜。值得一提的是潮州工夫茶，它备用特制的紫砂茶壶、白瓷小杯和乌龙茶，投茶量大，茶汤浓香带苦，却有回甘，让人回味无穷。广东点心历史悠久、品种繁多，造型精美且口味新颖，别具特色。

总的来说，粤菜吃的不止是菜，还是一种文化，一种健康标准的体现。本书共介绍了154道经典粤菜，分为素菜类46道，畜肉类菜32道，禽蛋类31道，水产海鲜类45道。每一种菜品逐一介绍了营养分析、原料准备、调料准备、做法演示、食物相宜相克、健康小贴士等项目，以帮助读者掌握经典粤菜的烹调技术和健康知识，吃出品位和健康。

第一章　食在粤菜

粤菜的组成..................010	蒸菜的好处及分类..............014
粤菜的三大特点..............011	锁住肉类营养，烹调时有
粤菜的烹饪方法..............012	秘诀........................015
制作广东靓汤的关键..........013	怎样烹调蔬菜更健康............016

第二章　素菜类

白灼菜心..................020	鲍汁铁板酿茄子..............066
白灼菠菜..................022	荷塘小炒....................068
白灼茼蒿..................024	乳香藕片....................070
白灼芥蓝..................026	蜜汁南瓜....................072
葱油芥蓝..................028	吉利南瓜球..................074
奶油白菜..................030	南瓜炒蟹柳..................076
蚝油包生菜................032	蟹柳白菜卷..................078
蚝油生菜..................034	清炒苦瓜....................080
鸡汁丝瓜..................036	梅菜炒苦瓜..................082
蒜蓉红菜薹................038	菠萝炒苦瓜..................084
木耳酸笋拌黄瓜............040	客家酿苦瓜..................086
凉拌海蜇萝卜丝............042	椒盐玉米....................088
蒜薹炒山药................044	茄汁年糕....................090
洋葱炒黄豆芽..............046	小白菜炒平菇................092
西蓝花冬瓜................048	鲍汁草菇....................094
红枣蒸南瓜................050	菌菇油麦菜..................096
南瓜炒百合................052	素炒杂菌....................098
西芹炒百合................054	三鲜莲蓬豆腐................100
西芹百合炒腰果............056	翡翠豆腐....................102
百合扣金瓜................058	百花豆腐....................104
香煎茄片..................060	菠萝咕噜豆腐................106
椒盐茄盒..................062	客家酿豆腐..................108
客家茄子煲................064	金针菇日本豆腐..............110

第三章　畜肉类

咕噜肉 114

黄瓜木耳炒肉卷.......... 116

雪里蕻肉末.............. 118

咖喱肉末粉丝 120

榄菜肉末蒸豆腐.......... 122

咸蛋蒸肉饼.............. 124

煎酿三宝 126

年糕炒腊肉.............. 128

白菜梗炒香肠............ 130

冬笋炒香肠.............. 132

菠萝排骨................ 134

苦瓜黄豆排骨煲.......... 136

酸梅酱蒸排骨............ 138

豆香排骨 140

菠萝苦瓜排骨汤.......... 142

苦瓜肥肠................ 144

咸菜肥肠................ 146

香芹炒猪肝.............. 148

西芹炒猪心.............. 150

猪肺炒山药.............. 152

猪肺菜干汤.............. 154

雪梨猪肺汤.............. 156

胡萝卜丝炒牛肉.......... 158

芥蓝炒牛肉.............. 160

鸡腿菇炒牛肉............ 162

苦瓜炒牛肉.............. 164

蚝油青椒牛肉............ 166

咖喱牛肉................ 168

牛肉娃娃菜 170

金瓜咖喱牛腩............ 172

豆角炒牛肚.............. 174

浓汤香菇煨牛丸.......... 176

第四章　禽蛋类

香蕉滑鸡................ 180

咖喱鸡块................ 182

鸡蓉酿苦瓜.............. 184

冬瓜鸡蓉百花展.......... 186

菠萝鸡丁................ 188

炸蛋丝滑鸡丝............ 190

怪味鸡丁................ 192

南瓜蒸滑鸡.............. 194

三杯鸡.................. 196

荷叶鸡.................. 198

湛江白切鸡.............. 200

水晶鸡.................. 202

奇味鸡煲................ 204

红酒焖鸡翅.............. 206

豉酱蒸凤爪.............. 208

蚝皇凤爪................ 210

菠萝鸡片汤.............. 212

虫草花鸡汤.............. 214

枸杞红枣乌鸡汤.......... 216

药膳乌鸡汤.............. 218

虫草花鸭汤.............. 220

白萝卜竹荪水鸭汤........ 222

沙参玉竹老鸭汤.......... 224

鲍汁扣鹅掌.............. 226

脆皮乳鸽................ 228

乳鸽煲.................. 230

蛋丝银芽..............................232　　豆浆蟹柳蒸水蛋..............................238

蛋里藏珍..............................234　　三鲜蒸滑蛋..............................240

苦瓜酿咸蛋..............................236

第五章　水产海鲜类

西芹炒鱼丝..............................244　　鲜虾蒸豆腐..............................298

豆豉小葱蒸鲫鱼..............................246　　香酥虾..............................300

葱烧鲫鱼..............................248　　鲜虾干捞粉丝煲..............................302

椒盐带鱼..............................250　　豉油皇焗虾..............................304

酱香带鱼..............................252　　茄汁虾丸..............................306

豆豉蒸草鱼..............................254　　韭黄炒虾仁..............................308

麒麟生鱼片..............................256　　茄汁基围虾..............................310

吉利生鱼卷..............................258　　鲜虾烩冬蓉..............................312

吉利百花卷..............................260　　莴笋木耳炒虾仁..............................314

香煎池鱼..............................262　　火龙果海鲜盏..............................316

菠萝鱼片..............................264　　虾仁豆腐..............................318

茄汁鱼片..............................266　　蒜蓉虾仁娃娃菜..............................320

豆豉鲮鱼炒苦瓜..............................268　　蒜蓉干贝蒸丝瓜..............................322

生鱼骨汤..............................270　　蒜蓉粉丝蒸扇贝..............................324

鱼丸紫菜煲..............................272　　蒜蓉粉丝蒸蛏子..............................326

木瓜红枣生鱼汤..............................274　　干贝冬瓜竹荪汤..............................328

天麻鱼头汤..............................276　　花蛤苦瓜汤..............................330

时蔬炒墨鱼..............................278　　冬笋海味汤..............................332

芹菜炒墨鱼..............................280

孜然鱿鱼..............................282

锅仔鲈鱼煮萝卜..............................284

鲜虾银杏炒百合..............................286

山药炒虾仁..............................288

椒盐基围虾..............................290

白灼基围虾..............................292

虾仁莴笋..............................294

虾胶日本豆腐..............................296

第一章
食在粤菜

作为中国汉族八大菜系之一，粤菜起步比较晚，但其以多样善变的烹饪技艺、奇异广博的原料选择以及海纳百川地吸取其他各大菜系的长处，深深影响着粤、港、澳和世界各地。

粤菜的组成

◎粤菜有三大分支，这三大分支组成了今天我们看到的粤菜，分别是广州菜、东江菜、潮州菜这三种地方菜系，其中又以广州菜为代表。

⬇ 广州菜

广州菜包括珠江三角洲和肇庆、韶关、湛江等地的名食。广州菜取料广泛，品种花样繁多，天上飞的、地上爬的、水中游的，几乎都能上席。广州菜用量精而细，配料多而巧，善于变化。风味讲究清而不淡，鲜而不俗，嫩而不生，油而不腻。随季节时令的变化，广州菜在口味上也有所偏重，夏秋偏重清淡，冬春偏重浓郁。广州菜擅长小炒，要求掌握火候和油温。

⬇ 东江菜

东江菜又称"客家菜"。客家人原是中原人，在汉末和北宋后期因避战乱南迁，聚居在广东东江一带，其语言、风俗尚保留中原固有的风貌。东江菜以惠州菜为代表，菜品多用肉类，酱料简单，主料突出，香浓讲究，下油重，味偏咸，以沙锅菜见长，有独特的乡土风味。

⬇ 潮州菜

潮州府故属闽地，其语言和习俗与闽南相近。隶属广东之后，又受珠江三角洲的影响。故潮州菜接近闽、粤，汇两家之长，自成一派。潮州菜以烹调海鲜见长，刀工技术讲究，口味偏重香、浓、鲜、甜。喜用鱼露、沙茶酱、梅羔酱、姜酒等调味品，甜菜较多，款式百种以上，都是粗料细作，香甜可口。

粤菜的三大特点

◎粤菜食谱绚丽多姿，烹调法技艺精良而且方法众多，并以其用料广博、用量精细、注重品"味"著称。

特点一

广东地处亚热带，濒临南海，雨量充沛，四季常青，物产富饶，所以广东的饮食，在选材上得天独厚，这也就造就了粤菜的第一大特点——用料广博。据粗略估计，粤菜的用料达数千种，举凡各地菜系所用的家养禽畜，水泽鱼虾，粤菜无不用之；而各地所不用的蛇、鼠、猫、狗以及山间野味，粤菜则视为上肴。粤菜不仅主料丰富，而且配料和调料亦十分丰富。为了显出主料的风味，粤菜选择配料和调料十分讲究，配料不会杂，调料是为调出主料的原味，两者均以清新为本，讲求色、香、味、形，且以味鲜为主体。

特点二

粤菜的第二个特点在于用量精细，装饰美而艳，且善取各家之长，为己所用，常学常新。如苏菜中的名菜松鼠鳜鱼，饮誉大江南北，粤菜名厨运用娴熟的刀工将鱼改成小菊花型，名为"菊花鱼"。如此一改，能一口一块，用筷子及刀叉食用都方便、卫生，苏菜经过改造，便成了粤菜。

特点三

粤菜的第三个特点是注重菜品的"味"，风味上清中求鲜、淡中求美。烹调以炒为主，兼有烩、煎、炖、煲、扒，讲究清而不淡，鲜而不俗，嫩而不生，油而不腻。

粤菜的烹饪方法

◎粤菜的烹饪方法有很多种，讲究火候，尤重现炒现吃，做出的菜肴注重色、香、味、形，口味上以清、鲜、嫩、爽为主。

⊕ 烩

烩是指将原料油炸或煮熟后改刀，放入锅内加辅料、调料、高汤烩制的方法。具体做法是将原料投入锅中略炒或在滚油中过油或在沸水中略烫之后，放在锅内加水或浓肉汤，再加佐料，用大火煮片刻，然后加入芡汁拌匀至熟。

⊕ 焖

焖是从烧演变而来的，是将加工处理后的原料放入锅中加适量的汤水和调料，盖紧锅盖烧开后改用中火进行较长时间的加热，待原料酥软入味后，留少量味汁成菜的烹饪技法。

⊕ 煎

日常所说的煎，是指先把锅烧热，再以凉油涮锅，留少量底油，放入原料，先煎一面上色，再煎另一面。煎时要不停地晃动

锅，以使原料受热均匀，色泽一致，使其熟透，食物表面会成金黄色乃至微糊。

⊕ 煲

煲就是把原材料小火煮，慢慢地熬。煲汤往往选择富含蛋白质的动物原料，一般需要三个小时左右。

⊕ 炖

炖是指将原材料加入汤水及调味品，先用旺火烧沸，然后转成中小火，长时间烧煮的烹调方法。炖出来的汤的特点是：滋味鲜浓、香气醇厚。

⊕ 蒸

蒸是一种常见的烹饪方法，其原理是将经过调味后的原材料放在容器中，以蒸汽加热，使其成熟或酥烂入味，其特点是保留了菜肴的原形、原汁、原味。

制作广东靓汤的关键

◎要想做好一锅既美味又营养的广东老火靓汤，一定要注意以下三个关键。

⇩ 注意主料和调味料的搭配

常用的花椒、生姜、胡椒、葱等调味料，这些都起去腥增香的作用，一般都是少不了的，针对不同的主料，需要加入不同的调味料。比如烧羊肉汤，由于羊肉膻味重，调料如果不足的话，做出来的汤就是涩的，这就得多加姜片和花椒了。但调料多了也有一个不好的地方，就是容易产生太多的浮沫，这就需要大家在做汤的后期自己耐心地将浮沫撇掉。

⇩ 选择优质合适的配料

一般来说，根据所处季节的不同，加入时令蔬菜做为配料，比如炖酥肉汤的话，春夏季就加入菜头做配料，秋冬季就加白萝卜。对于那些比较特殊的主料，需要加特别的配料，比如，牛羊肉烧汤吃了就很容易上火，就需要加去火的配料，这时，白萝卜就是比较好的选择了，二者合炖，就没那么容易上火了。

⇩ 原料应冷水下锅

制作老火靓汤的原料一般都是整只整块的动物性原料，如果投入沸水中，原料表层细胞骤受高温易凝固，会影响原料内部蛋白质等物质的溢出，成汤的鲜味便会不足。煲老火靓汤讲究"一气呵成"，不应中途加水，因这样会使汤水温度突然下降，肉内蛋白质突然凝固，再不能充分溶解于汤中，也有损于汤的美味。

蒸菜的好处及分类

◎就烹饪而言，如果没有蒸，我们就永远尝不到由蒸变化而来的鲜、香、嫩、滑之滋味。

↓ 蒸菜的定义

蒸是一种重要的烹调方法，其原理是将原料放在容器中，以蒸汽加热，使调好味的原料成熟或酥烂入味。其特点是，保留了菜肴的原形、原汁、原味。比起炒、炸、煎等烹饪方法，更符合健康饮食的要求。

↓ 蒸菜的种类

清蒸：指单一口味原料直接调味蒸制。

粉蒸：指腌味的原料上浆后，蘸上一层熟玉米粉蒸制成菜的方法。

糟蒸：是在蒸菜的调料中加糟卤或糟油，使成品菜有特殊的糟香味的蒸法。

上浆蒸：是鲜嫩原料用蛋清淀粉上浆后再蒸的方法。

扣蒸：就是将原料经过改刀处理按一定顺序放入碗中，上笼蒸熟的方法。

↓ 蒸菜的四大好处

①吃蒸菜不会上火。蒸的过程是以水渗热、阴阳共济，蒸制的菜肴吃了就不会上火。②吃蒸饭蒸菜营养好。蒸能避免受热不均和过度煎、炸造成有效成分的破坏和有害物质的产生。③蒸品最卫生。菜肴在蒸的过程中，餐具也得到蒸汽的消毒，避免二次污染。④蒸菜的味道更纯正。"蒸"是利用蒸汽的对流作用，把热量传递给菜肴原料，使其成熟，所以蒸出来的食品清淡、自然，既能保持食物的外形，又能保持食物的风味。

锁住肉类营养，烹调时有秘诀

◎肉类具有营养丰富和味道鲜美的特点。烹调肉类并留住其营养的诀窍，主要有以下几点。

肉块要切得大些

肉类内含有可溶于水的含氮物质，炖猪肉时释出越多，肉汤味道越浓，肉块的香味则会相对减淡，因此炖肉的肉块切得要适当大些，以减少肉内含氮物质的外溢，这样肉味可比小块肉鲜美。另外不要用旺火猛煮：一是肉块遇到急剧的高热时肌纤维会变硬，肉块就不易煮烂；二是肉中的芳香物质会随猛煮时的水汽蒸发掉，使香味减少。

肉类焖制营养最高

肉类食物在烹调过程中，某些营养物质会遭到破坏。采用不同的烹调方法，其营养损失的程度也有所不同。如蛋白质，在炸的过程中损失可达8%～12%，煮和焖则损耗较少；B族维生素在炸的过程中损失45%，煮为42%，焖为30%。由此可见，肉类在烹调过程中，焖制损失营养最少。另外，如果把肉剁成肉泥，与面粉等做成丸子或肉饼，其营养损失要比直接炸和煮减少一半。

炖肉少加水

在炖煮肉类时，要少加水，以使汤汁滋味醇厚。在煮、炖的过程中，水溶性维生素和矿物质溶于汤汁内，如随汤一起食用，会减少损失。因此，在食用红烧、清炖及蒸、煮的肉类及鱼类食物时，应连汁带汤都吃掉。

肉类和蒜一起烹饪更有营养

关于瘦肉和大蒜的关系，民间就有谚语云："吃肉不加蒜，营养减一半。"意思就是说肉类食品和蒜一起烹饪更有营养。

动物食品中，尤其是瘦肉中含有丰富的维生素B_1，但维生素B_1并不稳定，在人体内停留的时间较短，会随尿液大量排出。而大蒜中含特有的蒜氨酸和蒜酶，二者接触后会产生蒜素，肉中的维生素B_1和蒜素结合能生成稳定的蒜硫胺素，从而提高肉中维生素B_1的含量。不仅如此，蒜硫胺素还能延长维生素B_1在人体内的停留时间，提高其在胃肠道的吸收率和人体内的利用率。所以，在日常饮食中，吃肉时应适量吃一点蒜，既可解腥去异味，又能达到事半功倍的营养效果。

怎样烹调蔬菜更健康

◎蔬菜中含有许多易溶于水的营养成分。烹调新鲜蔬菜的第一步，就是要考虑到保存住这些营养素，不让它们随水流失。

不要久存蔬菜

很多人喜欢一周进行一次大采购，把采购回来的蔬菜存在家里慢慢吃，这样虽然节省了时间，也很方便，但殊不知，蔬菜放置一天就会损失大量的营养素。例如，菠菜在通常情况下（20℃）每放置一天，维生素C的损失就高达84%。因此，应尽量减少蔬菜的储藏时间。如果储藏也应该选择干燥、通风、避光的地方。

蔬菜买回家后不能马上整理。许多人都习惯把蔬菜买回家以后就立即整理，整理好后却要隔一段时间才炒。其实我们买回来的包菜的外叶、莴笋的嫩叶、毛豆的荚都是活的，它们的营养物质仍然在向可食用部分供应，所以保留它们有利于保存蔬菜的营养物质。而整理以后，营养物质容易丢失，菜的品质自然下降，因此，不打算马上炒的蔬菜就不要立即整理，应现理现炒。

不要先切后洗

许多蔬菜，人们都习惯先切后洗。其实，这样做是非常不科学的。因为这种做法会加速蔬菜营养素的氧化和可溶物质的流失，使蔬菜的营养价值降低。要知道，蔬菜先洗后切，维生素C可保留98.4%～100%；如果先切后洗，维生素C就只能保留73.9%～92.9%。正确的做法是：把叶片剥下来清洗干净后，再用刀切成片、丝或块，随即下锅烹炒。还有，蔬菜不宜切得太细，过细容易丢失营养素。据研究，蔬菜切成丝后，维生素仅保留18.4%。至于花菜，洗净后只要用手将一个个绒球肉质花梗团瓣开即可，不必用刀切，因为用刀切时，肉质花梗团便会被弄得粉碎不成形。当然，最后剩下的肥大主花大茎要用刀切开。总之，能够不用刀切的蔬菜就尽量不要用刀切。

蔬菜不要切成太小块

蔬菜切成小块，过1小时维生素C会损失20%。蔬菜切成稍大块，有利于保存其中的营养素。有些蔬菜若可用手撕断，就尽量少用刀切。

掌握做菜的火候

在烹调方法中，蒸对维生素破坏最少，煮损失最多，煎居中，其排列顺序是蒸、炸、煎、炒、煮。不论用哪种方法，都要热力高，速度快，时间短。做菜时还要盖好锅盖，这样可以防止水溶性维生素随水蒸气跑掉。

炒菜用铁锅最好

用铁锅炒菜维生素损失较少，还可补充铁质。若用铜锅炒菜，维生素C的损失要比用其他炊具高2~3倍。这是因为用铜锅炒菜会产生铜盐，可促使维生素C氧化。

炒菜油温不可过高

炒菜时，当油温高达200℃以上时，会产生一种叫做"丙烯醛"的有害气体，它是油烟的主要成分，还会使油产生大量极易致癌的过氧化物。因此，炒菜还是

用八成热的油较好。

少放调料

美国科学家的一项调查表明，胡椒、桂皮、白芷、丁香、小茴香、生姜等天然调味品有一定的诱变性和毒性，多吃可导致人体细胞畸变，形成癌症，还会给人带来口干、咽喉痛、精神不振、失眠等副作用，有时也会诱发高血压、肠胃炎等多种病变，所以提倡烹调时少放调味料。

连续炒菜须刷锅

经常炒菜的人知道，在每炒完一道菜后，锅底就会有一些黄棕色或黑褐色的黏滞物。有些人连续炒菜不刷锅，认为这样既节省了时间，又不会造成油的浪费。事实上，如果接着炒第二道菜，锅底里的黏滞物就会粘在锅底，从而出现"焦味"，而且会给人体的健康带来隐患。

蔬菜用沸水焯熟

维生素含量高且适合生吃的蔬菜应尽可能凉拌生吃，或在沸水中焯1~2分钟后再拌，也可用带油的热汤烫菜。用沸水煮根类蔬菜可以软化膳食纤维，改善蔬菜的口感。

第二章
蔬菜类

蔬菜是人们日常饮食中必不可少的食物，可提供人体所必需的多种维生素和矿物质。多食蔬菜有很多好处，如延年益寿、降低胆固醇、减少肾脏负担、降低患癌症的几率、减少寄生虫感染等。

白灼菜心

Bai zhuo cai xin

营养分析 > 菜心富含钙、铁、胡萝卜素和维生素C，对抵御皮肤过度角质化大有裨益，可促进血液循环、散血消肿。菜心还含有能促进眼睛视紫质合成的物质，能明目，还能清热解毒、润肠通便，对口腔溃疡、牙齿松动、牙龈出血等也有防治作用。

制作指导 > 菜心入锅煮的时间不可太久，否则菜叶会变黄，影响成品美观。

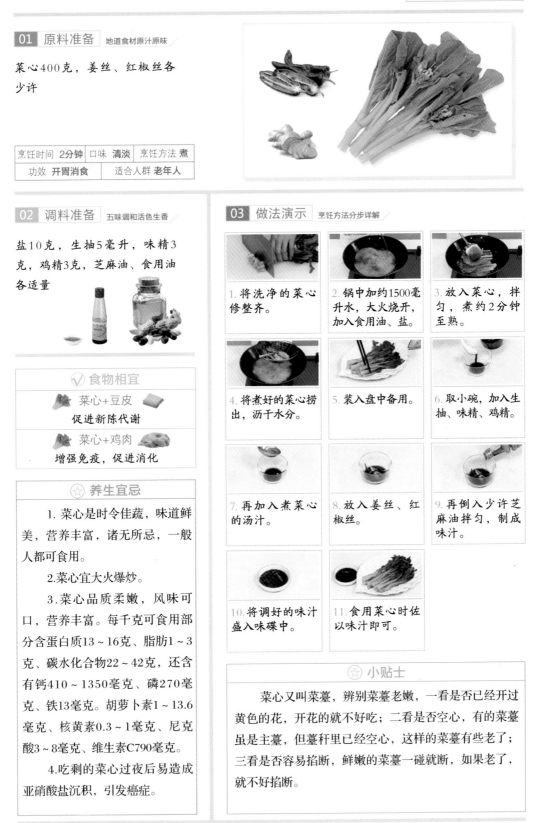

01 原料准备 地道食材原汁原味

菜心400克，姜丝、红椒丝各少许

烹饪时间 2分钟	口味 清淡	烹饪方法 煮
功效 开胃消食	适合人群 老年人	

02 调料准备 五味调和活色生香

盐10克，生抽5毫升，味精3克，鸡精3克，芝麻油、食用油各适量

✓ 食物相宜

菜心+豆皮
促进新陈代谢

菜心+鸡肉
增强免疫，促进消化

☆ 养生宜忌

1. 菜心是时令佳蔬，味道鲜美，营养丰富，诸无所忌，一般人都可食用。

2. 菜心宜大火爆炒。

3. 菜心品质柔嫩，风味可口，营养丰富。每千克可食用部分含蛋白质13～16克、脂肪1～3克、碳水化合物22～42克，还含有钙410～1350毫克、磷270毫克、铁13毫克。胡萝卜素1～13.6毫克、核黄素0.3～1毫克、尼克酸3～8毫克、维生素C790毫克。

4. 吃剩的菜心过夜后易造成亚硝酸盐沉积，引发癌症。

03 做法演示 烹饪方法分步详解

1. 将洗净的菜心修整齐。

2. 锅中加约1500毫升水，大火烧开，加入食用油、盐。

3. 放入菜心，拌匀，煮约2分钟至熟。

4. 将煮好的菜心捞出，沥干水分。

5. 装入盘中备用。

6. 取小碗，加入生抽、味精、鸡精。

7. 再加入煮菜心的汤汁。

8. 放入姜丝、红椒丝。

9. 再倒入少许芝麻油拌匀，制成味汁。

10. 将调好的味汁盛入味碟中。

11. 食用菜心时佐以味汁即可。

☆ 小贴士

菜心又叫菜薹，辨别菜薹老嫩，一看是否已经开过黄色的花，开花的就不好吃；二看是否空心，有的菜薹虽是主薹，但薹秆里已经空心，这样的菜薹有些老了；三看是否容易掐断，鲜嫩的菜薹一碰就断，如果老了，就不好掐断。

白灼菠菜

Bai zhuo bo cai

营养分析 菠菜含有丰富的维生素 C、胡萝卜素、蛋白质、铁、钙、磷等营养物质，常食有利于血糖保持稳定。高血压、便秘、贫血、坏血病患者和皮肤粗糙者、过敏者适宜常食菠菜。

制作指导 煮菠菜前先将其放入开水中快速焯一下，可除去草酸，有利于人体吸收菠菜中的钙质。

01 原料准备　地道食材原汁原味

菠菜150克，姜丝、红椒丝、豉油各少许

烹饪时间 **3分钟**	口味 **清淡**	烹饪方法 **煮**
功效 **益气补血**		适合人群 **女性**

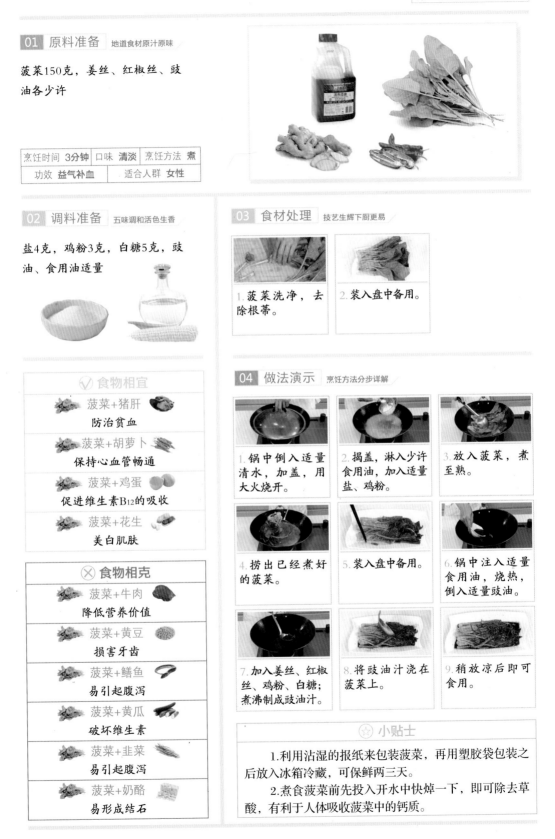

02 调料准备　五味调和活色生香

盐4克，鸡粉3克，白糖5克，豉油、食用油适量

03 食材处理　技艺生辉下厨更易

1.菠菜洗净，去除根蒂。

2.装入盘中备用。

✔ 食物相宜

菠菜+猪肝
防治贫血

菠菜+胡萝卜
保持心血管畅通

菠菜+鸡蛋
促进维生素B₁₂的吸收

菠菜+花生
美白肌肤

✘ 食物相克

菠菜+牛肉
降低营养价值

菠菜+黄豆
损害牙齿

菠菜+鳝鱼
易引起腹泻

菠菜+黄瓜
破坏维生素

菠菜+韭菜
易引起腹泻

菠菜+奶酪
易形成结石

04 做法演示　烹饪方法分步详解

1.锅中倒入适量清水，加盖，用大火烧开。

2.揭盖，淋入少许食用油，加入适量盐、鸡粉。

3.放入菠菜，煮至熟。

4.捞出已经煮好的菠菜。

5.装入盘中备用。

6.锅中注入适量食用油，烧热，倒入适量豉油。

7.加入姜丝、红椒丝、鸡粉、白糖；煮沸制成豉油汁。

8.将豉油汁浇在菠菜上。

9.稍放凉后即可食用。

☆ 小贴士

1.利用沾湿的报纸来包装菠菜，再用塑胶袋包装之后放入冰箱冷藏，可保鲜两三天。

2.煮食菠菜前先投入开水中快焯一下，即可除去草酸，有利于人体吸收菠菜中的钙质。

白灼茼蒿

Bai zhuo tong hao

营养分析 茼蒿含有丰富的维生素、胡萝卜素及多种氨基酸，有助于老年人养心安神、降压补脑。茼蒿还含有具有特殊香味的挥发油，有助于宽中理气，消食开胃。

制作指导 茼蒿中的芳香精油遇热易挥发，不宜长时间焯煮，煮熟后应立即捞出。

01 原料准备 地道食材原汁原味

荀蒿250克

烹饪时间	3分钟	口味	鲜	烹饪方法	煮
功效	降压补脑		适合人群	老年人	

02 调料准备 五味调和活色生香

盐、红椒生抽汁各少许

✅ 食物相宜

荀蒿+鸡蛋
有助于维生素A的充分吸收

荀蒿+蜂蜜
预防便秘

荀蒿+粳米
健脾养胃

荀蒿+肉类
有助于肉类中蛋白质的吸收

✖ 食物相克

荀蒿+醋
降低营养价值

荀蒿+胡萝卜
破坏维生素C

☆ 养生宜忌

1.荀蒿丰富的粗纤维有助肠道蠕动，促进排便，达到通腑利肠的目的。

2.荀蒿含有多种氨基酸、脂肪、蛋白质及较高量的钠、钾等矿物盐，能调节体内水液代谢，通利小便，清除水肿。

03 做法演示 烹饪方法分步详解

1.锅中加少许清水烧开。

2.加少许大豆油和盐。

3.搅匀煮沸。

4.倒入洗净了的荀蒿。

5.搅拌拌匀。

6.煮熟后立即捞出装盘。

7.淋入适量红椒生抽汁。

8.即可食用。

☆ 小贴士

1.荀蒿不宜久存，用保鲜膜封好，放入冰箱中可以储存2~3天。

2.买菜时要选择无黄叶、萎蔫的新鲜荀蒿食用。

3.荀蒿做汤或凉拌有利于胃肠功能不好的人。

4.荀蒿气浊、上火，一次忌食过量。

5.火锅中加入荀蒿，可促进鱼类或肉类蛋白质的代谢，对营养的摄取有益。

6.荀蒿辛香滑利，胃虚泄泻者不宜多食。

7.荀蒿与肉类、蛋类等荤菜共炒可提高其维生素A的利用率。

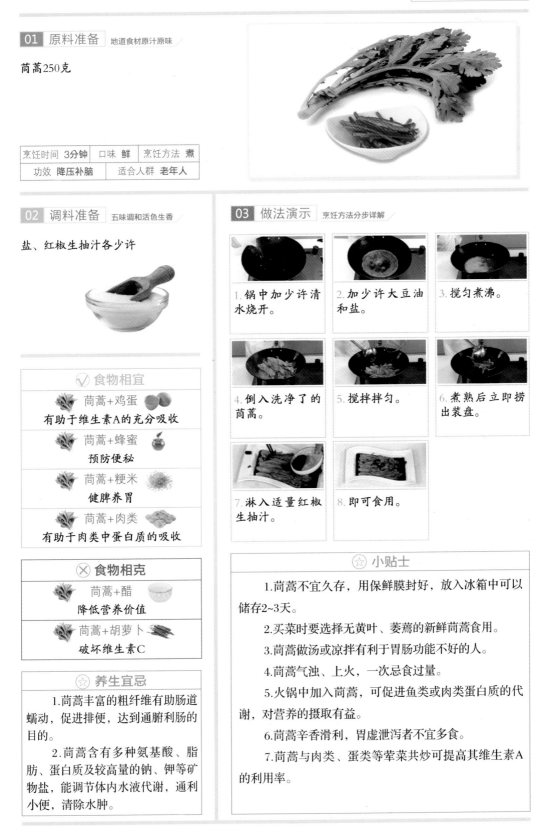

白灼芥蓝

Bai zhuo jie lan

营养分析 芥蓝含有蛋白质、维生素A、维生素C等营养成分，具有降低胆固醇、软化血管、预防心脏病等功效。芥蓝中还含有有机碱，这使它有一些苦味，能刺激人的味觉神经，增进食欲，还可加快胃肠蠕动，有助消化。

制作指导 起锅前加入少许料酒，可使味道更鲜美。

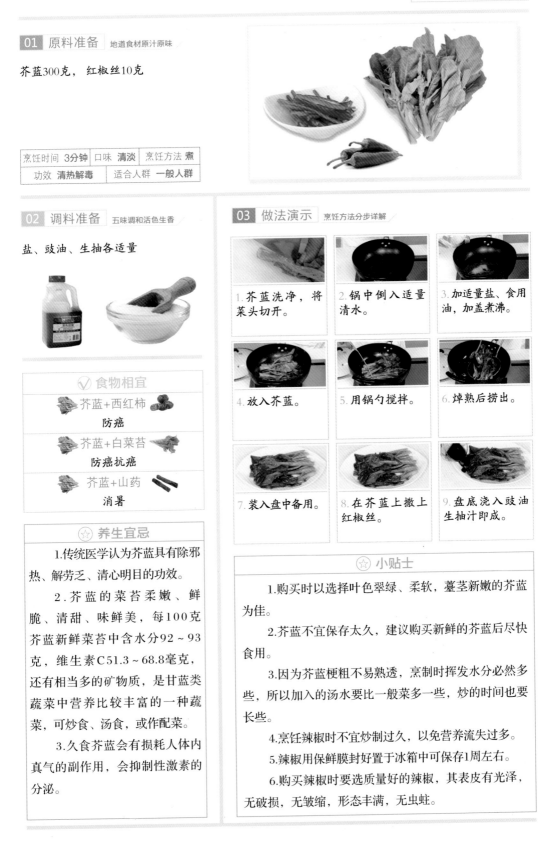

01 原料准备 地道食材原汁原味

芥蓝300克，红椒丝10克

烹饪时间 **3分钟**	口味 **清淡**	烹饪方法 **煮**
功效 **清热解毒**	适合人群 **一般人群**	

02 调料准备 五味调和活色生香

盐、豉油、生抽各适量

☑ 食物相宜

芥蓝+西红柿
防癌

芥蓝+白菜苔
防癌抗癌

芥蓝+山药
消暑

☆ 养生宜忌

1.传统医学认为芥蓝具有除邪热、解劳乏、清心明目的功效。

2.芥蓝的菜苔柔嫩、鲜脆、清甜、味鲜美，每100克芥蓝新鲜菜苔中含水分92～93克，维生素C51.3～68.8毫克，还有相当多的矿物质，是甘蓝类蔬菜中营养比较丰富的一种蔬菜，可炒食、汤食，或作配菜。

3.久食芥蓝会有损耗人体内真气的副作用，会抑制性激素的分泌。

03 做法演示 烹饪方法分步详解

1. 芥蓝洗净，将菜头切开。

2. 锅中倒入适量清水。

3. 加适量盐、食用油，加盖煮沸。

4. 放入芥蓝。

5. 用锅勺搅拌。

6. 焯熟后捞出。

7. 装入盘中备用。

8. 在芥蓝上撒上红椒丝。

9. 盘底浇入豉油生抽汁即成。

☆ 小贴士

1.购买时以选择叶色翠绿、柔软，薹茎新嫩的芥蓝为佳。

2.芥蓝不宜保存太久，建议购买新鲜的芥蓝后尽快食用。

3.因为芥蓝梗粗不易熟透，烹制时挥发水分必然多些，所以加入的汤水要比一般菜多一些，炒的时间也要长些。

4.烹饪辣椒时不宜炒制过久，以免营养流失过多。

5.辣椒用保鲜膜封好置于冰箱中可保存1周左右。

6.购买辣椒时要选质量好的辣椒，其表皮有光泽，无破损，无皱缩，形态丰满，无虫蛀。

葱油芥蓝

Cong you jie lan

营养分析 芥蓝中另一种独特的苦味成分是金鸡纳霜，能抑制过度兴奋的体温中枢，起到消暑解热的作用。它还含有大量膳食纤维，能预防便秘。芥蓝还有降低胆固醇、软化血管、预防心脏病等功效。

制作指导 芥蓝有苦涩味，炒时加入少量糖，可以改善口感。

01 原料准备 地道食材原汁原味

芥蓝250克，大葱30克

烹饪时间 2分钟	口味 清淡	烹饪方法 炒
功效 开胃消食	适合人群 一般人群	

02 调料准备 五味调和活色生香

盐4克，味精、白糖、水淀粉、料酒各少许，食用油35毫升

✓ 食物相宜

芥蓝+西红柿
防癌

芥蓝+红菜苔
防癌抗癌

芥蓝+山药
消暑

☆ 养生宜忌

1.芥蓝味甘，性辛，具备利水化痰、解毒祛风、除邪热、解劳乏、清心明目等功效。

2.大葱味辛，性微温，具有发表通阳、解毒调味的作用。主要用于风寒感冒、恶寒发热、头痛鼻塞，阴寒腹痛，痢疾泄泻，虫积内阻，乳汁不通，二便不利等。

3.大葱含有挥发油，油中主要成分为蒜素，又含有二烯丙基硫醚、草酸钙、脂肪、糖类、胡萝卜素等。

03 食材处理 技艺生辉下厨更易

1.将洗净的大葱切成段；洗净的芥蓝切成段。

2.锅中注入清水烧开，加入食用油，倒入芥蓝拌匀。

3.煮约1分钟捞出备用。

04 做法演示 烹饪方法分步详解

1.锅置大火上，注油烧热，倒入大葱爆香。

2.倒入芥蓝，加少许料酒。

3.翻炒至熟。

4.加入盐、味精、白糖炒匀调味。

5.加入少许水淀粉勾芡。

6.将勾芡后的菜炒匀。

7.将炒好的芥蓝盛入盘内。

8.即可食用。

☆ 小贴士

1.面粉调成糊洗手，可以去除在切葱时留的气味。

2.兰花葱切法：在四五厘米长的葱白两端，分别切十字刀口，但两端不切通，中间相连，两端呈丝丝状，经水泡后自然卷转。

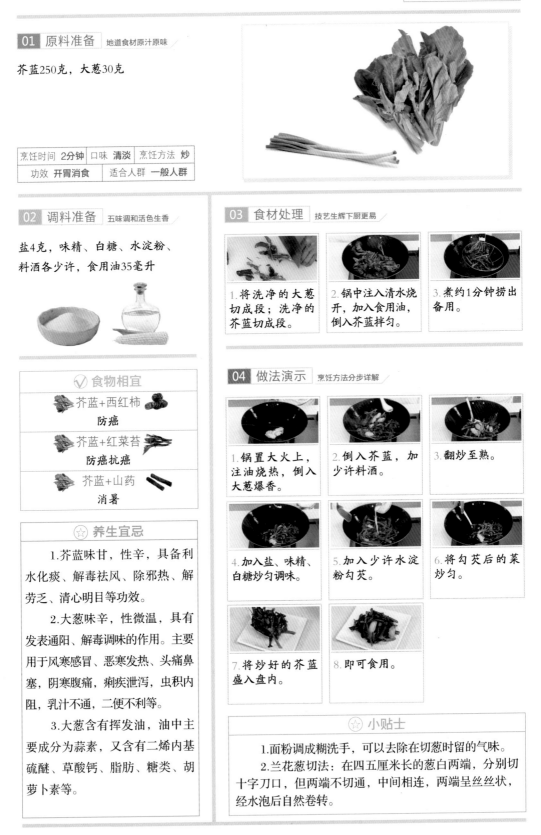

奶油白菜

Nai you bai cai

营养分析 大白菜具有通利肠胃、清热解毒、止咳化痰、利尿养胃的功效，是营养极为丰富的蔬菜。大白菜所含丰富的粗纤维能促进肠壁蠕动，稀释肠道毒素，常食可增强人体抗病能力，对伤口难愈、牙齿出血有辅助治疗作用，还有降低血压、降低胆固醇、预防心血管疾病的功用。

制作指导 为避免营养流失，大白菜不宜炒太久。

01 原料准备 地道食材原汁原味

大白菜300克，牛奶150毫升，
枸杞2克

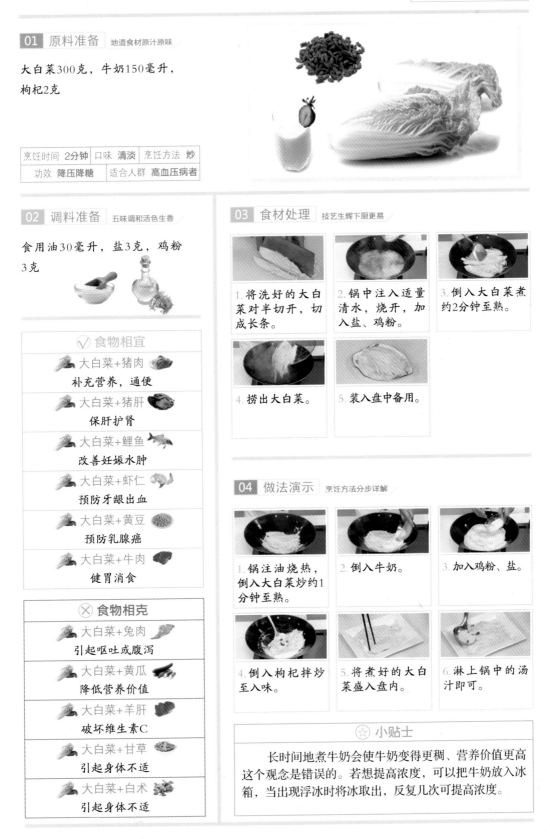

烹饪时间	2分钟	口味	清淡	烹饪方法	炒
功效	降压降糖		适合人群	高血压病者	

02 调料准备 五味调和活色生香

食用油30毫升，盐3克，鸡粉
3克

✔ 食物相宜

大白菜+猪肉
补充营养，通便

大白菜+猪肝
保肝护肾

大白菜+鲤鱼
改善妊娠水肿

大白菜+虾仁
预防牙龈出血

大白菜+黄豆
预防乳腺癌

大白菜+牛肉
健胃消食

✘ 食物相克

大白菜+兔肉
引起呕吐或腹泻

大白菜+黄瓜
降低营养价值

大白菜+羊肝
破坏维生素C

大白菜+甘草
引起身体不适

大白菜+白术
引起身体不适

03 食材处理 技艺生辉下厨更易

1. 将洗好的大白菜对半切开，切成长条。

2. 锅中注入适量清水，烧开，加入盐、鸡粉。

3. 倒入大白菜煮约2分钟至熟。

4. 捞出大白菜。

5. 装入盘中备用。

04 做法演示 烹饪方法分步详解

1. 锅注油烧热，倒入大白菜炒约1分钟至熟。

2. 倒入牛奶。

3. 加入鸡粉、盐。

4. 倒入枸杞拌炒至入味。

5. 将煮好的大白菜盛入盘内。

6. 淋上锅中的汤汁即可。

☆ 小贴士

　　长时间地煮牛奶会使牛奶变得更稠、营养价值更高这个观念是错误的。若想提高浓度，可以把牛奶放入冰箱，当出现浮冰时将冰取出，反复几次可提高浓度。

蚝油包生菜

Hao you bao sheng cai

营养分析 包生菜的含水量很高，营养非常丰富，而且最突出的特点就是超级低脂，不少女性喜欢吃香脆可口的蚝油包生菜。如果想减肥，包生菜是你最好的选择。包生菜富含B族维生素、维生素C、维生素E、膳食纤维以及多种矿物质。多吃包生菜，对于人的消化系统大有裨益。

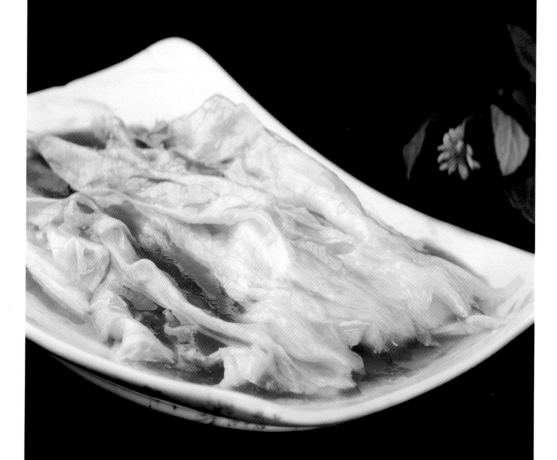

制作指导 包生菜营养丰富也极易熟，所以放清水煮的时间不宜过长，若时间过长不仅会影响口感，还会破坏其营养价值。

01 原料准备　地道食材原汁原味

包生菜250克

烹饪时间 2分钟	口味 清淡	烹饪方法 煮
功效 开胃消食	适合人群 女性	

02 调料准备　五味调和活色生香

鸡粉、蚝油、老抽、盐、味精、水淀粉各适量

✅ 食物相宜

包生菜+豆腐
能增白皮肤
包生菜+海带
可以促进人体对铁的吸收利用

✖ 食物相克

包生菜+大蒜
二者长期一起食用会损害视力

☆ 养生宜忌

1.包生菜嫩茎中的白色汁液有催眠的作用。

2.妇女产后缺乳或乳汁不通也可多吃包生菜，因生菜有通乳、下乳的功效。

3.包生菜有利五脏、通经脉、开胸膈、利气、坚筋骨、白牙齿、明耳目、通乳汁、利小便的功效。

4.一般人均可食用包生菜，体质寒凉、尿频、胃寒者少食。

03 食材处理　技艺生辉下厨更易

1.锅中倒入清水烧开后倒入食用油。

2.再放入少许食盐拌匀。

3.放入已洗净的包生菜，煮约1分钟。

4.用漏勺拌煮至熟捞出。

5.将焯熟的包生菜整齐地摆入盘中。

04 做法演示　烹饪方法分步详解

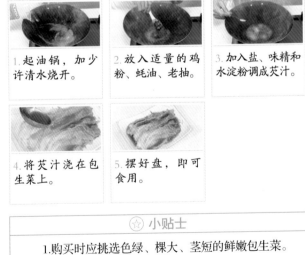

1.起油锅，加少许清水烧开。

2.放入适量的鸡粉、蚝油、老抽。

3.加入盐、味精和水淀粉调成芡汁。

4.将芡汁浇在包生菜上。

5.摆好盘，即可食用。

☆ 小贴士

1.购买时应挑选色绿、棵大、茎短的鲜嫩包生菜。

2.包生菜不宜久存，用保鲜膜封好置于冰箱中可保存2~3天。

蚝油生菜

Hao you sheng cai

营养分析 > 生菜含有胡萝卜素、维生素C、膳食纤维等多种营养元素。蚝油也是一种含有多种营养成分的调味料。蚝油与生菜搭配，有降血脂、降血压、降血糖、促进智力发育以及抗衰老等功效。

制作指导 > 烹饪此菜前，一定要将生菜彻底清洗干净，以去除残留的农药化肥。

01 原料准备 地道食材原汁原味

生菜200克

烹饪时间 **2分钟**	口味 **清淡**	烹饪方法 **炒**
功效 **清热解毒**	适合人群 **一般人群**	

02 调料准备 五味调和活色生香

盐2克，味精1克，蚝油4克，水淀粉、白糖、食用油各少许

✓ 食物相宜

生菜+兔肉
促进消化、吸收

☆ 养生宜忌

1.蚝油生菜除有降血脂、降血压、降血糖、促进智力发育以及抗衰老等功效外，还能利尿、促进血液循环、抗病毒、预防与治疗心脏病及肝病。

2.生菜与营养丰富的豆腐搭配食用，则是一种高蛋白、低脂肪、低胆固醇、多维生素的菜肴，具有清肝利胆，滋阴补肾，增白皮肤、减肥健美的作用。

3.生菜对目赤肿痛、肺热咳嗽、消渴、脾虚腹胀等有一定的食疗作用。

4.菌菇与生菜搭配食用，对热咳、痰多、胸闷、吐泻等也有一定的食疗作用。

03 做法演示 烹饪方法分步详解

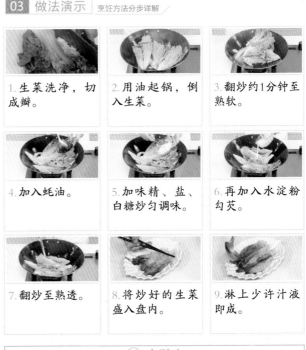

1.生菜洗净，切成瓣。

2.用油起锅，倒入生菜。

3.翻炒约1分钟至熟软。

4.加入蚝油。

5.加味精、盐、白糖炒匀调味。

6.再加入水淀粉勾芡。

7.翻炒至熟透。

8.将炒好的生菜盛入盘内。

9.淋上少许汁液即成。

☆ 小贴士

1.不要食用过夜的熟生菜，以免引起亚硝酸盐中毒。

2.生菜在欧美及日本等国家主要是做成生菜沙拉食用。在我国，生菜主要是涮菜或炒着吃，生吃前一定要洗净。

3.生菜以棵体整齐，叶质鲜嫩，无病斑，无虫害、无干叶、不烂者为佳。

4.生菜的茎色带白的才是新鲜的。

5.越好的生菜，它的叶子越脆，这个用手掐一下叶子就能感觉得到。

6.生菜可以促进胃肠道的血液循环，对于脂肪、蛋白质等大分子物质，生菜能够起到帮助消化的作用。

鸡汁丝瓜

Ji zhi si gua

营养分析 丝瓜中含防止皮肤老化的维生素B_1和增白皮肤的维生素C等成分，能保护皮肤、消除斑块，使皮肤洁白、细嫩，是不可多得的美容佳品，故丝瓜汁有"美人水"之称。平时多吃丝瓜，对调理月经有帮助。丝瓜还有清暑凉血、解毒通便、润肤美容等功效。

制作指导 丝瓜最好现配现炒，这样不容易发黑。

01 原料准备 地道食材原汁原味

丝瓜300克，鸡汁70毫升，姜
片、蒜末、红椒片、葱白各少许

烹饪时间 **2分钟**	口味 **清淡**	烹饪方法 **炒**
功效 **美容养颜**	适合人群 **女性**	

02 调料准备 五味调和活色生香

食用油30毫升，盐3克，蚝油、
水淀粉各少许

✔ 食物相宜

丝瓜+青豆
防治口臭、便秘

丝瓜+菊花
清热养颜，净肤除斑

丝瓜+鸭肉
清热滋阴

丝瓜+鱼
增强免疫力

丝瓜+鸡蛋
润肺，补肾

丝瓜+虾
补肾，润肤

✗ 食物相克

丝瓜+菠菜
引起腹泻

丝瓜+芦荟
引起腹痛、腹泻

☆ 养生宜忌

丝瓜性味甘平，有清暑凉
血、解毒通便、祛风化痰、润肤
美容、通经络、行血脉、下乳汁
等功效。

03 食材处理 技艺生辉下厨更易

1.将洗净的丝瓜
去皮后切成片。

2.切好的丝瓜装
入盘中备用。

04 做法演示 烹饪方法分步详解

1.锅注油烧热，倒
入姜片、蒜末、葱
白、红椒片爆香。

2.倒入丝瓜炒约1
分钟至熟软。

3.淋入鸡汁炒至
入味。

4.加入盐、蚝油
炒匀。

5.加入少许水淀
粉勾芡；再用小
火翻炒均匀。

6.盛入盘内即可
食用。

☆ 小贴士

1.购买时要选择瓜形完整、无虫蛀、无破损的新鲜
丝瓜。

2.丝瓜汁水丰富，宜现切现做，以免营养成分随汁
水流失。

3.烹制丝瓜时应注意尽量保持清淡，油要少用，可
勾稀芡，以保留其香嫩爽口的特点。

4.丝瓜放置在阴凉通风处可保存1周左右。

5.直接把丝瓜挤汁用汁液擦脸或将其晒干研成粉末
用水调敷在脸上，均有美白祛斑的功效。

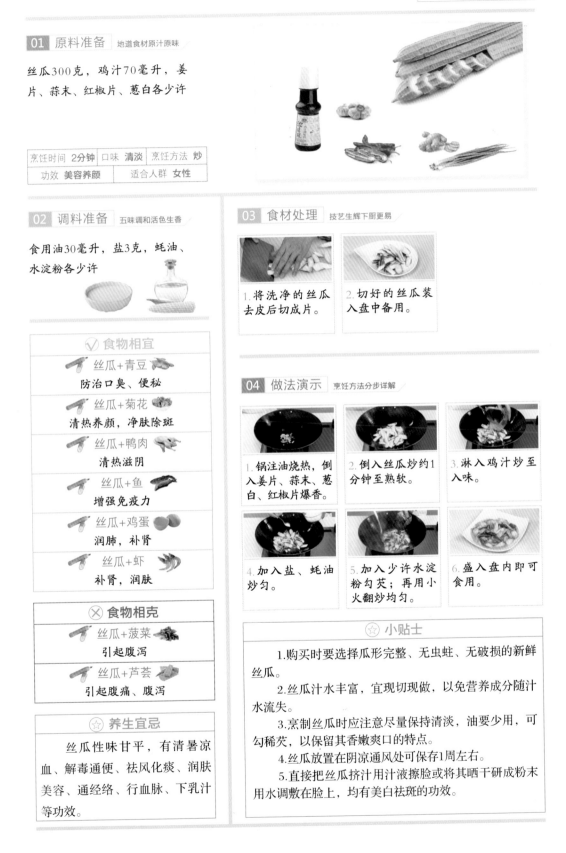

蒜蓉红菜薹

Suan rong hong cai tai

营养分析 红菜薹营养丰富，色泽艳丽，质地脆嫩，是佐餐之佳品。红菜薹含有钙、磷、铁、胡萝卜素、抗坏血酸以及多种维生素，能补血顺气、化痰下气、祛瘀止带、解毒消肿，还有活血降压的功效。

制作指导 勾芡时不宜勾得过厚，薄薄的一层就可以了。这样既可以增亮色泽，又可以保持红菜薹的独特风味。

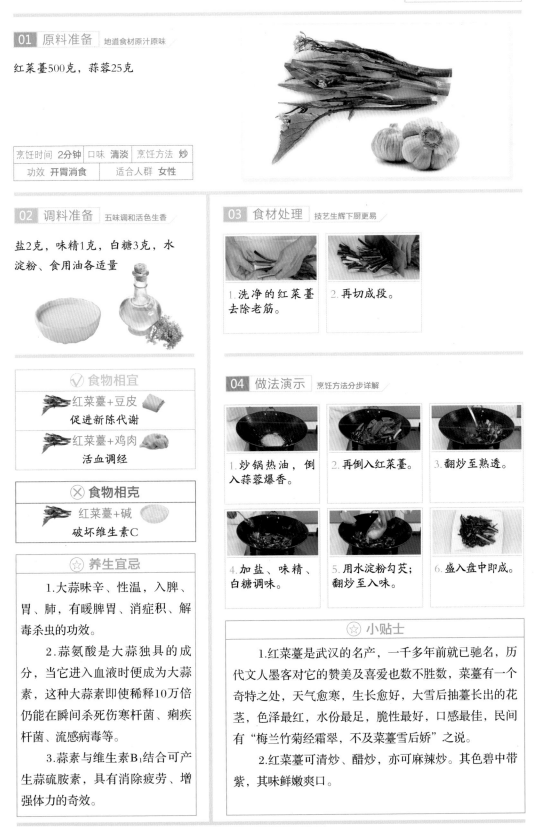

01 原料准备 地道食材原汁原味

红菜薹500克，蒜蓉25克

烹饪时间 2分钟	口味 清淡	烹饪方法 炒
功效 开胃消食	适合人群 女性	

02 调料准备 五味调和活色生香

盐2克，味精1克，白糖3克，水淀粉、食用油各适量

✓ 食物相宜

红菜薹+豆皮
促进新陈代谢

红菜薹+鸡肉
活血调经

✗ 食物相克

红菜薹+碱
破坏维生素C

☆ 养生宜忌

1.大蒜味辛、性温，入脾、胃、肺，有暖脾胃、消症积、解毒杀虫的功效。

2.蒜氨酸是大蒜独具的成分，当它进入血液时便成为大蒜素，这种大蒜素即使稀释10万倍仍能在瞬间杀死伤寒杆菌、痢疾杆菌、流感病毒等。

3.蒜素与维生素B_1结合可产生蒜硫胺素，具有消除疲劳、增强体力的奇效。

03 食材处理 技艺生辉下厨更易

1.洗净的红菜薹去除老筋。

2.再切成段。

04 做法演示 烹饪方法分步详解

1.炒锅热油，倒入蒜蓉爆香。

2.再倒入红菜薹。

3.翻炒至熟透。

4.加盐、味精、白糖调味。

5.用水淀粉勾芡；翻炒至入味。

6.盛入盘中即成。

☆ 小贴士

1.红菜薹是武汉的名产，一千多年前就已驰名，历代文人墨客对它的赞美及喜爱也数不胜数，菜薹有一个奇特之处，天气愈寒，生长愈好，大雪后抽薹长出的花茎，色泽最红，水份最足，脆性最好，口感最佳，民间有"梅兰竹菊经霜翠，不及菜薹雪后娇"之说。

2.红菜薹可清炒、醋炒，亦可麻辣炒。其色碧中带紫，其味鲜嫩爽口。

木耳酸笋拌黄瓜

Mu'er suan sun ban gua

营养分析 木耳含有丰富的植物胶原成分，它具有较强的吸附作用，对无意食下的谷壳等异物具有溶解与氧化作用。常吃黑木耳能起到清理肺部和消化道的作用。此外，黑木耳含有维生素k和丰富的钙、镁等矿物质，能减少血液凝块，预防血栓等症的发生。

制作指导 木耳根部的味道很涩，清洗时要切去，以免影响成菜的口感。

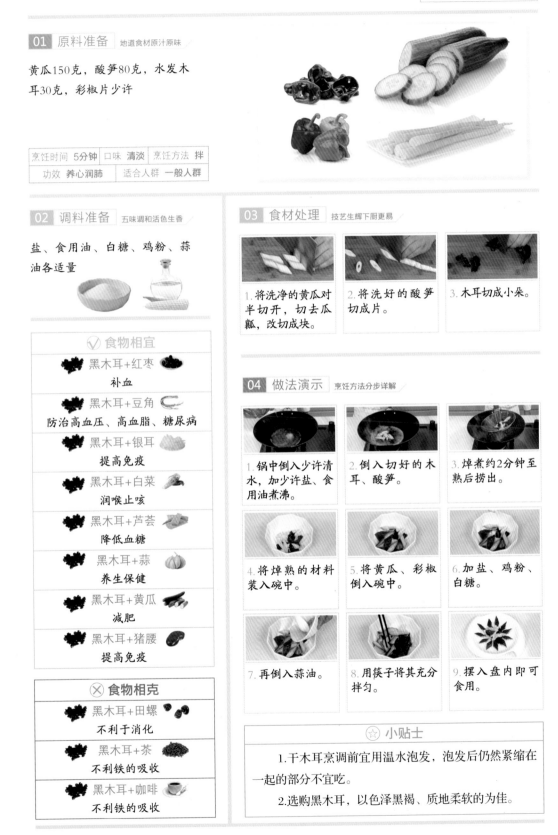

01 原料准备 地道食材原汁原味

黄瓜150克，酸笋80克，水发木耳30克，彩椒片少许

烹饪时间 5分钟	口味 清淡	烹饪方法 拌
功效 养心润肺	适合人群 一般人群	

02 调料准备 五味调和活色生香

盐、食用油、白糖、鸡粉、蒜油各适量

✓ 食物相宜

黑木耳+红枣
补血

黑木耳+豆角
防治高血压、高血脂、糖尿病

黑木耳+银耳
提高免疫

黑木耳+白菜
润喉止咳

黑木耳+芦荟
降低血糖

黑木耳+蒜
养生保健

黑木耳+黄瓜
减肥

黑木耳+猪腰
提高免疫

✗ 食物相克

黑木耳+田螺
不利于消化

黑木耳+茶
不利铁的吸收

黑木耳+咖啡
不利铁的吸收

03 食材处理 技艺生辉下厨更易

1. 将洗净的黄瓜对半切开，切去瓜瓤，改切成块。

2. 将洗好的酸笋切成片。

3. 木耳切成小朵。

04 做法演示 烹饪方法分步详解

1. 锅中倒入少许清水，加少许盐、食用油煮沸。

2. 倒入切好的木耳、酸笋。

3. 焯煮约2分钟至熟后捞出。

4. 将焯熟的材料装入碗中。

5. 将黄瓜、彩椒倒入碗中。

6. 加盐、鸡粉、白糖。

7. 再倒入蒜油。

8. 用筷子将其充分拌匀。

9. 摆入盘内即可食用。

☆ 小贴士

1. 干木耳烹调前宜用温水泡发，泡发后仍然紧缩在一起的部分不宜吃。

2. 选购黑木耳，以色泽黑褐、质地柔软的为佳。

凉拌海蜇萝卜丝

Liang ban hai zhe luo bo si

营养分析 海蜇丝含蛋白质、钙、碘以及多种维生素，具有清热解毒、软坚化痰、降压消肿之功效，从事纺织、粮食加工等与尘埃接触较多的人员常吃海蜇，可以去尘积、清肠胃，有益于身体健康。

制作指导 海蜇丝清洗干净，放入热水锅中，大约10至15秒钟左右就可以捞出，焯煮时间过长，海蜇丝的口感会变差。

01 原料准备 地道食材原汁原味

海蜇丝250克，白萝卜120克，
姜丝15克，蒜蓉、朝天椒末、
葱花各少许

烹饪时间 3分钟	口味 鲜	烹饪方法 拌
功效 清热解毒	适合人群 一般人群	

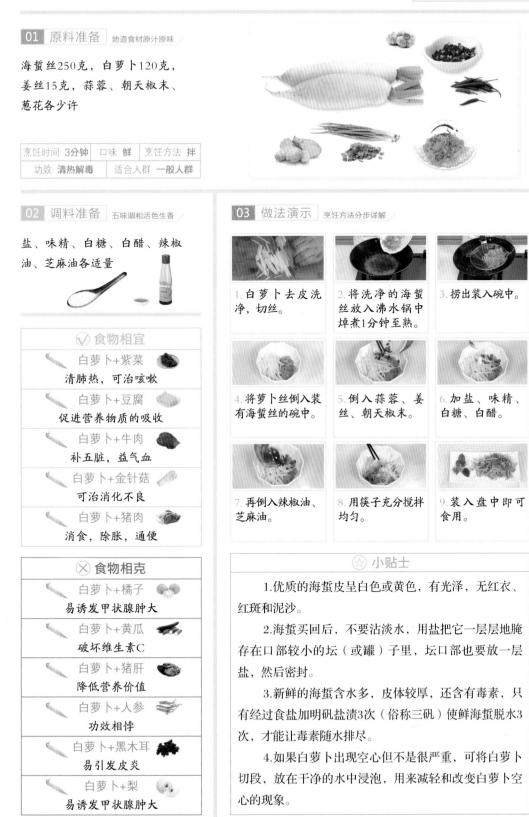

02 调料准备 五味调和活色生香

盐、味精、白糖、白醋、辣椒
油、芝麻油各适量

✓ 食物相宜

白萝卜+紫菜
清肺热，可治咳嗽

白萝卜+豆腐
促进营养物质的吸收

白萝卜+牛肉
补五脏，益气血

白萝卜+金针菇
可治消化不良

白萝卜+猪肉
消食，除胀，通便

✗ 食物相克

白萝卜+橘子
易诱发甲状腺肿大

白萝卜+黄瓜
破坏维生素C

白萝卜+猪肝
降低营养价值

白萝卜+人参
功效相悖

白萝卜+黑木耳
易引发皮炎

白萝卜+梨
易诱发甲状腺肿大

03 做法演示 烹饪方法分步详解

1.白萝卜去皮洗净，切丝。

2.将洗净的海蜇丝放入沸水锅中焯煮1分钟至熟。

3.捞出装入碗中。

4.将萝卜丝倒入装有海蜇丝的碗中。

5.倒入蒜蓉、姜丝、朝天椒末。

6.加盐、味精、白糖、白醋。

7.再倒入辣椒油、芝麻油。

8.用筷子充分搅拌均匀。

9.装入盘中即可食用。

☆ 小贴士

1.优质的海蜇皮呈白色或黄色，有光泽，无红衣、红斑和泥沙。

2.海蜇买回后，不要沾淡水，用盐把它一层层地腌存在口部较小的坛（或罐）子里，坛口部也要放一层盐，然后密封。

3.新鲜的海蜇含水多，皮体较厚，还含有毒素，只有经过食盐加明矾盐渍3次（俗称三矾）使鲜海蜇脱水3次，才能让毒素随水排尽。

4.如果白萝卜出现空心但不是很严重，可将白萝卜切段，放在干净的水中浸泡，用来减轻和改变白萝卜空心的现象。

蒜薹炒山药

Suan tai chao shan yao

营养分析 山药是一种高营养、低热量的食品，富含大量的淀粉、蛋白质、B族维生素、维生素C、维生素E、黏液蛋白、氨基酸和矿物质。其所含的黏液蛋白有降低血糖的作用，是糖尿病人的食疗佳品。常食山药还有增强人体免疫力、益心安神、宁咳定喘、延缓衰老等保健作用。

制作指导 山药切片后需立即浸泡在盐水和醋水中，以防止氧化发黑。

01 原料准备 地道食材原汁原味

蒜薹150克，山药150克，彩椒片20克

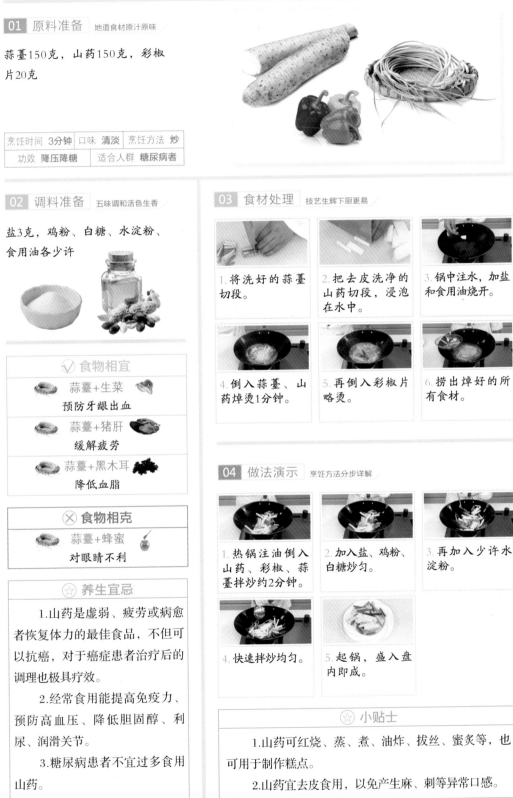

烹饪时间 3分钟	口味 清淡	烹饪方法 炒
功效 降压降糖	适合人群 糖尿病者	

02 调料准备 五味调和活色生香

盐3克，鸡粉、白糖、水淀粉、食用油各少许

✓ 食物相宜

蒜薹+生菜
预防牙龈出血

蒜薹+猪肝
缓解疲劳

蒜薹+黑木耳
降低血脂

✕ 食物相克

蒜薹+蜂蜜
对眼睛不利

☆ 养生宜忌

1.山药是虚弱、疲劳或病愈者恢复体力的最佳食品，不但可以抗癌，对于癌症患者治疗后的调理也极具疗效。

2.经常食用能提高免疫力、预防高血压、降低胆固醇、利尿、润滑关节。

3.糖尿病患者不宜过多食用山药。

03 食材处理 技艺生辉下厨更易

1.将洗好的蒜薹切段。

2.把去皮洗净的山药切段，浸泡在水中。

3.锅中注水，加盐和食用油烧开。

4.倒入蒜薹、山药焯烫1分钟。

5.再倒入彩椒片略烫。

6.捞出焯好的所有食材。

04 做法演示 烹饪方法分步详解

1.热锅注油倒入山药、彩椒、蒜薹拌炒约2分钟。

2.加入盐、鸡粉、白糖炒匀。

3.再加入少许水淀粉。

4.快速拌炒均匀。

5.起锅，盛入盘内即成。

☆ 小贴士

1.山药可红烧、蒸、煮、油炸、拔丝、蜜炙等，也可用于制作糕点。

2.山药宜去皮食用，以免产生麻、刺等异常口感。

洋葱炒黄豆芽

Yang cong chao huang dou ya

营养分析 洋葱含有糖、蛋白质、维生素、碳水化合物及各种无机盐等营养成分，具有利尿、防癌、降压等功效。高血脂患者常吃洋葱，可以稳定血压，改善血管脆化，对人体动脉血管有很好的保护作用。

制作指导 黄豆芽下锅后，适当加些食醋，可减少维生素C和维生素B₂的流失。

01 原料准备 地道食材原汁原味

黄豆芽120克，洋葱100克，胡萝卜丝、葱段各适量

烹饪时间 3分钟	口味 清淡	烹饪方法 炒
功效 降低血脂	适合人群 高血脂病者	

02 调料准备 五味调和活色生香

盐2克，味精、水淀粉各适量

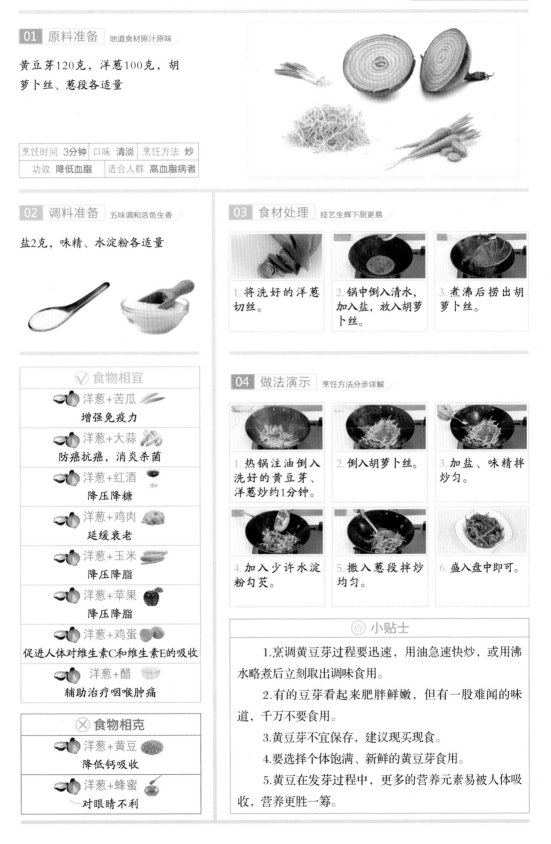

✓ 食物相宜

洋葱+苦瓜
增强免疫力

洋葱+大蒜
防癌抗癌，消炎杀菌

洋葱+红酒
降压降糖

洋葱+鸡肉
延缓衰老

洋葱+玉米
降压降脂

洋葱+苹果
降压降脂

洋葱+鸡蛋
促进人体对维生素C和维生素E的吸收

洋葱+醋
辅助治疗咽喉肿痛

✗ 食物相克

洋葱+黄豆
降低钙吸收

洋葱+蜂蜜
对眼睛不利

03 食材处理 技艺生辉下厨更易

1.将洗好的洋葱切丝。

2.锅中倒入清水，加入盐，放入胡萝卜丝。

3.煮沸后捞出胡萝卜丝。

04 做法演示 烹饪方法分步详解

1.热锅注油倒入洗好的黄豆芽、洋葱炒约1分钟。

2.倒入胡萝卜丝。

3.加盐、味精拌炒匀。

4.加入少许水淀粉勾芡。

5.撒入葱段拌炒均匀。

6.盛入盘中即可。

☆ 小贴士

1.烹调黄豆芽过程要迅速，用油急速快炒，或用沸水略煮后立刻取出调味食用。

2.有的豆芽看起来肥胖鲜嫩，但有一股难闻的味道，千万不要食用。

3.黄豆芽不宜保存，建议现买现食。

4.要选择个体饱满、新鲜的黄豆芽食用。

5.黄豆在发芽过程中，更多的营养元素易被人体吸收，营养更胜一筹。

西蓝花冬瓜

Xi lan hua dong gua

营养分析 西蓝花含有丰富的蛋白质、碳水化合物、脂肪、矿物质、维生素C和胡萝卜素等，具有爽喉、开音、润肺、止咳、防癌的功效。

制作指导 焯烫西蓝花的时间不宜太长，否则会失去脆感。

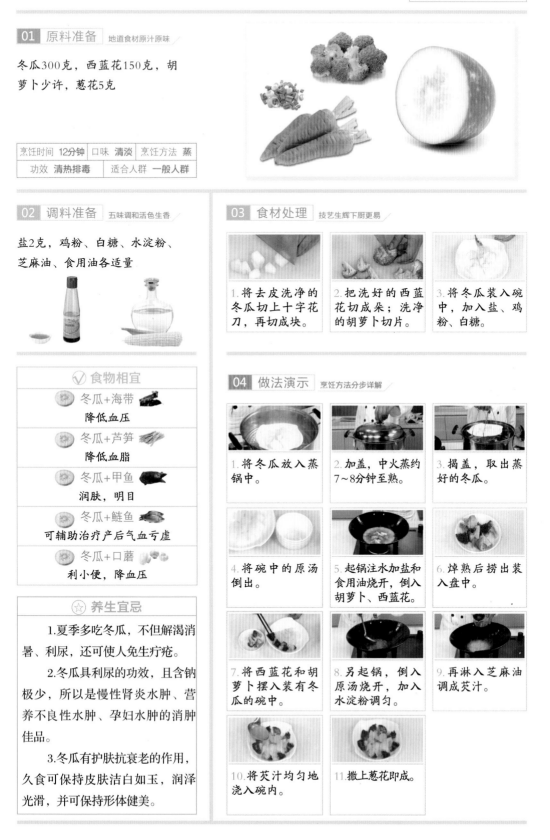

01 原料准备 地道食材原汁原味

冬瓜300克，西蓝花150克，胡萝卜少许，葱花5克

| 烹饪时间 12分钟 | 口味 清淡 | 烹饪方法 蒸 |
| 功效 清热排毒 | 适合人群 一般人群 | |

02 调料准备 五味调和活色生香

盐2克，鸡粉、白糖、水淀粉、芝麻油、食用油各适量

✔ 食物相宜

冬瓜+海带
降低血压

冬瓜+芦笋
降低血脂

冬瓜+甲鱼
润肤，明目

冬瓜+鲢鱼
可辅助治疗产后气血亏虚

冬瓜+口蘑
利小便，降血压

☆ 养生宜忌

1.夏季多吃冬瓜，不但解渴消暑、利尿，还可使人免生疔疮。

2.冬瓜具利尿的功效，且含钠极少，所以是慢性肾炎水肿、营养不良性水肿、孕妇水肿的消肿佳品。

3.冬瓜有护肤抗衰老的作用，久食可保持皮肤洁白如玉，润泽光滑，并可保持形体健美。

03 食材处理 技艺生辉下厨更易

1.将去皮洗净的冬瓜切上十字花刀，再切成块。

2.把洗好的西蓝花切成朵；洗净的胡萝卜切片。

3.将冬瓜装入碗中，加入盐、鸡粉、白糖。

04 做法演示 烹饪方法分步详解

1.将冬瓜放入蒸锅中。

2.加盖，中火蒸约7~8分钟至熟。

3.揭盖，取出蒸好的冬瓜。

4.将碗中的原汤倒出。

5.起锅注水加盐和食用油烧开，倒入胡萝卜、西蓝花。

6.焯熟后捞出装入盘中。

7.将西蓝花和胡萝卜摆入装有冬瓜的碗中。

8.另起锅，倒入原汤烧开，加入水淀粉调匀。

9.再淋入芝麻油调成芡汁。

10.将芡汁均匀地浇入碗内。

11.撒上葱花即成。

红枣蒸南瓜

Hong zao zheng nan gua

营养分析▷ 南瓜中微量元素钴的含量较高，是其他蔬菜都不能相比的。钴是胰岛细胞合成胰岛素所必需的微量元素，所以，常吃南瓜有助于防治糖尿病。果胶则可延缓肠道对糖和脂质的吸收。

制作指导▷ 蒸制南瓜红枣时，可根据个人的喜好来确定蒸的时间，若喜欢食用绵软的南瓜，可适量延长蒸的时间，用小火蒸。

01 原料准备 地道食材原汁原味

南瓜200克，红枣少许

烹饪时间 **18分钟**	口味 **甜**	烹饪方法 **蒸**
功效 **降压降糖**	适合人群 **女性**	

✅ 食物相宜

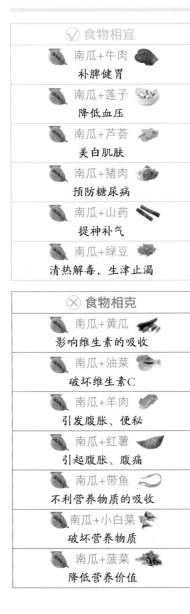

南瓜+牛肉
补脾健胃

南瓜+莲子
降低血压

南瓜+芦荟
美白肌肤

南瓜+猪肉
预防糖尿病

南瓜+山药
提神补气

南瓜+绿豆
清热解毒，生津止渴

❌ 食物相克

南瓜+黄瓜
影响维生素的吸收

南瓜+油菜
破坏维生素C

南瓜+羊肉
引发腹胀、便秘

南瓜+红薯
引起腹胀、腹痛

南瓜+带鱼
不利营养物质的吸收

南瓜+小白菜
破坏营养物质

南瓜+菠菜
降低营养价值

02 食材处理 技艺生辉下厨更易

1.把去皮洗净的南瓜切成小块。

2.洗净的红枣切开并去除核。

03 做法演示 烹饪方法分步详解

1.将切好的南瓜装入盘中，放上切好的红枣。

2.将南瓜红枣放入蒸锅。

3.盖上锅盖，用中火蒸约15分钟至熟透。

4.揭盖，取出蒸好的食材。

5.摆好盘即成。

☆ 小贴士

1.南瓜营养丰富，特别适合炖食。

2.吃南瓜前一定要仔细检查，如果发现表皮有溃烂之处，或切开后散发出酒精味等，则不可食用。

3.购买时要选择个体结实、表皮无破损的南瓜。

4.南瓜的保质期很长，置于阴凉通风处，可保存1个月左右。

5.南瓜适合中老年人和肥胖者食用。

南瓜炒百合

Nan gua chao bai he

〖营养分析〗百合含有蛋白质、脂肪、淀粉、钙、磷、铁及秋水仙碱等多种生物碱和营养物质，有润肺、清心、调中、滋补之效，特别是对病后体弱、神经衰弱者大有裨益。支气管不好的人食用百合，有助病情改善。

〖制作指导〗南瓜入锅焯水的时间不宜太长，否则南瓜过熟，炒出的菜肴不美观。

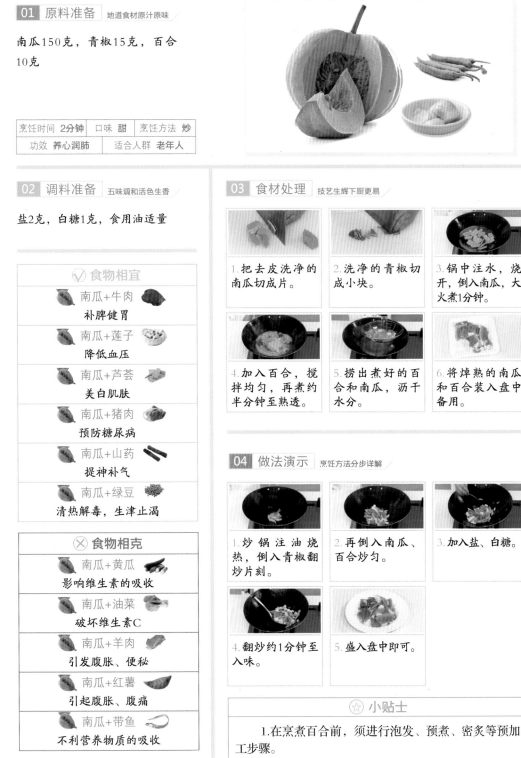

01 原料准备 地道食材原汁原味

南瓜150克，青椒15克，百合10克

烹饪时间 **2分钟**	口味 **甜**	烹饪方法 **炒**
功效 **养心润肺**		适合人群 **老年人**

02 调料准备 五味调和活色生香

盐2克，白糖1克，食用油适量

✓ 食物相宜

南瓜+牛肉
补脾健胃

南瓜+莲子
降低血压

南瓜+芦荟
美白肌肤

南瓜+猪肉
预防糖尿病

南瓜+山药
提神补气

南瓜+绿豆
清热解毒，生津止渴

✗ 食物相克

南瓜+黄瓜
影响维生素的吸收

南瓜+油菜
破坏维生素C

南瓜+羊肉
引发腹胀、便秘

南瓜+红薯
引起腹胀、腹痛

南瓜+带鱼
不利营养物质的吸收

03 食材处理 技艺生辉下厨更易

1. 把去皮洗净的南瓜切成片。

2. 洗净的青椒切成小块。

3. 锅中注水，烧开，倒入南瓜，大火煮1分钟。

4. 加入百合，搅拌均匀，再煮约半分钟至熟透。

5. 捞出煮好的百合和南瓜，沥干水分。

6. 将焯熟的南瓜和百合装入盘中备用。

04 做法演示 烹饪方法分步详解

1. 炒锅注油烧热，倒入青椒翻炒片刻。

2. 再倒入南瓜、百合炒匀。

3. 加入盐、白糖。

4. 翻炒约1分钟至入味。

5. 盛入盘中即可。

☆ 小贴士

1.在烹煮百合前，须进行泡发、预煮、密炙等预加工步骤。

2.购买时要选择新鲜、没有变色的百合。

西芹炒百合

Xi qin chao bai he

营养分析 西芹既可热炒，又能凉拌，深受人们喜爱，营养价值也相当高。其含有的铁、锌等微量元素，有平肝降压、安神镇静、抗癌防癌、利尿消肿、提高食欲的作用。多吃芹菜还可以增强人体的抗病能力。

制作指导 因为百合微苦，所以焯百合的水中加少许糖可令百合的味道更加清甜。

01 原料准备 地道食材原汁原味

西芹100克，胡萝卜50克，百合20克，姜片、葱白各少许

烹饪时间	**2分钟**	口味	**清淡**	烹饪方法	**炒**
功效	**防癌抗癌**		适合人群	**男性**	

02 调料准备 五味调和活色生香

盐2克，鸡粉1克，食用油适量

☑ 食物相宜

百合+鸡肉
开胃

百合+杏仁
止咳平喘

百合+菖蒲
可治疗失眠

百合+鸡蛋
提神健脑

百合+桂圆
滋阴补血

☆ 养生宜忌

1.百合主要含生物素、秋水碱等多种生物碱和营养物质，有良好的营养滋补之功，特别是对病后体弱、神经衰弱等症大有裨益。

2.百合可以解温饱润燥。常食有润肺、清心、调中之效，可止咳、止血、开胃、安神。

03 食材处理 技艺生辉下厨更易

1. 把洗好的胡萝卜切成片。

2. 洗净的西芹切成段。

3. 清水锅烧开之后倒入西芹焯煮片刻。

4. 倒入胡萝卜和百合拌匀。

5. 捞出后装入干净的碗中。

04 做法演示 烹饪方法分步详解

1. 炒锅热油，倒入西芹、胡萝卜、百合，翻炒片刻。

2. 加入盐、鸡粉，拌炒大约1分钟至入味。

3. 倒入姜片、葱白炒香。

4. 再淋入少许清水，快速拌炒匀。

5. 起锅盛入盘中。

6. 装好盘之后即可食用。

☆ 小贴士

1.胡萝卜应用油炒或和肉类一起炖煮后食用，以利吸收。

2.购买胡萝卜时选圆直、表皮光滑、色泽橙红、无须根的胡萝卜。

西芹百合炒腰果

Xi qin bai he chao yao guo

> 营养分析 腰果含有蛋白质、脂肪，以及多种维生素和钙、磷、铁等矿物质，具有抗氧化、防衰老、抗肿瘤和抗心血管病的作用。腰果含有丰富的油脂，可以润肠通便、润肤美容、延缓衰老，老年人平时多吃一些腰果可以提高机体抗病能力。

> 制作指导 炸腰果时，一定要用小火，一边炸一边翻动以免炸糊。

01 原料准备 地道食材原汁原味

西芹80克，鲜百合100克，胡萝卜少许，腰果90克

烹饪时间 **2分钟**	口味 **清淡**	烹饪方法 **炒**
功效 **增强免疫**	适合人群 **老年人**	

02 调料准备 五味调和活色生香

盐、鸡粉、白糖、水淀粉各适量

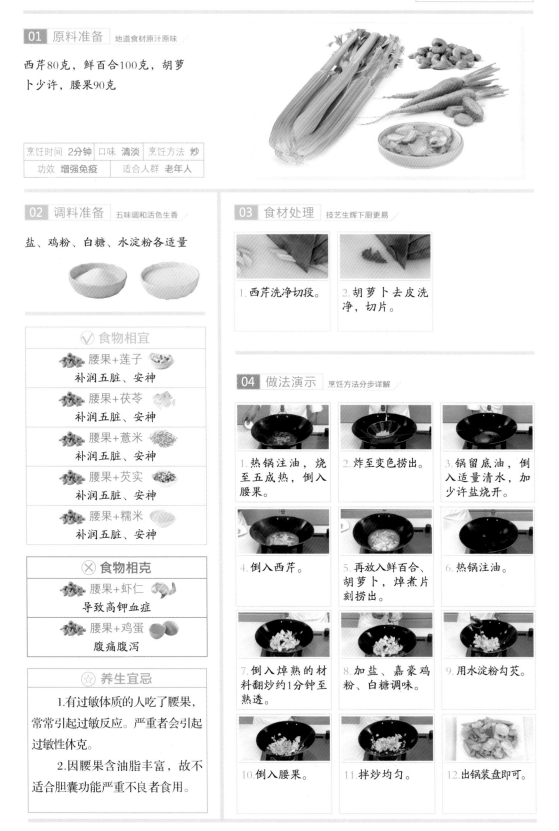

✅ 食物相宜

腰果+莲子
补润五脏、安神
腰果+茯苓
补润五脏、安神
腰果+薏米
补润五脏、安神
腰果+芡实
补润五脏、安神
腰果+糯米
补润五脏、安神

✖ 食物相克

腰果+虾仁
导致高钾血症
腰果+鸡蛋
腹痛腹泻

☆ 养生宜忌

1.有过敏体质的人吃了腰果，常常引起过敏反应。严重者会引起过敏性休克。

2.因腰果含油脂丰富，故不适合胆囊功能严重不良者食用。

03 食材处理 技艺生辉下厨更易

1.西芹洗净切段。

2.胡萝卜去皮洗净，切片。

04 做法演示 烹饪方法分步详解

1.热锅注油，烧至五成热，倒入腰果。

2.炸至变色捞出。

3.锅留底油，倒入适量清水，加少许盐烧开。

4.倒入西芹。

5.再放入鲜百合、胡萝卜，焯煮片刻捞出。

6.热锅注油。

7.倒入焯熟的材料翻炒约1分钟至熟透。

8.加盐、嘉豪鸡粉、白糖调味。

9.用水淀粉勾芡。

10.倒入腰果。

11.拌炒均匀。

12.出锅装盘即可。

百合扣金瓜

Bai he kou jin gua

营养分析 百合含有蛋白质、脂肪、钙等营养物质，有较好的营养滋补、润肺、清心、调中之功，对病后体弱、神经衰弱等症大有裨益。支气管不好的人食用百合，有助病情改善。南瓜含有淀粉、蛋白质、胡萝卜素、维生素和钙、磷等成分。其营养丰富，所含的钴能活跃人体的新陈代谢，促进造血功能，并参与人体内维生素B$_{12}$的合成，是人体胰岛细胞所必需的微量元素，对防治糖尿病、降低血糖有特殊的疗效。

制作指导 烹饪此菜时，先将百合放入加糖的热水中焯烫片刻，百合的味道会更佳。

01 原料准备 地道食材原汁原味

鲜百合180克，南瓜350克

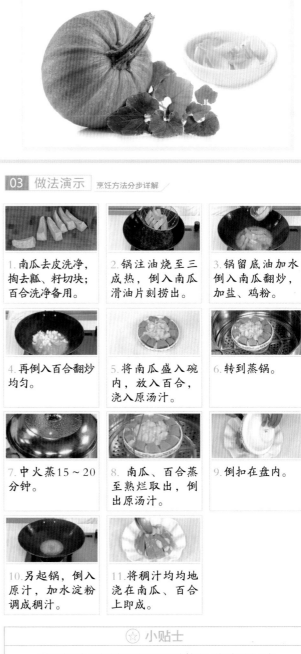

烹饪时间	25分钟	口味	甜	烹饪方法	蒸
功效	养心润肺		适合人群	老年人	

02 调料准备 五味调和活色生香

盐、鸡粉、水淀粉各适量

✓ 食物相宜

百合+莲子

清心安神

百合+核桃

润肺益肾，止咳平喘

☆ 养生宜忌

　　1.百合中的硒、铜等微量元素能抗氧化、促进维生素C吸收，可显著抑制黄曲霉素的致突变作用，临床上常用于白血病、肺癌、鼻咽癌等肿瘤的辅助治疗。有助于增强体质，抑制肿瘤细胞的生长，缓解放化疗反应。

　　2.百合为药食兼优的滋补佳品，四季皆可食用，秋季最佳。

　　3.百合性偏凉，风寒咳嗽、虚寒出血、脾虚便溏者不宜选用。

　　4.南瓜含有较丰富的维生素A、B族维生素、维生素C，其中维生素A的含量几乎为瓜菜之首。

03 做法演示 烹饪方法分步详解

1.南瓜去皮洗净，掏去瓤、籽切块；百合洗净备用。

2.锅注油烧至三成热，倒入南瓜滑油片刻捞出。

3.锅留底油加水倒入南瓜翻炒，加盐、鸡粉。

4.再倒入百合翻炒均匀。

5.将南瓜盛入碗内，放入百合，浇入原汤汁。

6.转到蒸锅。

7.中火蒸15～20分钟。

8.南瓜、百合蒸至熟烂取出，倒出原汤汁。

9.倒扣在盘内。

10.另起锅，倒入原汁，加水淀粉调成稠汁。

11.将稠汁均匀地浇在南瓜、百合上即成。

☆ 小贴士

　　1.新鲜百合用保鲜膜封好置于冰箱中可保存1周左右。

　　2.南瓜子味甘、性平，含氨酸、脂肪油、蛋白质、维生素B₁、维生素C等。能驱虫，消肿，可治疗蛔虫、百日咳、痔疮等。而且南瓜籽是有效的驱绦虫剂，没有毒副作用，适宜老人、儿童。对蛲虫病、钩虫病等也有明显的效果。

香煎茄片

Xiang jian qie pian

营养分析 茄子营养丰富，含有蛋白质、脂肪、碳水化合物、维生素以及钙、磷、铁等多种营养成分。其所含的维生素E有防止出血和抗衰老功能，因此，常吃茄子可使血液中胆固醇水平不致增高，对延缓人体衰老具有积极的意义。此外，茄子还有清热解暑的作用，夏季容易长痱子、生疮的人应多食用。

制作指导 自制的面糊不宜太稀，否则茄片挂不上面糊，炸制时就会吃油多，食之太油腻。

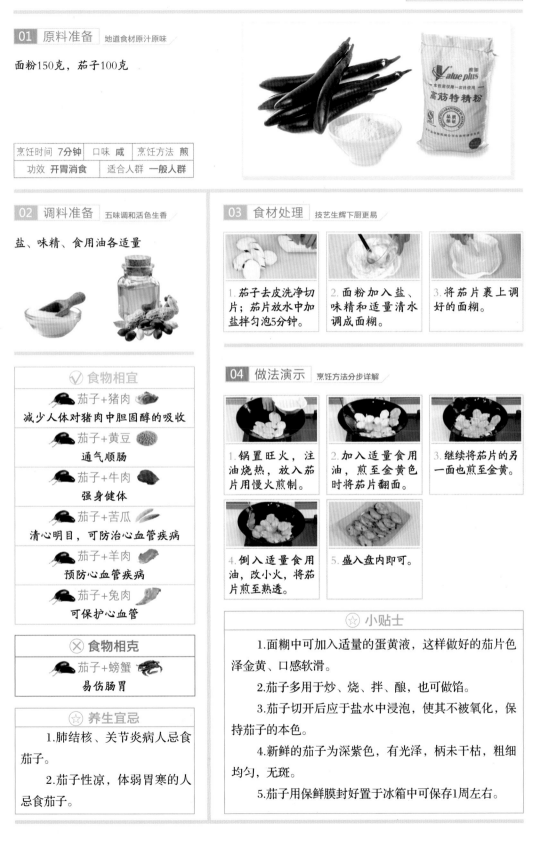

01 原料准备 地道食材原汁原味

面粉150克，茄子100克

烹饪时间 **7分钟**	口味 **咸**	烹饪方法 **煎**
功效 **开胃消食**	适合人群 **一般人群**	

02 调料准备 五味调和活色生香

盐、味精、食用油各适量

✓ 食物相宜

🍆 茄子+猪肉
减少人体对猪肉中胆固醇的吸收

🍆 茄子+黄豆
通气顺肠

🍆 茄子+牛肉
强身健体

🍆 茄子+苦瓜
清心明目，可防治心血管疾病

🍆 茄子+羊肉
预防心血管疾病

🍆 茄子+兔肉
可保护心血管

✗ 食物相克

🍆 茄子+螃蟹
易伤肠胃

☆ 养生宜忌

1.肺结核、关节炎病人忌食茄子。

2.茄子性凉，体弱胃寒的人忌食茄子。

03 食材处理 技艺生辉下厨更易

1. 茄子去皮洗净切片；茄片放水中加盐拌匀泡5分钟。

2. 面粉加入盐、味精和适量清水调成面糊。

3. 将茄片裹上调好的面糊。

04 做法演示 烹饪方法分步详解

1. 锅置旺火，注油烧热，放入茄片用慢火煎制。

2. 加入适量食用油，煎至金黄色时将茄片翻面。

3. 继续将茄片的另一面也煎至金黄。

4. 倒入适量食用油，改小火，将茄片煎至熟透。

5. 盛入盘内即可。

☆ 小贴士

1.面糊中可加入适量的蛋黄液，这样做好的茄片色泽金黄、口感软滑。

2.茄子多用于炒、烧、拌、酿，也可做馅。

3.茄子切开后应于盐水中浸泡，使其不被氧化，保持茄子的本色。

4.新鲜的茄子为深紫色，有光泽，柄未干枯，粗细均匀，无斑。

5.茄子用保鲜膜封好置于冰箱中可保存1周左右。

椒盐茄盒

Jiao yan qie he

营养分析 > 茄子含有丰富的维生素P，这种物质能增强毛细血管的弹性，降低毛细血管的脆性及渗透性，防止微血管破裂出血，使心血管保持正常的功能。

制作指导 > 炸茄子时，油温不宜过高，以免将茄子炸老，从而影响到口感。

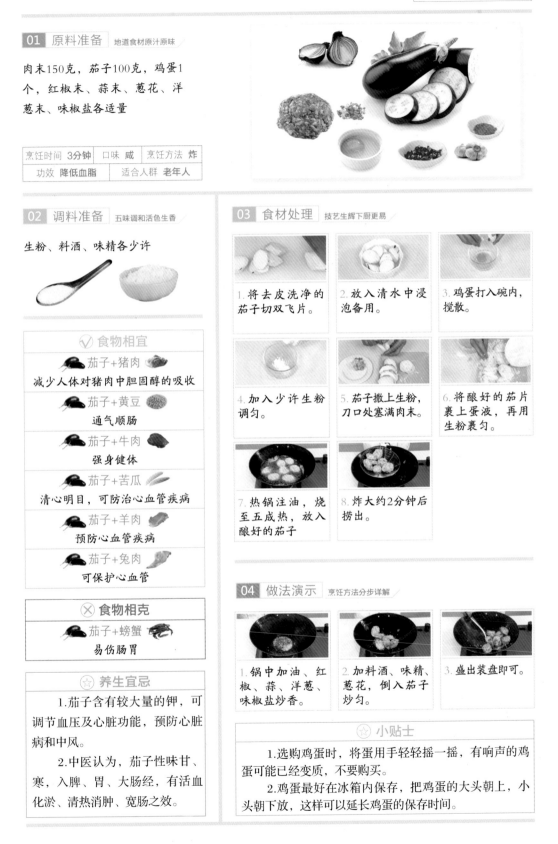

01 原料准备 地道食材原汁原味

肉末150克，茄子100克，鸡蛋1个，红椒末、蒜末、葱花、洋葱末、味椒盐各适量

烹饪时间 3分钟	口味 咸	烹饪方法 炸
功效 降低血脂	适合人群 老年人	

02 调料准备 五味调和活色生香

生粉、料酒、味精各少许

✓ 食物相宜

茄子+猪肉
减少人体对猪肉中胆固醇的吸收

茄子+黄豆
通气顺肠

茄子+牛肉
强身健体

茄子+苦瓜
清心明目，可防治心血管疾病

茄子+羊肉
预防心血管疾病

茄子+兔肉
可保护心血管

✗ 食物相克

茄子+螃蟹
易伤肠胃

☆ 养生宜忌

1.茄子含有较大量的钾，可调节血压及心脏功能，预防心脏病和中风。

2.中医认为，茄子性味甘、寒，入脾、胃、大肠经，有活血化淤、清热消肿、宽肠之效。

03 食材处理 技艺生辉下厨更易

1.将去皮洗净的茄子切双飞片。

2.放入清水中浸泡备用。

3.鸡蛋打入碗内，搅散。

4.加入少许生粉调匀。

5.茄子撒上生粉，刀口处塞满肉末。

6.将酿好的茄片裹上蛋液，再用生粉裹匀。

7.热锅注油，烧至五成热，放入酿好的茄子

8.炸大约2分钟后捞出。

04 做法演示 烹饪方法分步详解

1.锅中加油、红椒、蒜、洋葱、味椒盐炒香。

2.加料酒、味精、葱花，倒入茄子炒匀。

3.盛出装盘即可。

☆ 小贴士

1.选购鸡蛋时，将蛋用手轻轻摇一摇，有响声的鸡蛋可能已经变质，不要购买。

2.鸡蛋最好在冰箱内保存，把鸡蛋的大头朝上，小头朝下放，这样可以延长鸡蛋的保存时间。

客家茄子煲

Ke jia qie zi bao

营养分析 猪肉营养丰富，蛋白质含量高，还含有丰富的脂肪、维生素B1、钙、磷、铁等营养成分，具有补肾养血、滋阴润燥、防癌抗癌、丰肌泽肤等功效。病后体弱、产后血虚、面黄羸瘦者，都可将猪肉作为滋补之品。

制作指导 茄子切好后，可趁着还没变色，立刻放入油里炸。这样可以炸出茄子中多余的水分，在焖煮时，也更容易入味。

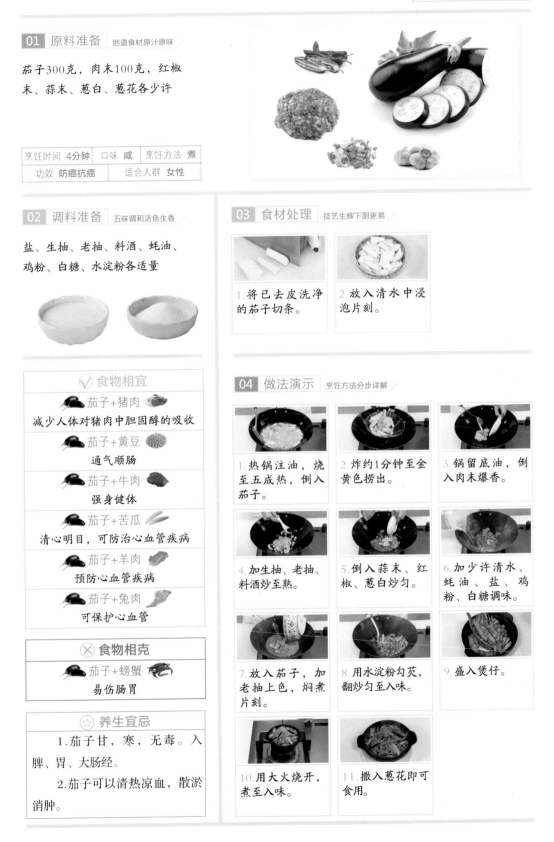

01 原料准备 地道食材原汁原味

茄子300克，肉末100克，红椒末、蒜末、葱白、葱花各少许

烹饪时间 4分钟	口味 咸	烹饪方法 煮
功效 防癌抗癌	适合人群 女性	

02 调料准备 五味调和活色生香

盐、生抽、老抽、料酒、蚝油、鸡粉、白糖、水淀粉各适量

☑ 食物相宜

茄子+猪肉
减少人体对猪肉中胆固醇的吸收

茄子+黄豆
通气顺肠

茄子+牛肉
强身健体

茄子+苦瓜
清心明目，可防治心血管疾病

茄子+羊肉
预防心血管疾病

茄子+兔肉
可保护心血管

✗ 食物相克

茄子+螃蟹
易伤肠胃

☆ 养生宜忌

1.茄子甘，寒，无毒。入脾、胃、大肠经。

2.茄子可以清热凉血，散淤消肿。

03 食材处理 技艺生辉下厨更易

1. 将已去皮洗净的茄子切条。

2. 放入清水中浸泡片刻。

04 做法演示 烹饪方法分步详解

1. 热锅注油，烧至五成热，倒入茄子。

2. 炸约1分钟至金黄色捞出。

3. 锅留底油，倒入肉末爆香。

4. 加生抽、老抽、料酒炒至熟。

5. 倒入蒜末、红椒、葱白炒匀。

6. 加少许清水、蚝油、盐、鸡粉、白糖调味。

7. 放入茄子，加老抽上色，焖煮片刻。

8. 用水淀粉勾芡，翻炒匀至入味。

9. 盛入煲仔。

10. 用大火烧开，煮至入味。

11. 撒入葱花即可食用。

鲍汁铁板酿茄子

Bao zhi tie ban niang qie zi

营养分析〉茄子含有丰富的维生素P，可增强人体毛细血管的弹性，减低毛细血管的脆性及渗透性，防止微血管破裂出血，使心血管保持正常的功能。

制作指导〉放入炸好的茄子时，可用锅铲不断地将汁浇在茄子上面，使其入味均匀。

01 原料准备 地道食材原汁原味

肉末200克，茄子150克，葱段、蒜末、红椒末、洋葱末各少许

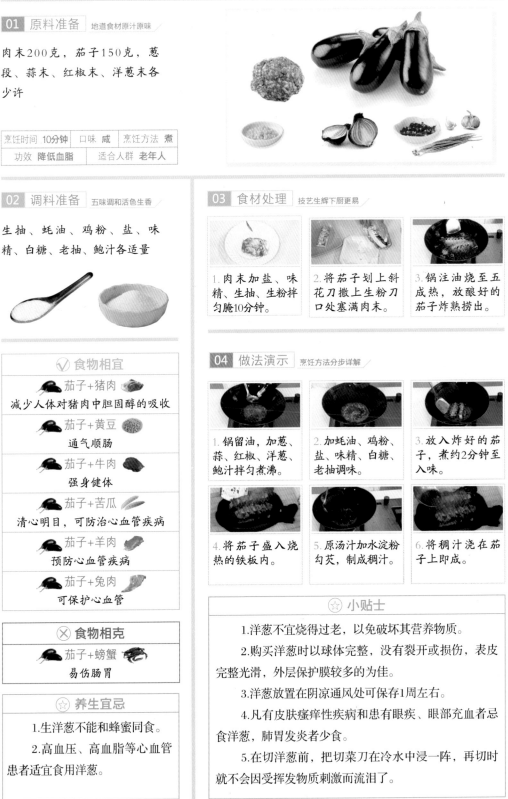

烹饪时间 10分钟	口味 咸	烹饪方法 煮
功效 降低血脂	适合人群 老年人	

02 调料准备 五味调和活色生香

生抽、蚝油、鸡粉、盐、味精、白糖、老抽、鲍汁各适量

✔ 食物相宜

茄子+猪肉
减少人体对猪肉中胆固醇的吸收

茄子+黄豆
通气顺肠

茄子+牛肉
强身健体

茄子+苦瓜
清心明目，可防治心血管疾病

茄子+羊肉
预防心血管疾病

茄子+兔肉
可保护心血管

✘ 食物相克

茄子+螃蟹
易伤肠胃

☆ 养生宜忌

1.生洋葱不能和蜂蜜同食。

2.高血压、高血脂等心血管患者适宜食用洋葱。

03 食材处理 技艺生辉下厨更易

1. 肉末加盐、味精、生抽、生粉拌匀腌10分钟。

2. 将茄子划上斜花刀撒上生粉刀口处塞满肉末。

3. 锅注油烧至五成热，放酿好的茄子炸熟捞出。

04 做法演示 烹饪方法分步详解

1. 锅留油，加葱、蒜、红椒、洋葱、鲍汁拌匀煮沸。

2. 加蚝油、鸡粉、盐、味精、白糖、老抽调味。

3. 放入炸好的茄子，煮约2分钟至入味。

4. 将茄子盛入烧热的铁板内。

5. 原汤汁加水淀粉勾芡，制成稠汁。

6. 将稠汁浇在茄子上即成。

☆ 小贴士

1.洋葱不宜烧得过老，以免破坏其营养物质。

2.购买洋葱时以球体完整，没有裂开或损伤，表皮完整光滑，外层保护膜较多的为佳。

3.洋葱放置在阴凉通风处可保存1周左右。

4.凡有皮肤瘙痒性疾病和患有眼疾、眼部充血者忌食洋葱，肺胃发炎者少食。

5.在切洋葱前，把切菜刀在冷水中浸一阵，再切时就不会因受挥发物质刺激而流泪了。

荷塘小炒

He tang xiao chao

营养分析 莲藕含有淀粉、蛋白质、天门冬素、维生素C以及氧化酶成分，含糖量也很高。鲜藕生吃能清热解烦、解渴止呕；煮熟的莲藕性味甘温，能健脾开胃、益血补心。

制作指导 烹饪莲子前，一定要将莲心去除，以免莲心的苦味影响到菜肴的口感。

01 原料准备　地道食材原汁原味

胡萝卜100克，莲藕80克，水发莲子60克，芹菜50克，水发木耳50克，姜片、蒜末、葱白各少许

烹饪时间 3分钟	口味 清淡	烹饪方法 炒
功效 益气补血	适合人群 女性	

02 调料准备　五味调和活色生香

盐3克，味精3克，白糖3克，蚝油3克，料酒3克，老抽2克，水淀粉适量

✓ 食物相宜	✗ 食物相克
莲藕+猪肉 滋阴血，健脾胃	莲藕+菊花 腹泻
莲藕+生姜 止呕	莲藕+人参 属性相反，不能起补益作用
莲藕+大米 健脾，开胃	

03 食材处理　技艺生辉下厨更易

01.把去皮洗净的莲藕切成片。
02.将洗净的芹菜切段。
03.已去皮的胡萝卜切段，再切成片。
04.洗净的木耳切成小块。
05.锅中加清水烧开，加盐。
06.倒入切好的胡萝卜。
07.加入洗净切好的莲藕。
08.再加入木耳拌匀。
09.煮约1分钟至熟捞出。

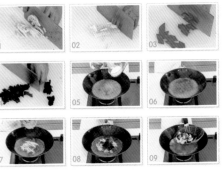

04 做法演示　烹饪方法分步详解

01.用油起锅，倒入姜片、蒜末、葱白爆香。
02.倒入焯水后的胡萝卜、莲藕、木耳，加料酒翻炒匀。
03.加盐、味精、白糖、蚝油调味。
04.倒入莲子、芹菜炒匀。
05.加入少许老抽炒匀。
06.加水淀粉勾芡。
07.加少许热油炒匀。
08.盛出装盘即可。

☆ 小贴士

1.胡萝卜不要过量食用，大量摄入胡萝卜素会令皮肤的色素产生变化，变成橙黄色。

2.购买时应选择体形圆直、表皮光滑、色泽橙红、无须根的胡萝卜。

3.胡萝卜用保鲜膜封好，置于冰箱中可保存2周左右。

4.切开的莲藕在切口处覆以保鲜膜，莲藕不易腐烂，可冷藏保鲜一个星期左右。

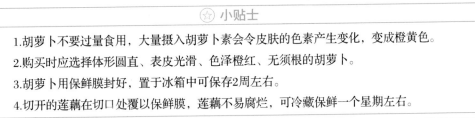

乳香藕片

Ru xiang ou pian

营养分析 莲藕具有很高的营养价值和药用价值，其富含淀粉、蛋白质、脂肪、碳水化合物、维生素C、粗纤维、钙、磷、铁营养成分。食用后能健脾开胃、益血补心，还有消食、止渴、生津的功效。

制作指导 因腐乳本身咸味较重，因此烹饪时，不宜放太多盐。

01 原料准备 地道食材原汁原味

莲藕200克，蒜末、葱花、南腐乳各少许

烹饪时间 2分钟	口味 鲜	烹饪方法 炒
功效 益气补血	适合人群 女性	

02 调料准备 五味调和活色生香

盐、白糖、味精、白醋、水淀粉各适量

✅ 食物相宜

莲藕+猪肉
滋阴血，健脾胃

莲藕+生姜
止呕

莲藕+粳米
健脾，开胃

❌ 食物相克

莲藕+菊花
腹泻

莲藕+人参
药性相反

☆ 养生宜忌

　　1.在根茎类食物中，莲藕含铁量较高，故对缺铁性贫血的病人颇为适宜。

　　2.肥胖者应少食藕。由于藕性偏凉，故产妇不宜过早食用。一般产后1~2周后再吃藕可以逐淤。

03 食材处理 技艺生辉下厨更易

1.莲藕去皮洗净，切片。

2.装入盘中备用。

3.锅中倒入适量清水。

4.加入少许白醋烧开。

5.倒入切好的藕片用大火焯煮约1分钟至熟。

6.捞出焯好的藕片，沥干水分。

04 做法演示 烹饪方法分步详解

1.用油起锅，倒入蒜末。

2.再倒入南乳，炒香。

3.倒入藕片。

4.翻炒匀后加入盐、白糖、味精、水淀粉。

5.快速拌炒匀。

6.盛出藕片，撒上葱花即成。

☆ 小贴士

　　1.购买莲藕时，以两端的节很细、藕身圆而笔直、用手轻敲声厚实、皮颜色为淡茶色、没有伤痕的为佳。

　　2.莲藕不宜保存，尽量现买现食。

蜜汁南瓜

Mi zhi nan gua

营养分析 南瓜中含有丰富的锌，能参与人体内核酸、蛋白质的合成，是肾上腺皮质激素固有成分，也是人体生长发育的重要物质。南瓜中还含有多种矿质元素，如钙、钾、磷、镁等，还能预防骨质疏松和高血压，特别适合中老年人，尤其是高血压患者食用。

制作指导 熬冰糖时，水和糖的比例要合适，一般1：1即可，熬制时间也不宜长。小火长时间加热容易出丝，能化开糖即可。

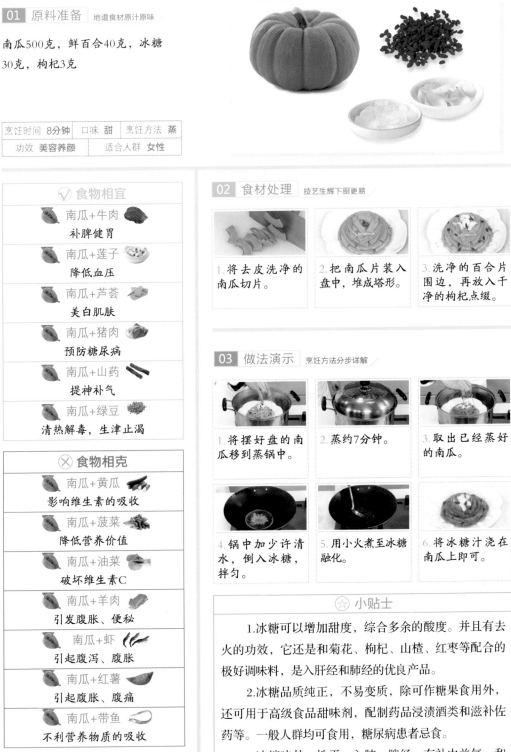

01 原料准备 地道食材原汁原味

南瓜500克，鲜百合40克，冰糖30克，枸杞3克

烹饪时间 8分钟	口味 甜	烹饪方法 蒸
功效 美容养颜	适合人群 女性	

✓ 食物相宜

南瓜+牛肉
补脾健胃

南瓜+莲子
降低血压

南瓜+芦荟
美白肌肤

南瓜+猪肉
预防糖尿病

南瓜+山药
提神补气

南瓜+绿豆
清热解毒，生津止渴

✗ 食物相克

南瓜+黄瓜
影响维生素的吸收

南瓜+菠菜
降低营养价值

南瓜+油菜
破坏维生素C

南瓜+羊肉
引发腹胀、便秘

南瓜+虾
引起腹泻、腹胀

南瓜+红薯
引起腹胀、腹痛

南瓜+带鱼
不利营养物质的吸收

02 食材处理 技艺生辉下厨更易

1.将去皮洗净的南瓜切片。

2.把南瓜片装入盘中，堆成塔形。

3.洗净的百合片围边，再放入干净的枸杞点缀。

03 做法演示 烹饪方法分步详解

1.将摆好盘的南瓜移到蒸锅中。

2.蒸约7分钟。

3.取出已经蒸好的南瓜。

4.锅中加少许清水，倒入冰糖，拌匀。

5.用小火煮至冰糖融化。

6.将冰糖汁浇在南瓜上即可。

☆ 小贴士

1.冰糖可以增加甜度，综合多余的酸度。并且有去火的功效，它还是和菊花、枸杞、山楂、红枣等配合的极好调味料，是入肝经和肺经的优良产品。

2.冰糖品质纯正，不易变质，除可作糖果食用外，还可用于高级食品甜味剂，配制药品浸渍酒类和滋补佐药等。一般人群均可食用，糖尿病患者忌食。

3.冰糖味甘、性平，入肺、脾经；有补中益气，和胃润肺的功效。

吉利南瓜球

Ji li nan gua qiu

营养分析 南瓜含有丰富的维生素和钙、磷等营养成分，是健胃消食的高手，其所含果胶可以保护胃肠道黏膜免受粗糙食物的刺激，适合患有胃病的人食用。而且，南瓜所含成分还能促进胆汁分泌，加强胃肠蠕动，帮助食物消化。

制作指导 制作南瓜糊时，可将生南瓜放在锅里加多点水煮，基本烂熟的时候用锅铲或者勺子压碎捣成糊状，然后一边开小火一边往锅里匀速而均匀地洒面粉，同时用筷子不停地搅拌，防止面粉结块，待差不多浓稠的时候，再用大火煮开，这样做出来的南瓜糊又香又糯。

01 原料准备 地道食材原汁原味

熟南瓜500克，面包糠100克

烹饪时间	2分钟	口味	甜	烹饪方法	炸
功效	开胃消食		适合人群	儿童	

02 调料准备 五味调和活色生香

盐3克，鸡粉2克，生粉适量

✓ 食物相宜

南瓜+牛肉
补脾健胃

南瓜+莲子
降低血压

南瓜+芦荟
美白肌肤

南瓜+猪肉
预防糖尿病

南瓜+山药
提神补气

南瓜+绿豆
清热解毒，生津止渴

✗ 食物相克

南瓜+黄瓜
影响维生素的吸收

南瓜+油菜
破坏维生素C

南瓜+羊肉
引发腹胀、便秘

南瓜+红薯
引发腹胀、腹痛

03 食材处理 技艺生辉下厨更易

1. 熟南瓜加盐、鸡粉、生粉拌匀制成南瓜糊。

2. 将南瓜糊捏成球状。

3. 将南瓜球均匀裹上面包糠，放入盘中。

04 做法演示 烹饪方法分步详解

1. 锅中注油，烧至四成热，放入南瓜球。

2. 小火炸大约2分钟至熟。

3. 捞出装盘即可。

☆ 小贴士

1.面包糠一般用于油炸及油煎食品，其主要作用是缓解食品被炸焦的时间；由于其本身的特性，能起到外表焦（酥）香的效果。

2.一般情况下面包糠质地亮白的为上品。那些发黄或棕色的多是土法制作，并且带进了面包皮，这样的劣质品极易在操作时炸焦而味道发苦。

3.南瓜营养价值丰富，除了含有蛋白质、胡萝卜素、维生素等必需氨基酸外，南瓜中还有钴、锌和铁元素，钴是构成血液中红细胞的重要成分之一；锌则直接影响成熟红细胞的功能；铁质则是制造血红蛋白的基本微量元素，这些都是补血的好原料。南瓜中含有丰富的维生素B_{12}，而人体缺乏B_{12}会引起恶性贫血，这时吃些南瓜是最好的补血方式了。

南瓜炒蟹柳

Nan gua chao xie liu

营养分析 南瓜含有维生素和果胶，而果胶有很好的吸附性，能黏结和消除体内细菌毒素和其他有害物质，起到解毒作用；所含果胶还可以保护胃肠道黏膜，免受粗糙食品刺激，促进溃疡愈合。

制作指导 南瓜连皮一起烹饪，营养更全面。用新鲜螺肉代替速冻蟹柳，味道也很鲜美。

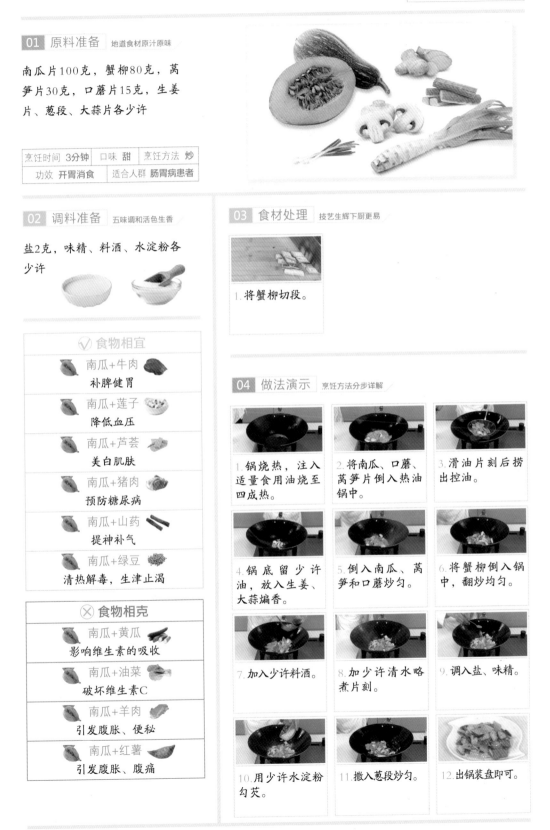

01 原料准备 地道食材原汁原味

南瓜片100克，蟹柳80克，莴笋片30克，口蘑片15克，生姜片、葱段、大蒜片各少许

烹饪时间 3分钟	口味 甜	烹饪方法 炒
功效 开胃消食	适合人群 肠胃病患者	

02 调料准备 五味调和活色生香

盐2克，味精、料酒、水淀粉各少许

✓ 食物相宜

南瓜+牛肉
补脾健胃

南瓜+莲子
降低血压

南瓜+芦荟
美白肌肤

南瓜+猪肉
预防糖尿病

南瓜+山药
提神补气

南瓜+绿豆
清热解毒，生津止渴

✗ 食物相克

南瓜+黄瓜
影响维生素的吸收

南瓜+油菜
破坏维生素C

南瓜+羊肉
引发腹胀、便秘

南瓜+红薯
引发腹胀、腹痛

03 食材处理 技艺生辉下厨更易

1.将蟹柳切段。

04 做法演示 烹饪方法分步详解

1.锅烧热，注入适量食用油烧至四成热。

2.将南瓜、口蘑、莴笋片倒入热油锅中。

3.滑油片刻后捞出控油。

4.锅底留少许油，放入生姜、大蒜煸香。

5.倒入南瓜、莴笋和口蘑炒匀。

6.将蟹柳倒入锅中，翻炒均匀。

7.加入少许料酒。

8.加少许清水略煮片刻。

9.调入盐、味精。

10.用少许水淀粉勾芡。

11.撒入葱段炒匀。

12.出锅装盘即可。

蟹柳白菜卷

Xie liu bai cai juan

营养分析> 白菜含有丰富的粗纤维，有排毒、助消化的作用；同时又因为白菜中含有丰富的维生素C、维生素E，有很好的护肤和养颜效果，是女性美容养颜的蔬菜。

制作指导> 1.焯煮大白菜时，由于菜叶容易熟，可先放入菜梗略煮片刻，然后再放入菜叶焯煮，这样菜叶才不至于煮老。

2.白菜卷入蒸锅前，一定要卷紧，否则裹在里面的菜就会散开，影响成品美观。

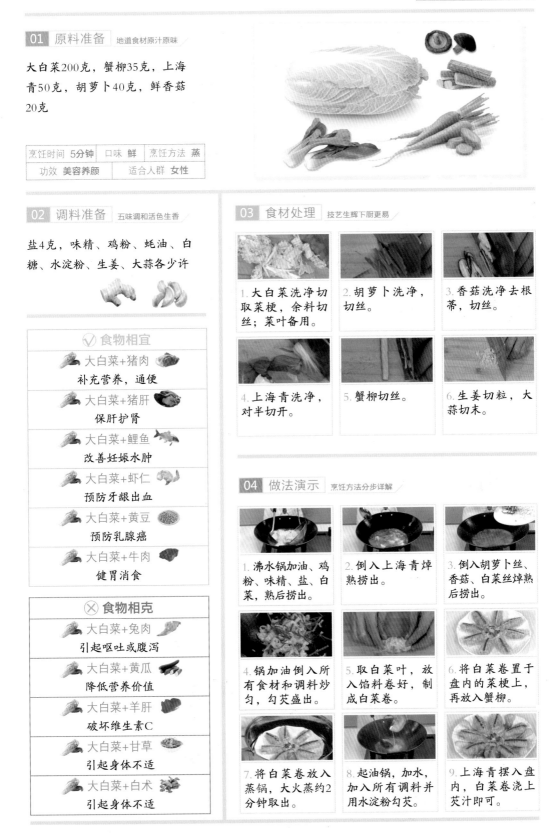

01 原料准备 地道食材原汁原味

大白菜200克，蟹柳35克，上海青50克，胡萝卜40克，鲜香菇20克

| 烹饪时间 5分钟 | 口味 鲜 | 烹饪方法 蒸 |
| 功效 美容养颜 | 适合人群 女性 | |

02 调料准备 五味调和活色生香

盐4克，味精、鸡粉、蚝油、白糖、水淀粉、生姜、大蒜各少许

☑ 食物相宜

大白菜+猪肉
补充营养，通便

大白菜+猪肝
保肝护肾

大白菜+鲤鱼
改善妊娠水肿

大白菜+虾仁
预防牙龈出血

大白菜+黄豆
预防乳腺癌

大白菜+牛肉
健胃消食

✕ 食物相克

大白菜+兔肉
引起呕吐或腹泻

大白菜+黄瓜
降低营养价值

大白菜+羊肝
破坏维生素C

大白菜+甘草
引起身体不适

大白菜+白术
引起身体不适

03 食材处理 技艺生辉下厨更易

1. 大白菜洗净切取菜梗，余料切丝；菜叶备用。

2. 胡萝卜洗净，切丝。

3. 香菇洗净去根蒂，切丝。

4. 上海青洗净，对半切开。

5. 蟹柳切丝。

6. 生姜切粒，大蒜切末。

04 做法演示 烹饪方法分步详解

1. 沸水锅加油、鸡粉、味精、盐、白菜，熟后捞出。

2. 倒入上海青焯熟捞出。

3. 倒入胡萝卜丝、香菇、白菜丝焯熟后捞出。

4. 锅加油倒入所有食材和调料炒匀，勾芡盛出。

5. 取白菜叶，放入馅料卷好，制成白菜卷。

6. 将白菜卷置于盘内的菜梗上，再放入蟹柳。

7. 将白菜卷放入蒸锅，大火蒸约2分钟取出。

8. 起油锅，加水，加入所有调料并用水淀粉勾芡。

9. 上海青摆入盘内，白菜卷浇上芡汁即可。

清炒苦瓜

Qing chao ku gua

营养分析 苦瓜中的维生素C、蛋白质、脂肪、碳水化合物在瓜类蔬菜中含量较高。苦瓜性寒味苦，有降邪热、解疲乏、清心明目、益气壮阳之功效。苦瓜中含有类似胰岛素的物质，有明显的降血糖作用。

制作指导 烹饪前将苦瓜片放入盐水中浸泡片刻，可以减轻苦瓜的苦味。

01 原料准备 *地道食材原汁原味*

苦瓜150克

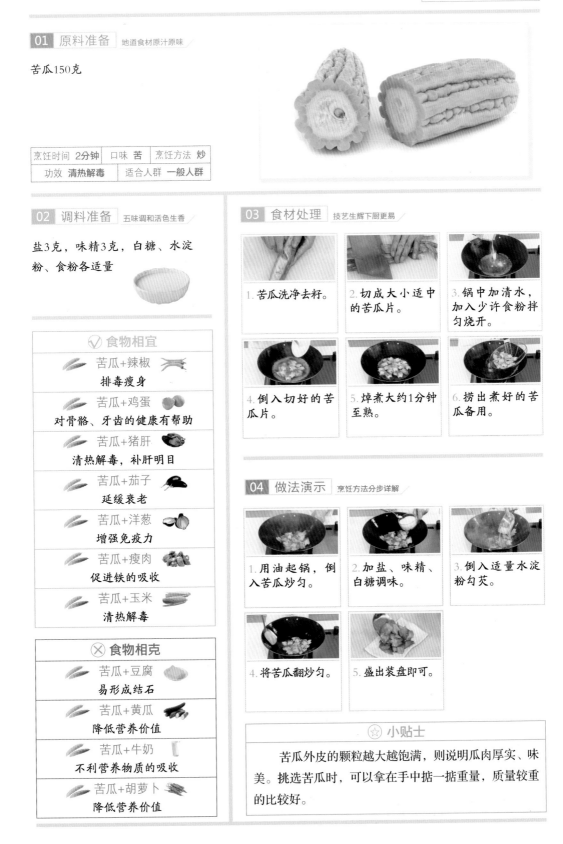

烹饪时间 **2分钟**	口味 **苦**	烹饪方法 **炒**
功效 **清热解毒**	适合人群 **一般人群**	

02 调料准备 *五味调和活色生香*

盐3克，味精3克，白糖、水淀粉、食粉各适量

✅ 食物相宜

苦瓜+辣椒
排毒瘦身

苦瓜+鸡蛋
对骨骼、牙齿的健康有帮助

苦瓜+猪肝
清热解毒，补肝明目

苦瓜+茄子
延缓衰老

苦瓜+洋葱
增强免疫力

苦瓜+瘦肉
促进铁的吸收

苦瓜+玉米
清热解毒

❌ 食物相克

苦瓜+豆腐
易形成结石

苦瓜+黄瓜
降低营养价值

苦瓜+牛奶
不利营养物质的吸收

苦瓜+胡萝卜
降低营养价值

03 食材处理 *技艺生辉下厨更易*

1. 苦瓜洗净去籽。

2. 切成大小适中的苦瓜片。

3. 锅中加清水，加入少许食粉拌匀烧开。

4. 倒入切好的苦瓜片。

5. 焯煮大约1分钟至熟。

6. 捞出煮好的苦瓜备用。

04 做法演示 *烹饪方法分步详解*

1. 用油起锅，倒入苦瓜炒匀。

2. 加盐、味精、白糖调味。

3. 倒入适量水淀粉勾芡。

4. 将苦瓜翻炒匀。

5. 盛出装盘即可。

⭐ 小贴士

苦瓜外皮的颗粒越大越饱满，则说明瓜肉厚实、味美。挑选苦瓜时，可以拿在手中掂一掂重量，质量较重的比较好。

梅菜炒苦瓜

Mei cai chao ku gua

营养分析 五花肉是人们餐桌上重要的动物性食品之一，也是人类摄取动物类脂肪和蛋白质的主要来源。它营养丰富，蛋白质和胆固醇含量高，还富含维生素B₁和锌等，有滋养脏腑、滑润肌肤、补中益气、滋阴养胃等功效。

制作指导 梅菜要泡透后再烹饪，否则太咸影响口感。另外，烹饪时用猪油会更香。

01 原料准备 地道食材原汁原味

梅菜250克，苦瓜200克，五花肉100克，红椒片、姜片、蒜蓉、葱段各少许

烹饪时间 **4分钟**	口味 **咸**	烹饪方法 **炒**
功效 **增强免疫力**	适合人群 **男性**	

02 调料准备 五味调和活色生香

盐、老抽、白糖各适量

☑ 食物相宜

苦瓜+辣椒
排毒瘦身

苦瓜+鸡蛋
对骨骼、牙齿的健康有帮助

苦瓜+猪肝
清热解毒，补肝明目

苦瓜+茄子
延缓衰老

苦瓜+洋葱
增强免疫力

苦瓜+瘦肉
促进铁的吸收

苦瓜+玉米
清热解毒

✗ 食物相克

苦瓜+豆腐
易形成结石

苦瓜+黄瓜
降低营养价值

苦瓜+牛奶
不利营养物质的吸收

苦瓜+胡萝卜
降低营养价值

03 食材处理 技艺生辉下厨更易

1.把洗净的梅菜切碎。

2.洗净的苦瓜去除瓜瓤，切薄片。

3.洗净的五花肉切片装碗中备用。

04 做法演示 烹饪方法分步详解

1.炒锅热油，倒入五花肉炒出油。

2.加少许老抽，炒匀上色。

3.倒入姜片、葱段、蒜蓉。

4.再倒入梅菜炒匀，加盐、白糖调味。

5.倒入苦瓜炒匀。

6.注入少许清水，翻炒至熟。

7.倒入红椒片翻炒至匀。

8.用中火翻炒至熟透。

9.出锅盛入盘中即成。

☆ 小贴士

苦瓜外形像大米粒的形状，两头是尖的，而且整体比较直，则为上好佳品，反之较差。品种好的苦瓜，其颜色是翠绿的，如果颜色发黄，则表明苦瓜已经过老、发蔫。

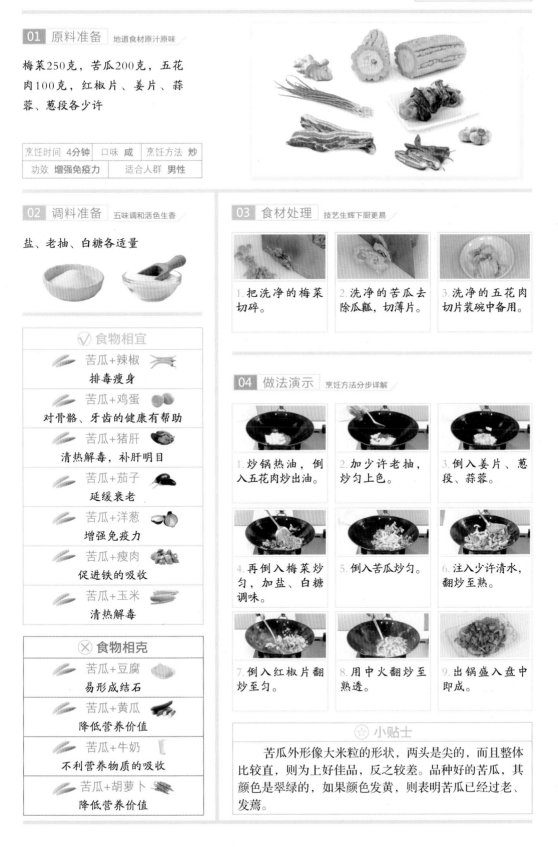

菠萝炒苦瓜

Bo luo chao ku gua

营养分析 苦瓜的营养极其丰富，其所含的蛋白质、脂肪、碳水化合物在瓜类蔬菜中含量较高，特别是维生素C的含量，居瓜类之冠。苦瓜还含丰富的维生素及矿物质，长期食用，能解疲乏、清热祛暑、明目解毒、益气壮阳、降压降糖。

制作指导 鲜菠萝先用盐水泡上一段时间再烹饪，不仅可以减少菠萝酶对我们口腔黏膜和嘴唇的刺激，还能使菠萝更加香甜。

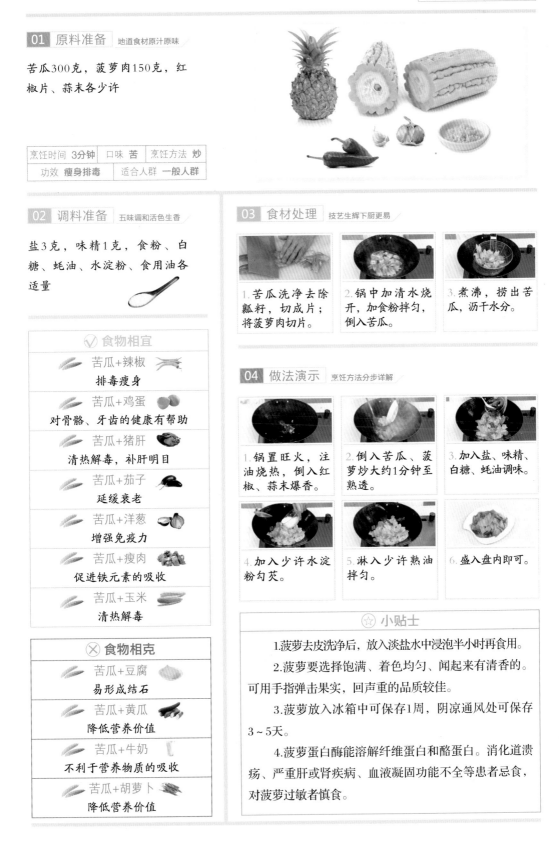

01 原料准备 地道食材原汁原味

苦瓜300克，菠萝肉150克，红椒片、蒜末各少许

烹饪时间 **3分钟**	口味 **苦**	烹饪方法 **炒**
功效 **瘦身排毒**	适合人群 **一般人群**	

02 调料准备 五味调和活色生香

盐3克，味精1克，食粉、白糖、蚝油、水淀粉、食用油各适量

✓ 食物相宜

苦瓜+辣椒
排毒瘦身

苦瓜+鸡蛋
对骨骼、牙齿的健康有帮助

苦瓜+猪肝
清热解毒，补肝明目

苦瓜+茄子
延缓衰老

苦瓜+洋葱
增强免疫力

苦瓜+瘦肉
促进铁元素的吸收

苦瓜+玉米
清热解毒

✗ 食物相克

苦瓜+豆腐
易形成结石

苦瓜+黄瓜
降低营养价值

苦瓜+牛奶
不利于营养物质的吸收

苦瓜+胡萝卜
降低营养价值

03 食材处理 技艺生辉下厨更易

1.苦瓜洗净去除瓤籽，切成片；将菠萝肉切片。

2.锅中加清水烧开，加食粉拌匀，倒入苦瓜。

3.煮沸，捞出苦瓜，沥干水分。

04 做法演示 烹饪方法分步详解

1.锅置旺火，注油烧热，倒入红椒、蒜末爆香。

2.倒入苦瓜、菠萝炒大约1分钟至熟透。

3.加入盐、味精、白糖、蚝油调味。

4.加入少许水淀粉勾芡。

5.淋入少许熟油拌匀。

6.盛入盘内即可。

☆ 小贴士

1.菠萝去皮洗净后，放入淡盐水中浸泡半小时再食用。

2.菠萝要选择饱满、着色均匀、闻起来有清香的。可用手指弹击果实，回声重的品质较佳。

3.菠萝放入冰箱中可保存1周，阴凉通风处可保存3~5天。

4.菠萝蛋白酶能溶解纤维蛋白和酪蛋白。消化道溃疡、严重肝或肾疾病、血液凝固功能不全等患者忌食，对菠萝过敏者慎食。

客家酿苦瓜

Ke jia niang ku gua

营养分析 苦瓜含丰富的蛋白质、脂肪、粗纤维、维生素及矿物质，具有清热祛暑、明目解毒、降压降糖、利尿凉血、解劳清心、益气壮阳之功效，此外，苦瓜还有助于加速伤口愈合，多食有助于皮肤细嫩柔滑。

制作指导 苦瓜焯水时，要用旺火，以保持苦瓜的鲜嫩，焯好后快速过凉水可以稳定苦瓜的绿色。

01 原料准备　地道食材原汁原味

苦瓜400克，肉末100克，姜末、蒜末、葱花各少许

烹饪时间 9分钟	口味 清淡	烹饪方法 炒
功效 降压降糖	适合人群 糖尿病患者	

02 调料准备　五味调和活色生香

盐3克，水淀粉10毫升，鸡精3克，白糖3克，蚝油3克，老抽3毫升，生抽3毫升，胡椒粉、食用油、芝麻油各适量

✓ 食物相宜	✗ 食物相克
苦瓜+辣椒　排毒瘦身	苦瓜+豆腐　易形成结石
苦瓜+鸡蛋　对骨骼、牙齿的健康有帮助	苦瓜+黄瓜　降低营养价值
苦瓜+猪肝　清热解毒，补肝明目	苦瓜+牛奶　不利营养物质的吸收
苦瓜+茄子　延缓衰老	苦瓜+胡萝卜　降低营养价值

03 食材处理　技艺生辉下厨更易

01.将洗净的苦瓜切成约3厘米长的棋子段。
02.用小勺将苦瓜段中的瓤籽挖出。
03.肉末装入碗中，加入少许生抽、鸡精、盐、胡椒粉拌匀。
04.再加入生粉、芝麻油拌匀，腌渍10分钟入味。
05.锅中加水烧开，加食粉，倒入苦瓜拌匀。
06.煮约2分钟至熟，将煮好的苦瓜捞出。
07.放入凉水中冷却。
08.苦瓜段内壁抹上生粉。
09.逐一填入拌好的肉末。

04 做法演示　烹饪方法分步详解

01.用油起锅，放入酿好的苦瓜。
02.煎约半分钟后翻面，继续煎约1分钟至微微焦黄。
03.将煎好的酿苦瓜盛出装盘。
04.锅留底油，倒入姜末、蒜末爆香。
05.加料酒炒匀，倒入少许清水。
06.加入蚝油、老抽、生抽、盐、鸡精、白糖拌匀煮沸。
07.倒入苦瓜。
08.加盖，慢火焖5分钟至熟软入味。
09.盛出煮好的酿苦瓜。
10.原汤汁加水淀粉勾芡调成浓汁。
11.将浓汁浇在酿苦瓜上。
12.撒上葱花即可。

椒盐玉米

Jiao yan yu mi

营养分析〉玉米含有蛋白质、脂肪、糖类、胡萝卜素、维生素和多种矿物质，具有开胃益智、宁心活血、调理中气等功效，还能降低血脂，延缓人体衰老，预防脑功能退化，增强记忆力。玉米中的谷胱甘肽还可以预防癌症。

制作指导〉炸玉米时，油温不能太高，否则炸得太老，会影响玉米的鲜甜度。

01 原料准备 地道食材原汁原味

鲜玉米粒400克，红椒、葱、蒜末、味椒盐各少许

烹饪时间 3分钟	口味 鲜	烹饪方法 炒
功效 降低血脂	适合人群 一般人群	

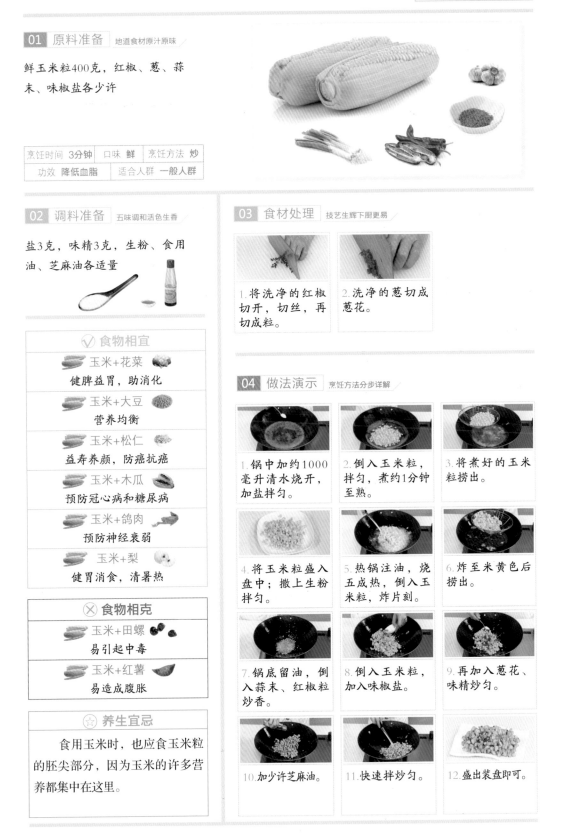

02 调料准备 五味调和活色生香

盐3克，味精3克，生粉、食用油、芝麻油各适量

☑ 食物相宜

玉米+花菜
健脾益胃，助消化

玉米+大豆
营养均衡

玉米+松仁
益寿养颜，防癌抗癌

玉米+木瓜
预防冠心病和糖尿病

玉米+鸽肉
预防神经衰弱

玉米+梨
健胃消食，清暑热

☒ 食物相克

玉米+田螺
易引起中毒

玉米+红薯
易造成腹胀

☆ 养生宜忌

食用玉米时，也应食玉米粒的胚尖部分，因为玉米的许多营养都集中在这里。

03 食材处理 技艺生辉下厨更易

1. 将洗净的红椒切开，切丝，再切成粒。

2. 洗净的葱切成葱花。

04 做法演示 烹饪方法分步详解

1. 锅中加约1000毫升清水烧开，加盐拌匀。

2. 倒入玉米粒，拌匀，煮约1分钟至熟。

3. 将煮好的玉米粒捞出。

4. 将玉米粒盛入盘中；撒上生粉拌匀。

5. 热锅注油，烧五成热，倒入玉米粒，炸片刻。

6. 炸至米黄色后捞出。

7. 锅底留油，倒入蒜末、红椒粒炒香。

8. 倒入玉米粒，加入味椒盐。

9. 再加入葱花、味精炒匀。

10. 加少许芝麻油。

11. 快速拌炒匀。

12. 盛出装盘即可。

茄汁年糕

Qie zhi nian gao

营养分析〉年糕多以糯米为原料，不但味道香甜可口，而且营养丰富，还具有健身祛病的作用。其富含蛋白质、钙、磷、钾、镁等营养元素，热量较高，是米饭的数倍，因而不宜多吃，适量食用既能补充营养，又能增强免疫力。

制作指导〉年糕的味道较为清淡，加入番茄汁或其他配料炒制，口味会变得更加香甜可口。

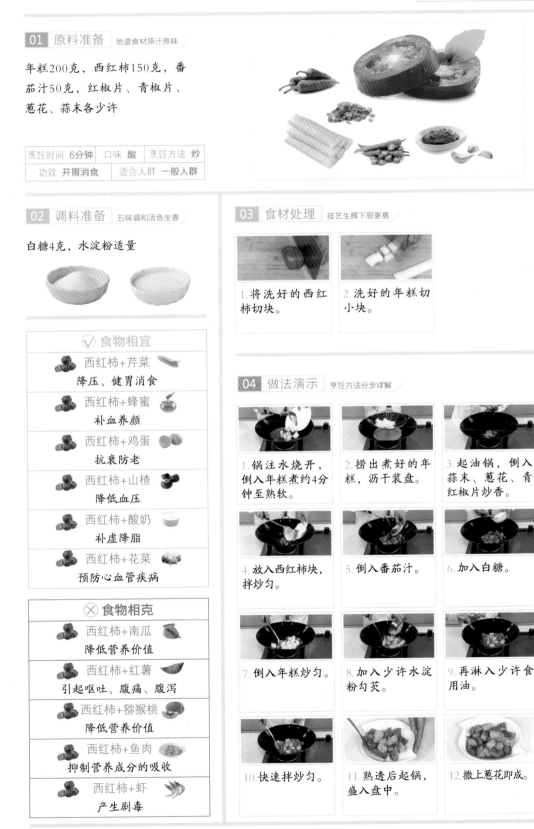

01 原料准备 地道食材原汁原味

年糕200克，西红柿150克，番茄汁50克，红椒片、青椒片、葱花、蒜末各少许

烹饪时间 6分钟	口味 酸	烹饪方法 炒
功效 开胃消食	适合人群 一般人群	

02 调料准备 五味调和活色生香

白糖4克，水淀粉适量

✓ 食物相宜

西红柿+芹菜
降压、健胃消食

西红柿+蜂蜜
补血养颜

西红柿+鸡蛋
抗衰防老

西红柿+山楂
降低血压

西红柿+酸奶
补虚降脂

西红柿+花菜
预防心血管疾病

✗ 食物相克

西红柿+南瓜
降低营养价值

西红柿+红薯
引起呕吐、腹痛、腹泻

西红柿+猕猴桃
降低营养价值

西红柿+鱼肉
抑制营养成分的吸收

西红柿+虾
产生剧毒

03 食材处理 技艺生辉下厨更易

1.将洗好的西红柿切块。

2.洗好的年糕切小块。

04 做法演示 烹饪方法分步详解

1.锅注水烧开，倒入年糕煮约4分钟至熟软。

2.捞出煮好的年糕，沥干装盘。

3.起油锅，倒入蒜末、葱花、青红椒片炒香。

4.放入西红柿块，拌炒匀。

5.倒入番茄汁。

6.加入白糖。

7.倒入年糕炒匀。

8.加入少许水淀粉勾芡。

9.再淋入少许食用油。

10.快速拌炒匀。

11.熟透后起锅，盛入盘中。

12.撒上葱花即成。

小白菜炒平菇

Xiao bai cai chao ping gu

营养分析 平菇含有菌糖、甘露醇糖等营养成分，可以改善人体新陈代谢，增强体质，对肝炎、慢性胃炎、十二指肠溃疡、高血压等都有一定食疗功效，还有追风散寒、舒筋活络的作用，可辅助治疗腰腿疼痛、手足麻木、经络不适等症。

制作指导 平菇不可炒制太久，否则炒出太多水，会影响成品外观和口感。

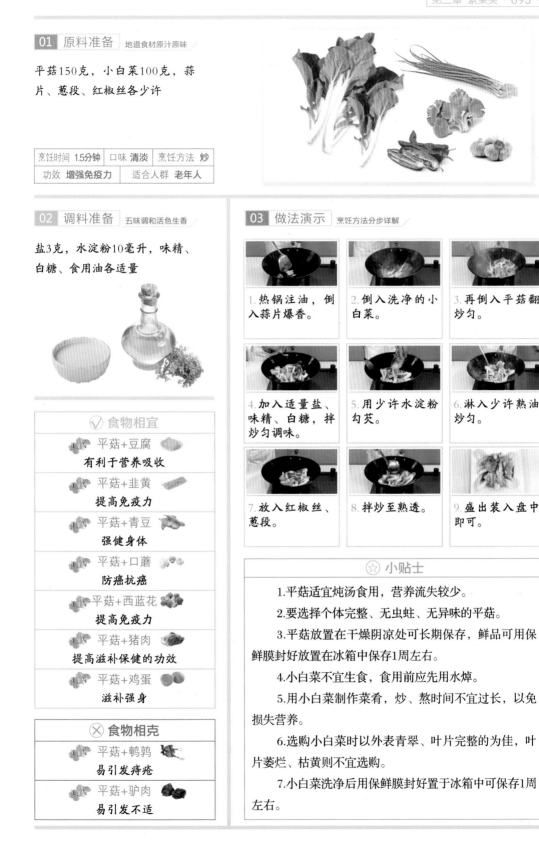

01 原料准备 地道食材原汁原味

平菇150克，小白菜100克，蒜片、葱段、红椒丝各少许

烹饪时间 1.5分钟	口味 清淡	烹饪方法 炒
功效 增强免疫力	适合人群 老年人	

02 调料准备 五味调和活色生香

盐3克，水淀粉10毫升，味精、白糖、食用油各适量

✔ 食物相宜

平菇+豆腐
有利于营养吸收

平菇+韭黄
提高免疫力

平菇+青豆
强健身体

平菇+口蘑
防癌抗癌

平菇+西蓝花
提高免疫力

平菇+猪肉
提高滋补保健的功效

平菇+鸡蛋
滋补强身

✘ 食物相克

平菇+鹌鹑
易引发痔疮

平菇+驴肉
易引发不适

03 做法演示 烹饪方法分步详解

1. 热锅注油，倒入蒜片爆香。

2. 倒入洗净的小白菜。

3. 再倒入平菇翻炒匀。

4. 加入适量盐、味精、白糖，拌炒匀调味。

5. 用少许水淀粉勾芡。

6. 淋入少许熟油炒匀。

7. 放入红椒丝、葱段。

8. 拌炒至熟透。

9. 盛出装入盘中即可。

☆ 小贴士

1. 平菇适宜炖汤食用，营养流失较少。

2. 要选择个体完整、无虫蛀、无异味的平菇。

3. 平菇放置在干燥阴凉处可长期保存，鲜品可用保鲜膜封好放置在冰箱中保存1周左右。

4. 小白菜不宜生食，食用前应先用水焯。

5. 用小白菜制作菜肴，炒、熬时间不宜过长，以免损失营养。

6. 选购小白菜时以外表青翠、叶片完整的为佳，叶片萎烂、枯黄则不宜选购。

7. 小白菜洗净后用保鲜膜封好置于冰箱中可保存1周左右。

鲍汁草菇

Bao zhi cao gu

营养分析 上海青含有丰富的钙、铁、维生素C和胡萝卜素，是人体黏膜及上皮组织的重要营养源，对于抵御皮肤过度角质化大有裨益。此外，上海青还有促进血液循环、散淤消肿、美容的作用。

制作指导 将上海青的根部切开，可以使其更易入味。

01 原料准备 地道食材原汁原味

草菇100克，上海青150克，鲍汁30毫升，姜片20克，葱段15克

烹饪时间 6分钟	口味 鲜	烹饪方法 炒
功效 防癌抗癌	适合人群 一般人群	

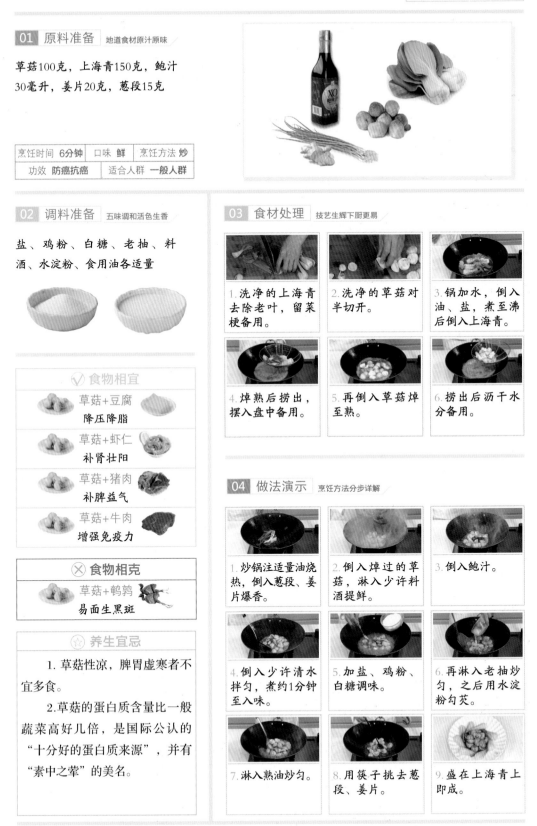

02 调料准备 五味调和活色生香

盐、鸡粉、白糖、老抽、料酒、水淀粉、食用油各适量

✓ 食物相宜

	草菇+豆腐 降压降脂
	草菇+虾仁 补肾壮阳
	草菇+猪肉 补脾益气
	草菇+牛肉 增强免疫力

✕ 食物相克

	草菇+鹌鹑 易面生黑斑

☆ 养生宜忌

1. 草菇性凉，脾胃虚寒者不宜多食。

2.草菇的蛋白质含量比一般蔬菜高好几倍，是国际公认的"十分好的蛋白质来源"，并有"素中之荤"的美名。

03 食材处理 技艺生辉下厨更易

1.洗净的上海青去除老叶，留菜梗备用。

2.洗净的草菇对半切开。

3.锅加水，倒入油、盐，煮至沸后倒入上海青。

4.焯熟后捞出，摆入盘中备用。

5.再倒入草菇焯至熟。

6.捞出后沥干水分备用。

04 做法演示 烹饪方法分步详解

1.炒锅注适量油烧热，倒入葱段、姜片爆香。

2.倒入焯过的草菇，淋入少许料酒提鲜。

3.倒入鲍汁。

4.倒入少许清水拌匀，煮约1分钟至入味。

5.加盐、鸡粉、白糖调味。

6.再淋入老抽炒匀，之后用水淀粉勾芡。

7.淋入熟油炒匀。

8.用筷子挑去葱段、姜片。

9.盛在上海青上即成。

菌菇油麦菜

Jun gu you mai cai

营养分析 > 油麦菜的茎叶中含有莴苣素，具有镇痛催眠、降低胆固醇、辅助治疗神经衰弱等功效。油麦菜还含有丰富的膳食纤维和维生素C，有消除多余脂肪的作用，很适合肥胖者食用。

制作指导 > 油麦菜入锅炒制的时间不能过长，断生即可，否则会影响成菜的口感。

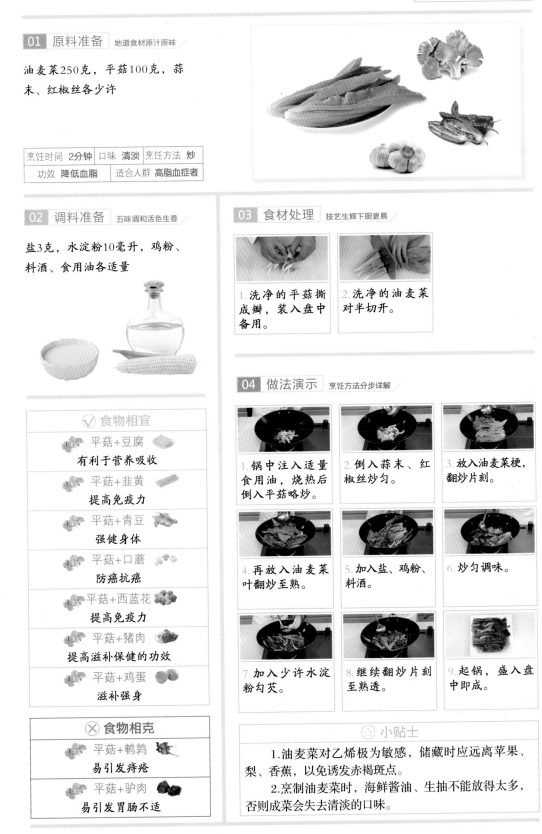

01 原料准备 地道食材原汁原味

油麦菜250克，平菇100克，蒜末、红椒丝各少许

烹饪时间	2分钟	口味	清淡	烹饪方法	炒
功效	降低血脂		适合人群	高脂血症者	

02 调料准备 五味调和活色生香

盐3克，水淀粉10毫升，鸡粉、料酒、食用油各适量

✅ 食物相宜

平菇+豆腐
有利于营养吸收

平菇+韭黄
提高免疫力

平菇+青豆
强健身体

平菇+口蘑
防癌抗癌

平菇+西蓝花
提高免疫力

平菇+猪肉
提高滋补保健的功效

平菇+鸡蛋
滋补强身

❌ 食物相克

平菇+鹌鹑
易引发痔疮

平菇+驴肉
易引发胃肠不适

03 食材处理 技艺生辉下厨更易

1. 洗净的平菇撕成瓣，装入盘中备用。

2. 洗净的油麦菜对半切开。

04 做法演示 烹饪方法分步详解

1. 锅中注入适量食用油，烧热后倒入平菇略炒。

2. 倒入蒜末、红椒丝炒匀。

3. 放入油麦菜梗，翻炒片刻。

4. 再放入油麦菜叶翻炒至熟。

5. 加入盐、鸡粉、料酒。

6. 炒匀调味。

7. 加入少许水淀粉勾芡。

8. 继续翻炒片刻至熟透。

9. 起锅，盛入盘中即成。

⭐ 小贴士

1. 油麦菜对乙烯极为敏感，储藏时应远离苹果、梨、香蕉，以免诱发赤褐斑点。

2. 烹制油麦菜时，海鲜酱油、生抽不能放得太多，否则成菜会失去清淡的口味。

素炒杂菌

Su chao za jun

营养分析 金针菇的氨基酸含量非常丰富，高于其他菇类。金针菇中还含有一种叫朴菇素的物质，能增强机体对癌细胞的抗御能力。金针菇能降低胆固醇，预防肝脏疾病和胃肠溃疡，增强身体免疫力，缓解疲劳，很适合高血压患者、肥胖者和中老年人食用。

制作指导 炒制此菜时，不宜加太多的盐和味精，否则就失去了菌类本身的鲜味。

01 原料准备 地道食材原汁原味

金针菇100克，白玉菇80克，香菇、鸡腿菇片各60克，蒜苗20克，草菇片少许

烹饪时间 2分钟	口味 清淡	烹饪方法 炒
功效 提神健脑	适合人群 老年人	

02 调料准备 五味调和活色生香

盐、味精、白糖、料酒、鸡粉、水淀粉、食用油各适量

✓ 食物相宜	✗ 食物相克
金针菇+豆腐 降脂降压	金针菇+驴肉 引起胃肠不适
金针菇+豆芽 清热解毒	☆ 小贴士
金针菇+鸡肉 健脑益智	金针菇有抑制血脂升高、降低胆固醇和防治心血管疾病的作用，营养十分丰富。但是脾胃虚寒者不宜过多食用。
金针菇+芹菜 抗秋燥	
金针菇+西蓝花 增强免疫力	

03 食材处理 技艺生辉下厨更易

01.将洗净的金针菇切去根部。
02.洗好的白玉菇也切去根部。
03.再将洗好的香菇切去蒂，改切成片。
04.洗净的蒜苗切段。
05.锅中注水，加盐、鸡粉、食用油煮沸。
06.倒入洗净的鸡腿菇、草菇煮片刻。
07.倒入香菇煮沸。
08.再倒入白玉菇焯煮片刻。
09.捞出焯好的草菇、鸡腿菇片、香菇和白玉菇。

04 做法演示 烹饪方法分步详解

01.另起锅，注油烧热，放入蒜苗梗煸香。
02.倒入草菇、鸡腿菇、香菇和白玉菇，炒匀。
03.淋入少许料酒拌匀。
04.加盐、味精、白糖和鸡粉。
05.再倒入金针菇，翻炒片刻至熟。
06.倒入蒜苗叶。
07.再加入少许水淀粉勾芡。
08.淋入少许熟油拌匀。
09.盛入盘中即成。

三鲜莲蓬豆腐

San xian lian peng dou fu

营养分析〉豆腐的蛋白质含量比大豆高，而且豆腐蛋白属完全蛋白，不仅含有人体必需的8种氨基酸，而且比例也接近人体需要，营养价值很高。豆腐还含有脂肪、碳水化合物、维生素和矿物质等。

制作指导〉豆腐很容易变质，如果买回来的豆腐暂时不食用，可以把豆腐放在盐水中煮沸，放凉后连水一起放在保鲜盒里再放进冰箱，可以存放一个星期不变质。

01 原料准备　地道食材原汁原味

豆腐500克，青豆50克，橙汁50克，香菜叶少许

烹饪时间 **6分钟**	口味 **甜**	烹饪方法 **蒸**
功效 **增强免疫力**	适合人群 **儿童**	

02 调料准备　五味调和活色生香

盐3克，白醋、白糖、水淀粉各适量

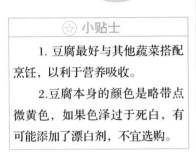

☆ 小贴士

1. 豆腐最好与其他蔬菜搭配烹饪，以利于营养吸收。

2. 豆腐本身的颜色是略带点微黄色，如果色泽过于死白，有可能添加了漂白剂，不宜选购。

✓ 食物相宜	✗ 食物相克
豆腐+鱼　补钙	豆腐+蜂蜜　易导致腹泻
豆腐+韭菜　防治便秘	豆腐+红糖　不利于人体吸收
豆腐+姜　润肺止咳	豆腐+鸡蛋　影响蛋白质的吸收
豆腐+西红柿　补脾健胃	豆腐+空心菜　易破坏营养素
豆腐+油菜　止咳，平喘	豆腐+木耳菜　易破坏营养素
豆腐+金针菇　益智强体	豆腐+苋菜　易破坏营养素
豆腐+香菇　降血脂、降血压	

03 食材处理　技艺生辉下厨更易

01. 用模具将洗净的豆腐压出花形生坯。
02. 把豆腐生坯切成1厘米的厚片。
03. 锅中加清水烧开，加油、盐拌匀。
04. 倒入洗净的青豆，煮约1分钟。
05. 捞出煮熟的青豆。
06. 用工具在豆腐生坯上压出数个小孔。
07. 把青豆放入生坯孔内。
08. 撒上少许盐。

04 做法演示　烹饪方法分步详解

01. 放入已烧开水的锅中。
02. 加盖，蒸约2分钟至熟。
03. 取出蒸熟的豆腐。
04. 起油锅，倒入少许白醋，加白糖。
05. 再倒入橙汁拌匀。
06. 加水淀粉勾芡，注入熟油拌匀。
07. 将汁浇在豆腐块上。
08. 点缀上香菜叶即可。

翡翠豆腐

Fei cui dou fu

营养分析 豆腐富含蛋白质、脂肪、氨基酸、不饱和脂肪酸、卵磷脂等营养成分，能益气宽中、生津润燥、清热解毒、和脾胃，还可以降低血铅浓度、保护肝脏、促进新陈代谢。常食豆腐还有利于神经、血管、大脑的生长发育，能抑制胆固醇的摄入。

制作指导 豆腐在切前放入淡盐水中浸泡一会儿，就不容易切碎。

01 原料准备 地道食材原汁原味

豆腐200克，莴笋100克，彩椒丁、青椒丁、红椒丁、蒜末各少许

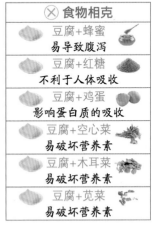

烹饪时间 **3分钟**	口味 **清淡**	烹饪方法 **煮**
功效 **清热解毒**	适合人群 **儿童**	

02 调料准备 五味调和活色生香

盐3克，鸡粉2克，蚝油、老抽、芝麻油、水淀粉、食用油各适量

☆ **小贴士**

　　1.烹饪莴笋的时候要少放盐，否则会影响口感。

　　2.莴笋不宜多吃，过量食用莴笋，会导致夜盲症或诱发其他眼疾。如果出现了这种症状，只须停食莴苣，几天后就会好转。

√ **食物相宜**

豆腐+鱼	补钙
豆腐+韭菜	防治便秘
豆腐+姜	润肺止咳
豆腐+西红柿	补脾健胃
豆腐+油菜	止咳，平喘
豆腐+金针菇	益智强体
豆腐+香菇	降血脂、降血压

✗ **食物相克**

豆腐+蜂蜜	易导致腹泻
豆腐+红糖	不利于人体吸收
豆腐+鸡蛋	影响蛋白质的吸收
豆腐+空心菜	易破坏营养素
豆腐+木耳菜	易破坏营养素
豆腐+苋菜	易破坏营养素

03 食材处理 技艺生辉下厨更易

01 取一部分去皮洗净的莴笋切片。
02 剩余的莴笋切成丁。
03 洗净的豆腐切成块。
04 锅中注入适量清水，加盐、食用油烧开。
05 倒入莴笋片，焯煮约1分钟至熟。
06 将煮好的莴笋捞出摆盘。
07 再将豆腐倒入锅中，焯煮约2分钟至熟。
08 将煮好的豆腐捞出备用。

04 做法演示 烹饪方法分步详解

01.热锅热油，倒入蒜末、彩椒丁、青椒丁、红椒丁、莴笋丁。
02.加入焯水的豆腐块炒匀。
03.注入适量清水烧开。
04.再放入盐、鸡粉。
05.倒入蚝油、老抽，充分拌匀后大火煮沸。
06.加入少许水淀粉拌匀。
07.淋入芝麻油，拌匀收汁。
08.关火，盛入碗中即成。

百花豆腐

Bai hua dou fu

营养分析 > 日本豆腐富含碳水化合物、膳食纤维、脂肪、维生素B_1、维生素B_2、维生素E、蛋白质、钾、钙、钠、镁、磷、铁、锌等营养元素，有降压、化痰、消炎、美容、止吐的功效。

制作指导 > 日本豆腐肉质很嫩，制作时要掌握好力度，以免将其弄碎，影响成菜美观。

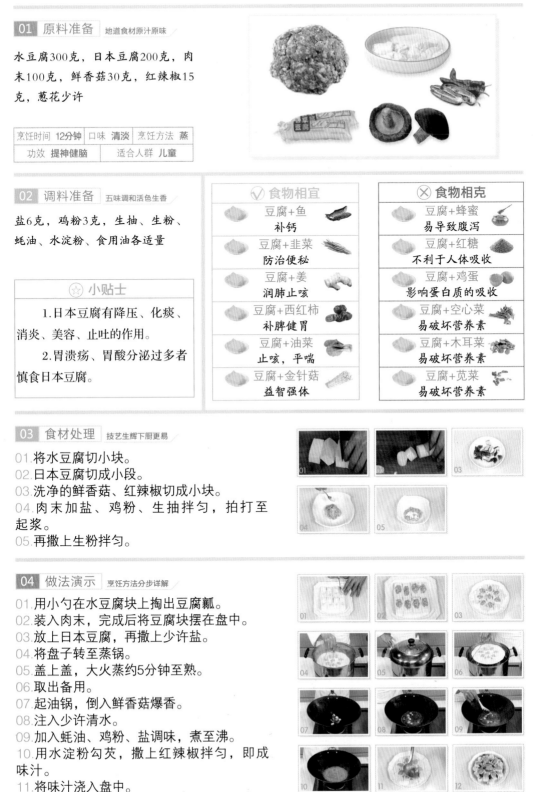

01 原料准备　地道食材原汁原味

水豆腐300克，日本豆腐200克，肉末100克，鲜香菇30克，红辣椒15克，葱花少许

烹饪时间 12分钟	口味 清淡	烹饪方法 蒸
功效 提神健脑	适合人群 儿童	

02 调料准备　五味调和活色生香

盐6克，鸡粉3克，生抽、生粉、蚝油、水淀粉、食用油各适量

☆ 小贴士

1.日本豆腐有降压、化痰、消炎、美容、止吐的作用。

2.胃溃疡、胃酸分泌过多者慎食日本豆腐。

✓ 食物相宜

豆腐+鱼 补钙	
豆腐+韭菜 防治便秘	
豆腐+姜 润肺止咳	
豆腐+西红柿 补脾健胃	
豆腐+油菜 止咳，平喘	
豆腐+金针菇 益智强体	

✗ 食物相克

豆腐+蜂蜜 易导致腹泻	
豆腐+红糖 不利于人体吸收	
豆腐+鸡蛋 影响蛋白质的吸收	
豆腐+空心菜 易破坏营养素	
豆腐+木耳菜 易破坏营养素	
豆腐+苋菜 易破坏营养素	

03 食材处理　技艺生辉下厨更易

01.将水豆腐切小块。
02.日本豆腐切成小段。
03.洗净的鲜香菇、红辣椒切成小块。
04.肉末加盐、鸡粉、生抽拌匀，拍打至起浆。
05.再撒上生粉拌匀。

04 做法演示　烹饪方法分步详解

01.用小勺在水豆腐块上掏出豆腐瓢。
02.装入肉末，完成后将豆腐块摆在盘中。
03.放上日本豆腐，再撒上少许盐。
04.将盘子转至蒸锅。
05.盖上盖，大火蒸约5分钟至熟。
06.取出备用。
07.起油锅，倒入鲜香菇爆香。
08.注入少许清水。
09.加入蚝油、鸡粉、盐调味，煮至沸。
10.用水淀粉勾芡，撒上红辣椒拌匀，即成味汁。
11.将味汁浇入盘中。
12.最后撒上葱花即成。

菠萝咕噜豆腐

Bo luo gu lu dou fu

营养分析 菠萝果实中含有蛋白质、碳水化合物、有机酸、胡萝卜素、膳食纤维、维生素、蔗糖等营养元素，具有解暑止渴、消食止泻之功效，为夏令医食兼优的时令佳果。其所含的B族维生素能有效地滋养肌肤，防止皮肤干裂，滋润头发，同时也可以消除身体的紧张感和增强肌体的免疫力。

制作指导 烹饪此菜肴，若选用鲜菠萝，应先用盐水泡上一段时间再烹饪，这样不仅可以减少菠萝酶对口腔黏膜和嘴唇的刺激，还能使菠萝更加香甜。

01 原料准备　地道食材原汁原味

北豆腐300克，菠萝肉100克，番茄汁30毫升，青、红椒片各15克，蒜末、葱段各少许

烹饪时间 4分钟	口味 酸	烹饪方法 炒
功效 开胃消食	适合人群 儿童	

02 调料准备　五味调和活色生香

白糖10克，盐2克，水淀粉、食用油各适量

✓ 食物相宜

菠萝+茅根
治疗肾炎

菠萝+鸡肉
补虚填精，温中益气

菠萝+猪肉
促进蛋白质吸收

菠萝+冰糖
生津止渴

✗ 食物相克

菠萝+牛奶
影响消化吸收

菠萝+鸡蛋
影响消化吸收

菠萝+白萝卜
破坏维生素C

☆ 养生宜忌

　　把菠萝切成片或块放在盐水中浸泡30分钟，然后再洗去咸味，就可以达到消除过敏性物质的目的，还会使菠萝的味道变得更加甜美。

03 食材处理　技艺生辉下厨更易

1. 将菠萝肉切块。

2. 再把洗好的豆腐切成方块。

3. 豆腐块均匀裹上面粉。

4. 锅置旺火，注适量油烧热，倒入豆腐。

5. 炸2～3分钟至金黄色，捞出。

04 做法演示　烹饪方法分步详解

1. 另起油锅，倒入蒜末、葱段、青红椒片爆香。

2. 锅中倒入菠萝。

3. 注入少许清水。

4. 倒入少许番茄汁炒匀。

5. 加入白糖和少许盐拌匀煮沸。

6. 倒入炸好备用的豆腐。

7. 再加入适量水淀粉炒匀。

8. 淋入熟油炒匀。

9. 盛入盘内即可。

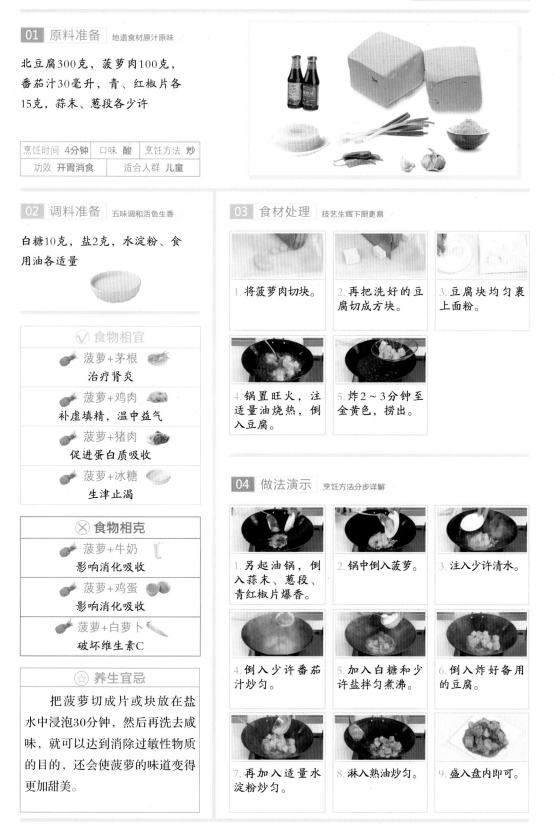

客家酿豆腐

Ke jia niang dou fu

营养分析〉豆腐含有丰富氨基酸、脂肪、碳水化合物、维生素和矿物质，能益气宽中、生津润燥、清热解毒、和脾胃、抗癌，还可以降低血铅浓度、保护肝脏。豆腐中丰富的大豆卵磷脂，有益神经、血管、大脑的发育。

制作指导〉豆腐块翻面时，用力要适度，以免弄碎；煎豆腐时，火候不可太大，以免烧焦。

01 原料准备 地道食材原汁原味

豆腐500克，五花肉100克，水分香菇20克，葱白、葱花各少许

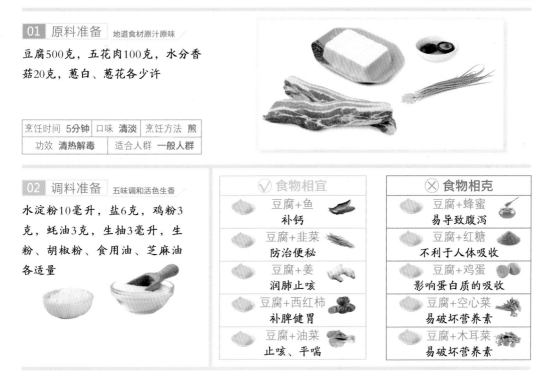

烹饪时间 **5分钟**	口味 **清淡**	烹饪方法 **煎**
功效 **清热解毒**	适合人群 **一般人群**	

02 调料准备 五味调和活色生香

水淀粉10毫升，盐6克，鸡粉3克，蚝油3克，生抽3毫升，生粉、胡椒粉、食用油、芝麻油各适量

✅ 食物相宜	❌ 食物相克
豆腐+鱼 补钙	豆腐+蜂蜜 易导致腹泻
豆腐+韭菜 防治便秘	豆腐+红糖 不利于人体吸收
豆腐+姜 润肺止咳	豆腐+鸡蛋 影响蛋白质的吸收
豆腐+西红柿 补脾健胃	豆腐+空心菜 易破坏营养素
豆腐+油菜 止咳、平喘	豆腐+木耳菜 易破坏营养素

03 食材处理 技艺生辉下厨更易

01 将洗净的豆腐切成长方形块。
02 香菇切碎，剁成末；葱白切碎，剁成末。
03 洗净的五花肉切碎，剁成肉末。

04 做法演示 烹饪方法分步详解

01 用小勺在豆腐上挖出小孔。
02 撒上少许盐。
03 肉末加盐、生抽、鸡粉、葱末和香菇拌匀，甩打上劲。
04 加少许生粉、芝麻油拌匀，制成肉馅。
05 将肉馅依次填入豆腐块中。
06 用油起锅，放入豆腐块，肉馅朝下，煎片刻，转动炒锅，以免肉馅煎糊。
07 肉馅煎至金黄色，翻面，煎香。
08 加入约70毫升清水。
09 加入鸡粉、盐、生抽、蚝油。
10 再撒入胡椒粉炒匀调味。
11 慢火煮约1分钟入味。
12 豆腐盛出装盘。
13 原汤汁加水淀粉勾芡，加少许熟油拌匀，调成浓汁。
14 将浓汁淋在豆腐块上。
15 再撒上葱花即可。

金针菇日本豆腐

Jin zhen gu ri ben dou fu

营养分析 日本豆腐营养丰富、味道甜香、口感清脆，富含碳水化合物、膳食纤维、脂肪、维生素B$_1$、维生素B$_2$、维生素E、蛋白质、钾、钙、钠、镁、磷、铁、锌等营养元素，有降压、化痰、消炎、美容、止吐的功效。

制作指导 翻炒豆腐时用力要适当，以免将豆腐炒碎。另外，金针菇入锅后不可炒得太久，否则炒太熟，影响成品美观。

01 原料准备　地道食材原汁原味

日本豆腐200克，金针菇100克，姜片、蒜末、胡萝卜片、葱白各少许

烹饪时间	3分钟	口味	清淡	烹饪方法	炒
功效	清热解毒		适合人群	儿童和老人	

02 调料准备　五味调和活色生香

生粉10克，盐3克，料酒3毫升，鸡精2克，味精1克，蚝油、水淀粉、白糖、老抽、食用油各适量

✓ 食物相宜

金针菇+豆腐
降脂降压

金针菇+豆芽
清热解毒

金针菇+鸡肉
健脑益智

金针菇+芹菜
抗秋燥

金针菇+西蓝花
增强免疫力

金针菇+猪肝
补益气血

✗ 食物相克

金针菇+驴肉
引起胃肠不适

☆ 小贴士

金针菇能有效地增强机体的生物活性，促进体内新陈代谢，有利于食物中各种营养素的吸收和利用，对生长发育也大有益处。

03 食材处理　技艺生辉下厨更易

01.洗净的金针菇切去根部。
02.日本豆腐切棋子段，去掉外包装。
03.把切好的日本豆腐装入盘中，撒上生粉。
04.热锅注油，至六成热，放入豆腐，用锅铲轻轻地翻动。
05.炸约1分钟，至表皮金黄后捞出备用。

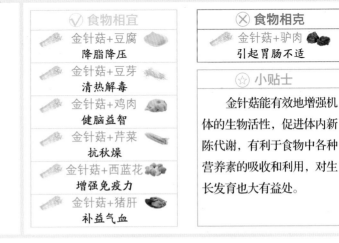

04 做法演示　烹饪方法分步详解

01.锅底留油，倒入姜、蒜、胡萝卜片、葱白，爆香。
02.倒入金针菇炒匀。
03.加入少许料酒炒香，加入少许清水煮沸。
04.加入蚝油、盐、味精、白糖、鸡精、老抽，炒匀调味。
05.倒入日本豆腐。
06.拌炒均匀。
07.加水淀粉勾芡。
08.撒入葱叶炒匀。
09.盛出装盘即可。

第三章
畜肉类

中国人爱吃肉，无肉不成筵席，特别是畜肉，含有人体所需的多种营养，可快速补充流失的能量。肉中的B族维生素、必需脂肪酸以及锌、铁等矿物质含量丰富，可以与蔬菜蛋奶等一起制作成菜肴进行互补营养，所以日常饮食要注意荤素搭配。

咕噜肉

Gu lu rou

营养分析 五花肉含丰富的优质蛋白质和必需的脂肪酸，并提供血红素（有机铁）和促进铁吸收的半胱氨酸，能改善缺铁性贫血，其味甘咸、性平，入脾、胃、肾经，补肾养血，滋阴润燥。

制作指导 倒入炸好的五花肉拌炒时要快速，以免肉的酥脆感消失。

01 原料准备 地道食材原汁原味

五花肉200克，菠萝肉150克，青椒、红椒各15克，鸡蛋1个，葱白少许

烹饪时间 2分钟	口味 甜	烹饪方法 炒
功效 益气补血	适合人群 一般人群	

02 调料准备 五味调和活色生香

番茄酱20克，白糖12克，白醋10毫升，生粉3克，盐3克，食用油适量

✓ 食物相宜	✗ 食物相克
猪肉+芋头 可滋阴润燥、养胃益气	猪肉+田螺 容易伤肠胃
猪肉+红薯 降低胆固醇	猪肉+鲫鱼 会降低鲫鱼的利湿功效
猪肉+白萝卜 消食、除胀、通便	猪肉+驴肉 易导致腹泻
猪肉+白菜 开胃消食	猪肉+菊花 易对身体十分不利
猪肉+香菇 保持营养均衡	猪肉+茶 易引发恶心、呕吐、腹痛等症状

03 食材处理 技艺生辉下厨更易

01.洗净的红椒切开，去籽，切成片。
02.洗净的青椒切开，去籽，切成片。
03.菠萝肉切成块。
04.洗净的五花肉切成块。
05.鸡蛋去蛋清，取蛋黄，盛入碗中。
06.锅中加约500毫升清水烧开，倒入五花肉。
07.汆至转色即可捞出。
08.五花肉加白糖拌匀，加少许盐。
09.倒入蛋黄，搅拌均匀；加生粉裹匀。
10.将拌好的五花肉分块夹出装盘。
11.热锅注油，烧至六成熟，放入五花肉，翻动几下，炸约2分钟至熟透。
12.将炸好的五花肉捞出。

04 做法演示 烹饪方法分步详解

01.用油起锅，倒入葱白爆香。
02.倒入切好备用的青椒片、红椒片炒香。
03.倒入切好的菠萝炒匀。
04.加入白糖炒至融化。
05.再加入番茄酱炒匀。
06.倒入炸好的五花肉炒匀。
07.加入适量白醋。
08.拌炒匀至入味。
09.盛出装盘即可。

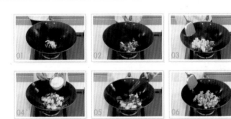

黄瓜木耳炒肉卷

Huang gua mu'er chao rou juan

营养分析 黄瓜含水量高，经常食用可起到延缓皮肤衰老的作用。黄瓜还含有维生素B_1和维生素B_2，可以防止口角炎、唇炎，还可润滑肌肤，让你保持苗条身材。

制作指导 黄瓜不宜炒制过久，以免影响口感。黄瓜的尾部含有较多的苦味素，不要将尾部丢弃。

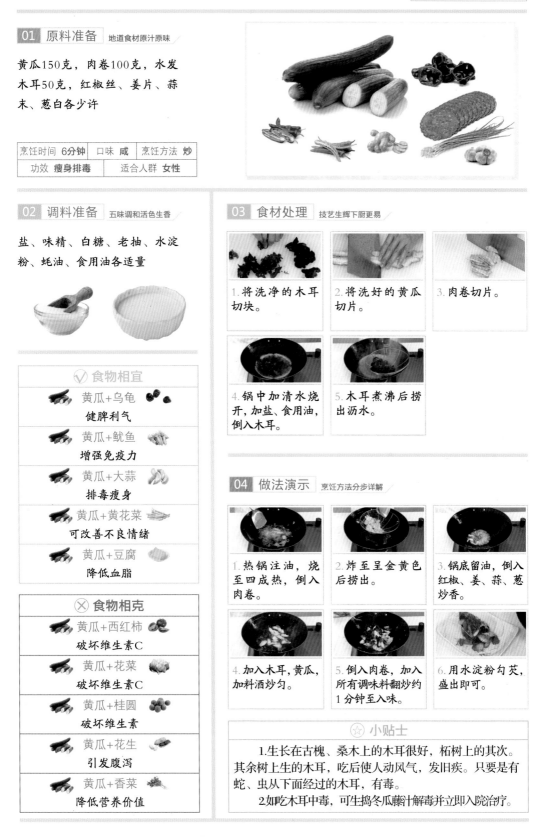

01 原料准备 地道食材原汁原味

黄瓜150克，肉卷100克，水发木耳50克，红椒丝、姜片、蒜末、葱白各少许

烹饪时间 **6分钟**	口味 **咸**	烹饪方法 **炒**
功效 **瘦身排毒**	适合人群 **女性**	

02 调料准备 五味调和活色生香

盐、味精、白糖、老抽、水淀粉、蚝油、食用油各适量

✔ 食物相宜

黄瓜+乌龟
健脾利气

黄瓜+鱿鱼
增强免疫力

黄瓜+大蒜
排毒瘦身

黄瓜+黄花菜
可改善不良情绪

黄瓜+豆腐
降低血脂

✘ 食物相克

黄瓜+西红柿
破坏维生素C

黄瓜+花菜
破坏维生素C

黄瓜+桂圆
破坏维生素

黄瓜+花生
引发腹泻

黄瓜+香菜
降低营养价值

03 食材处理 技艺生辉下厨更易

1. 将洗净的木耳切块。

2. 将洗好的黄瓜切片。

3. 肉卷切片。

4. 锅中加清水烧开，加盐、食用油，倒入木耳。

5. 木耳煮沸后捞出沥水。

04 做法演示 烹饪方法分步详解

1. 热锅注油，烧至四成热，倒入肉卷。

2. 炸至呈金黄色后捞出。

3. 锅底留油，倒入红椒、姜、蒜、葱炒香。

4. 加入木耳，黄瓜，加料酒炒匀。

5. 倒入肉卷，加入所有调味料翻炒约1分钟至入味。

6. 用水淀粉勾芡，盛出即可。

☆ 小贴士

1.生长在古槐、桑木上的木耳很好，柘树上的其次。其余树上生的木耳，吃后使人动风气，发旧疾。只要是有蛇、虫从下面经过的木耳，有毒。

2.如吃木耳中毒，可生捣冬瓜藤汁解毒并立即入院治疗。

雪里蕻肉末

Xue li hong rou mo

营养分析 雪里蕻是减肥的绿色食物代表，可促进排出体内积存废弃物，净化身体，还能够补充维生素和矿物质，促进消化、吸收。雪里蕻还具有抗老化的功效。

制作指导 制作此菜肴时，焯煮过的雪里蕻应先沥干水分再炒，口感会更脆嫩爽口。

01 原料准备 地道食材原汁原味

雪里蕻350克，肉末60克，蒜末、红椒圈各少许

烹饪时间 **4分钟**	口味 **清淡**	烹饪方法 **炒**
功效 **瘦身排毒**	适合人群 **女性**	

02 调料准备 五味调和活色生香

盐3克，料酒、鸡粉、味精、老抽、水淀粉、食用油各适量

食物相宜

雪里蕻+百合
清热除烦，开胃

雪里蕻+猪肝
有助于钙的吸收

养生宜忌

1.雪里蕻含有大量的维生素C，是活性很强的还原物质，参与机体重要的氧化还原过程，能增加大脑中氧含量，激发大脑对氧的利用，有醒脑提神、解除疲劳的作用。

2.雪里蕻有解毒之功，能抑制细菌毒素的毒性，促进伤口愈合，可用来辅助治疗感染性疾病。

3.雪里蕻腌制后有一种特殊鲜味和香味，能促进胃肠消化功能，增进食欲，帮助消化。

03 食材处理 技艺生辉下厨更易

1.将洗净的雪里蕻切小段。

2.锅中倒入清水，加油煮沸，倒入雪里蕻。

3.拌煮约1分钟至熟软捞出。

4.雪里蕻放入清水中浸泡片刻。

5.滤出备用。

04 做法演示 烹饪方法分步详解

1.锅注油烧热，倒入肉末翻炒至变白。

2.加入料酒和老抽炒匀。

3.倒入蒜末、红椒圈炒匀。

4.倒入雪里蕻翻炒匀。

5.加入盐、鸡粉、味精炒匀。

6.加入适量水淀粉勾芡。

7.加入少许熟油炒匀。

8.盛入盘内。

9.装好盘即可。

咖喱肉末粉丝

Ga li rou mo fen si

营养分析〉咖喱的主要成分是姜黄粉、川花椒、八角、胡椒、桂皮、丁香和芫荽籽等含有辣味的香料，能促进唾液和胃液的分泌，增加胃肠蠕动，增进食欲。咖喱还具有协助伤口复合，预防阿尔茨海默病即老年痴呆症的作用。

制作指导〉肉末要用大火爆香，可确保其肉质鲜嫩。在放入粉丝与咖喱膏后，一定要用小火略焖才能更入味。

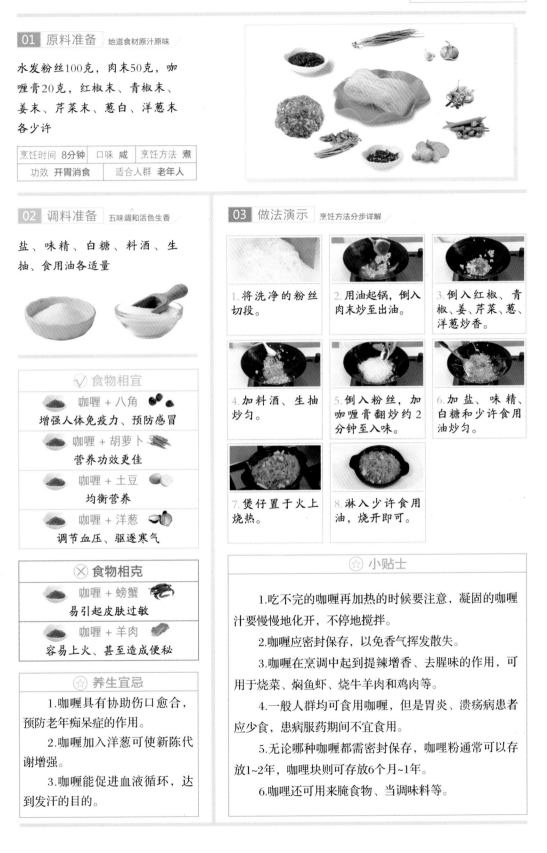

01 原料准备　地道食材原汁原味

水发粉丝100克，肉末50克，咖喱膏20克，红椒末、青椒末、姜末、芹菜末、葱白、洋葱末各少许

烹饪时间 8分钟	口味 咸	烹饪方法 煮
功效 开胃消食	适合人群 老年人	

02 调料准备　五味调和活色生香

盐、味精、白糖、料酒、生抽、食用油各适量

✓ 食物相宜

咖喱 + 八角
增强人体免疫力、预防感冒

咖喱 + 胡萝卜
营养功效更佳

咖喱 + 土豆
均衡营养

咖喱 + 洋葱
调节血压、驱逐寒气

✗ 食物相克

咖喱 + 螃蟹
易引起皮肤过敏

咖喱 + 羊肉
容易上火、甚至造成便秘

☆ 养生宜忌

1.咖喱具有协助伤口愈合，预防老年痴呆症的作用。

2.咖喱加入洋葱可使新陈代谢增强。

3.咖喱能促进血液循环，达到发汗的目的。

03 做法演示　烹饪方法分步详解

1. 将洗净的粉丝切段。

2. 用油起锅，倒入肉末炒至出油。

3. 倒入红椒、青椒、姜、芹菜、葱、洋葱炒香。

4. 加料酒、生抽炒匀。

5. 倒入粉丝，加咖喱膏翻炒约2分钟至入味。

6. 加盐、味精、白糖和少许食用油炒匀。

7. 煲仔置于火上烧热。

8. 淋入少许食用油，烧开即可。

☆ 小贴士

1.吃不完的咖喱再加热的时候要注意，凝固的咖喱汁要慢慢地化开，不停地搅拌。

2.咖喱应密封保存，以免香气挥发散失。

3.咖喱在烹调中起到提辣增香、去腥味的作用，可用于烧菜、焖鱼虾、烧牛羊肉和鸡肉等。

4.一般人群均可食用咖喱，但是胃炎、溃疡病患者应少食，患病服药期间不宜食用。

5.无论哪种咖喱都需密封保存，咖喱粉通常可以存放1~2年，咖喱块则可存放6个月~1年。

6.咖喱还可用来腌食物、当调味料等。

榄菜肉末蒸豆腐

Lan cai rou mo zheng dou fu

营养分析 豆腐的蛋白质含量比大豆高，而且豆腐蛋白属完全蛋白，不仅含有人体必需的8种氨基酸，而且比例也接近人体需要，营养价值更高。豆腐还含有脂肪、碳水化合物、维生素和矿物质等。

制作指导 豆腐很容易变质，如果买回来的豆腐暂时不食用，可以把豆腐放在盐水中煮沸，放凉后连水一起放在保鲜盒里，再放进冰箱，这样可以存放一个星期不变质。

01 原料准备 地道食材原汁原味

豆腐300克，肉末200克，橄榄菜50克，葱花少许

烹饪时间 5分钟	口味 鲜	烹饪方法 蒸
功效 增强免疫	适合人群 儿童	

02 调料准备 五味调和活色生香

盐3克，味精2克，老抽、料酒、食用油各适量

✓ 食物相宜

豆腐+鱼
补钙

豆腐+韭菜
防治便秘

豆腐+姜
润肺止咳

豆腐+西红柿
补脾健胃

豆腐+油菜
止咳、平喘

✗ 食物相克

豆腐+蜂蜜
易导致腹泻

豆腐+红糖
不利于人体吸收

豆腐+鸡蛋
影响蛋白质的吸收

豆腐+空心菜
易破坏营养素

豆腐+木耳菜
易破坏营养素

03 做法演示 烹饪方法分步详解

1. 豆腐切成5厘米×3厘米×2厘米的长方块。

2. 起油锅，倒入肉末炒匀。

3. 加老抽、料酒翻炒至熟。

4. 加入味精、盐调味。

5. 倒入橄榄菜炒匀，盛出。

6. 豆腐撒上盐。

7. 放上已炒熟的肉末。

8. 转到蒸锅。

9. 加盖蒸3分钟。

10. 取出已蒸好的豆腐。

11. 撒上葱花。

12. 淋入热油即成。

☆ 小贴士

1. 将橄榄压破，浸去涩汁或煮熟后才浸在水里两天，可以让涩汁沥去。

2. 豆腐中含有多种皂角甙，由于皂角甙可促进碘的排泄，容易引起碘缺乏，所以经常吃豆腐者，应该适当增加碘的摄入。而海带含碘丰富，将豆腐配上海带一起吃，是十分合理的搭配。

咸蛋蒸肉饼

Xian dan zheng rou bing

营养分析〉五花肉营养丰富，蛋白质含量高，还含有丰富的脂肪、维生素B$_1$、钙、磷、铁等成分，具有补肾养血、滋阴润燥、丰肌泽肤等功效。凡病后体弱、产后血虚、面黄羸瘦者，皆可用之作营养滋补品。

制作指导〉烹饪此菜时，肉末一定要打起胶，口感才会脆爽。

01 原料准备　地道食材原汁原味

五花肉400克，葱花10克，咸鸭
蛋1个

| 烹饪时间 **12分钟** | 口味 **咸** | 烹饪方法 **蒸** |
| 功效 **增强免疫力** | 适合人群 **一般人群** | |

02 调料准备　五味调和活色生香

盐、鸡粉、味精、生抽、生
粉、芝麻油、食用油各适量

✓ 食物相宜

五花肉+茄子
增加血管弹性

五花肉+黑木耳
降低心血管疾病发病率

五花肉+海带
补碘、止痒

五花肉+竹笋
清热化痰、解渴益气

五花肉+豆苗
利尿、消肿、止痛

✗ 食物相克

五花肉+田螺
容易伤肠胃

五花肉+鲫鱼
会降低鲫鱼的利湿功效

五花肉+驴肉
易导致腹泻

五花肉+菊花
对身体十分不利

五花肉+鸽肉
易使人滞气

03 做法演示　烹饪方法分步详解

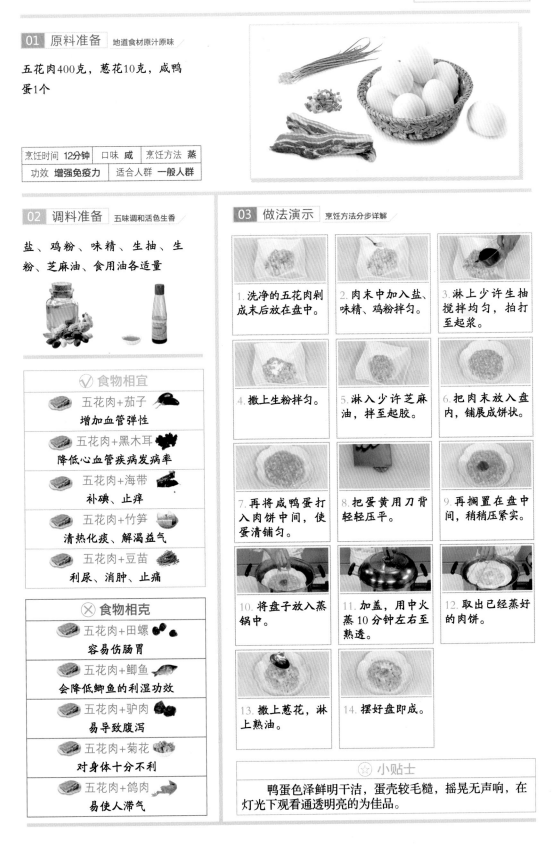

1. 洗净的五花肉剁成末后放在盘中。

2. 肉末中加入盐、味精、鸡粉拌匀。

3. 淋上少许生抽搅拌均匀，拍打至起浆。

4. 撒上生粉拌匀。

5. 淋入少许芝麻油，拌至起胶。

6. 把肉末放入盘内，铺展成饼状。

7. 再将咸鸭蛋打入肉饼中间，使蛋清铺匀。

8. 把蛋黄用刀背轻轻压平。

9. 再搁置在盘中间，稍稍压紧实。

10. 将盘子放入蒸锅中。

11. 加盖，用中火蒸10分钟左右至熟透。

12. 取出已经蒸好的肉饼。

13. 撒上葱花，淋上熟油。

14. 摆好盘即成。

☆ 小贴士

　　鸭蛋色泽鲜明干洁，蛋壳较毛糙，摇晃无声响，在灯光下观看通透明亮的为佳品。

煎酿三宝

Jian niang san bao

营养分析 苦瓜含有丰富的蛋白质、脂肪、粗纤维、胡萝卜素、维生素及钙、磷、铁等矿物质，具有清热祛暑、明目解毒、降压降糖、利尿凉血、解劳清心、益气壮阳之功效，对痢疾、热病烦渴、结膜炎等有一定的食疗作用。此外，苦瓜还有助于加速伤口愈合，常食可以使皮肤细嫩柔滑。

制作指导 苦瓜焯水时加入少许盐可以使苦瓜颜色保持鲜绿，焯好后快速过凉水可以稳定苦瓜的绿色。

01 原料准备 地道食材原汁原味

苦瓜150克，茄子100克，肉末100克，青椒80克，蒜末、葱花各少许

烹饪时间 10分钟	口味 鲜	烹饪方法 炒
功效 降压降糖	适合人群 高血压病患者	

02 调料准备 五味调和活色生香

盐5克，水淀粉10毫升，鸡粉3克，老抽3毫升，味精1克，白糖2克，生抽、生粉、食用碱、芝麻油、蚝油、食用油各适量

✔ 食物相宜		✘ 食物相克	
苦瓜+辣椒 排毒瘦身		苦瓜+豆腐 易形成结石	
苦瓜+鸡蛋 对骨骼、牙齿的健康有帮助		苦瓜+黄瓜 降低营养价值	
苦瓜+猪肝 清热解毒，补肝明目		苦瓜+牛奶 不利营养物质的吸收	
苦瓜+茄子 延缓衰老		苦瓜+胡萝卜 降低营养价值	

03 食材处理 技艺生辉下厨更易

01. 茄子洗净，去皮，切双飞片。
02. 苦瓜洗净，切棋子状；将瓜瓤取出。
03. 青椒洗净，切段，再分切成两片，去籽。
04. 肉末加鸡粉、盐、生抽、生粉拍打起浆。
05. 淋入少许芝麻油拌匀。
06. 锅中注水烧开，加食用碱，放入苦瓜。
07. 焯煮约1分钟至熟，捞出备用。
08. 将已撒上生粉的茄片酿入肉末。
09. 将已撒上生粉的苦瓜塞入肉末。
10. 将青椒片酿入肉末，装入盘中。
11. 锅中注油烧至五成热，放入酿茄子。
12. 炸约1分钟至熟透，捞出备用。

04 做法演示 烹饪方法分步详解

01. 锅留油放酿青椒，慢火煎至肉熟，捞出。
02. 放入酿苦瓜，慢火煎至金黄色，翻面，再煎至金黄色。
03. 倒入蒜末。
04. 加少许清水，淋入料酒煮沸。
05. 加鸡粉、老抽、蚝油炒匀调味。
06. 放入炸过的酿茄子、酿青椒。
07. 加盐、味精、白糖调味。
08. 将煮好的材料盛出装盘。
09. 原汁加少许水淀粉勾芡，淋入熟油拌匀。
10. 将稠汁浇在三宝上。
11. 撒上葱花即成。

年糕炒腊肉

Nian gao chao la rou

营养分析〉年糕多以糯米为原料，不但味道香甜可口，而且营养丰富。其富含蛋白质、钙、磷、钾、镁等营养元素，热量较高，是米饭的数倍，因而不宜多吃，适量食用既能补充营养，又能增强免疫力。

制作指导〉年糕受热容易粘锅，因此需要用小火不断地翻炒，使年糕在不粘锅的同时还能吸收浓稠的汤汁。

01 原料准备 地道食材原汁原味

年糕200克，腊肉200克，生姜片、葱段、胡萝卜片各适量

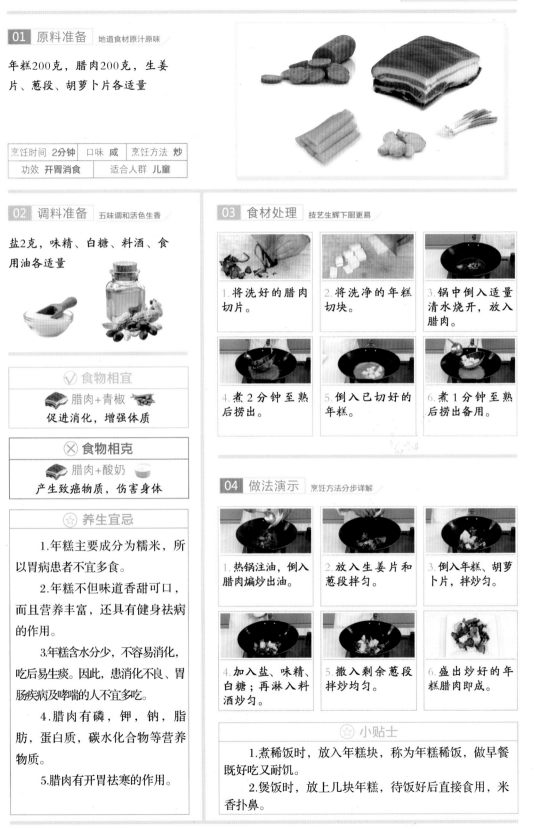

烹饪时间 2分钟	口味 咸	烹饪方法 炒
功效 开胃消食	适合人群 儿童	

02 调料准备 五味调和活色生香

盐2克，味精、白糖、料酒、食用油各适量

☑ 食物相宜

腊肉+青椒

促进消化，增强体质

✗ 食物相克

腊肉+酸奶

产生致癌物质，伤害身体

☆ 养生宜忌

1.年糕主要成分为糯米，所以胃病患者不宜多食。

2.年糕不但味道香甜可口，而且营养丰富，还具有健身祛病的作用。

3.年糕含水分少，不容易消化，吃后易生痰。因此，患消化不良、胃肠疾病及哮喘的人不宜多吃。

4.腊肉有磷，钾，钠，脂肪，蛋白质，碳水化合物等营养物质。

5.腊肉有开胃祛寒的作用。

03 食材处理 技艺生辉下厨更易

1.将洗好的腊肉切片。

2.将洗净的年糕切块。

3.锅中倒入适量清水烧开，放入腊肉。

4.煮2分钟至熟后捞出。

5.倒入已切好的年糕。

6.煮1分钟至熟后捞出备用。

04 做法演示 烹饪方法分步详解

1.热锅注油，倒入腊肉煸炒出油。

2.放入生姜片和葱段拌匀。

3.倒入年糕、胡萝卜片，拌炒匀。

4.加入盐、味精、白糖；再淋入料酒炒匀。

5.撒入剩余葱段拌炒均匀。

6.盛出炒好的年糕腊肉即成。

☆ 小贴士

1.煮稀饭时，放入年糕块，称为年糕稀饭，做早餐既好吃又耐饥。

2.煲饭时，放上几块年糕，待饭好后直接食用，米香扑鼻。

白菜梗炒香肠

Bai cai geng chao xiang chang

营养分析 大白菜富含蛋白质、脂肪、胡萝卜素、维生素和钙、磷等矿物质以及大量粗纤维，是一种营养价值很高的健康蔬菜。经常吃白菜，不但能润肠、排毒，还能增强皮肤的抗损伤能力，可以起到很好的护肤和养颜效果。

制作指导 炒白菜梗前可以先入开水中焯烫一下。这样不仅能缩短烹饪的时间，另外也使氧化酶无法起到作用，能较好地保存维生素C。

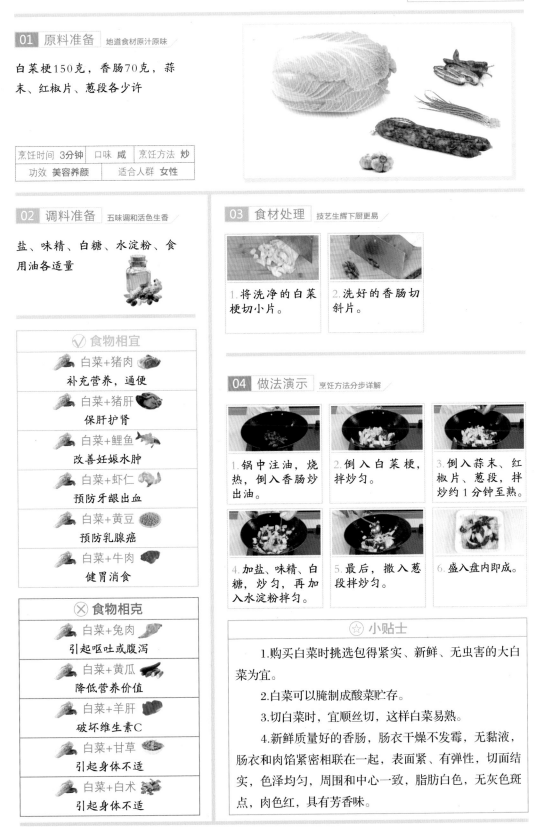

01 原料准备 地道食材原汁原味

白菜梗150克，香肠70克，蒜末、红椒片、葱段各少许

烹饪时间 3分钟	口味 咸	烹饪方法 炒
功效 美容养颜		适合人群 女性

02 调料准备 五味调和活色生香

盐、味精、白糖、水淀粉、食用油各适量

✅ 食物相宜

白菜+猪肉
补充营养，通便

白菜+猪肝
保肝护肾

白菜+鲤鱼
改善妊娠水肿

白菜+虾仁
预防牙龈出血

白菜+黄豆
预防乳腺癌

白菜+牛肉
健胃消食

❌ 食物相克

白菜+兔肉
引起呕吐或腹泻

白菜+黄瓜
降低营养价值

白菜+羊肝
破坏维生素C

白菜+甘草
引起身体不适

白菜+白术
引起身体不适

03 食材处理 技艺生辉下厨更易

1.将洗净的白菜梗切小片。

2.洗好的香肠切斜片。

04 做法演示 烹饪方法分步详解

1.锅中注油，烧热，倒入香肠炒出油。

2.倒入白菜梗，拌炒匀。

3.倒入蒜末、红椒片、葱段，拌炒约1分钟至熟。

4.加盐、味精、白糖，炒匀，再加入水淀粉拌匀。

5.最后，撒入葱段拌炒匀。

6.盛入盘内即成。

☆ 小贴士

1.购买白菜时挑选包得紧实、新鲜、无虫害的大白菜为宜。

2.白菜可以腌制成酸菜贮存。

3.切白菜时，宜顺丝切，这样白菜易熟。

4.新鲜质量好的香肠，肠衣干燥不发霉，无黏液，肠衣和肉馅紧密相联在一起，表面紧、有弹性，切面结实，色泽均匀，周围和中心一致，脂肪白色，无灰色斑点，肉色红，具有芳香味。

冬笋炒香肠

Dong sun chao xiang chang

营养分析 冬笋富含植物蛋白、脂肪、糖类、胡萝卜素、维生素及多种氨基酸等成分，能清热解毒，促进肠道蠕动，帮助消化，对防治大肠癌、乳腺癌有一定的辅助治疗作用。

制作指导 焯煮冬笋时，一定要注意时间和水温，焯的时间过长、水温过高会使冬笋失去清脆的口感。

01 原料准备 地道食材原汁原味

冬笋150克，香肠100克，蒜苗
段、蒜末各少许

烹饪时间 3分钟	口味 咸	烹饪方法 炒
功效 增强免疫力	适合人群 一般人群	

02 调料准备 五味调和活色生香

盐2克，味精、白糖、料酒、蚝
油、水淀粉、食用油各适量

✓ 食物相宜

冬笋+鸡腿菇
有助于促进消化代谢

冬笋+香菇
可补肠胃，生津止渴

☆ 养生宜忌

　　1.冬笋是一种富有营养价值
并具有医药功能的美味食品，
质嫩味鲜，清脆爽口，含有蛋白
质和多种氨基酸、维生素，以及
钙、磷、铁等微量元素和丰富的
纤维素，能促进肠道蠕动，预防
便秘和结肠癌的发生。

　　2.冬笋对肥胖症、冠心病、
高血压、糖尿病和动脉硬化等患
者有一定的食疗作用。

　　3.冬笋所含的多糖物质，具
有一定的抗癌作用。

03 食材处理 技艺生辉下厨更易

1.将已去皮洗净的冬笋切片。

2.再把洗好的香肠切片。

3.将切好的香肠、冬笋分别装入盘中备用。

04 做法演示 烹饪方法分步详解

1.用油起锅，倒入蒜末、蒜苗段爆香。

2.倒入腊肠。

3.加入少许清水，拌炒片刻至熟。

4.倒入冬笋，翻炒1分钟至熟透。

5.加入盐、味精、白糖、料酒和适量蚝油。

6.拌炒至入味。

7.加入少许水淀粉勾芡。

8.快速拌炒均匀。

9.起锅，盛入盘中即可。

☆ 小贴士

　　冬笋是毛竹冬季在地下生长的颜色洁白、肉质细
嫩、味道清鲜的嫩笋，质量好的冬笋呈枣核形即两头小
中间大，驼背鳞片，略带茸毛，皮黄白色，肉淡白色。

菠萝排骨

Bo luo pai gu

营养分析 排骨具有很高的营养价值，具有滋阴壮阳、益精补血、强壮体格的功效。猪排骨除含蛋白质、脂肪、维生素外，还含有大量磷酸钙、骨胶原、骨黏蛋白等，尤其适宜幼儿和老人补充钙质。

制作指导 排骨入油锅炸制时，火候不宜过高，一般是中油温投入，小火浸炸至熟，出锅再升高油温使排骨外脆里软。

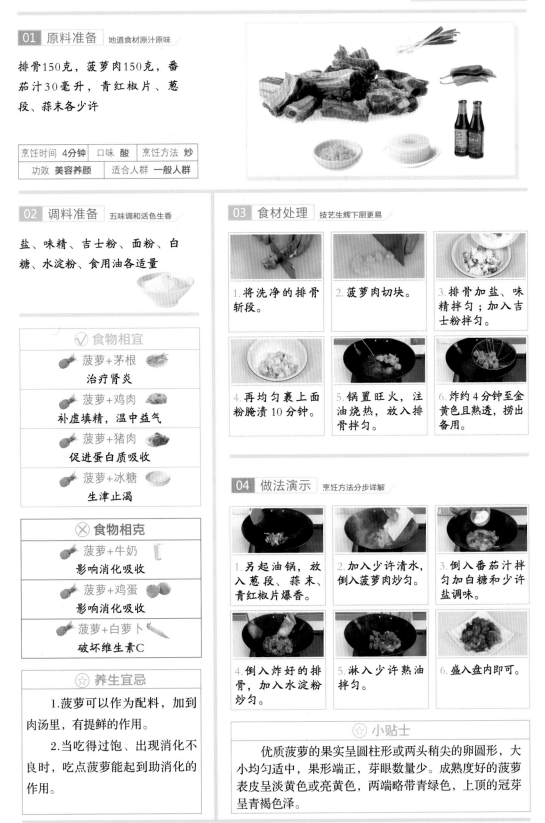

01 原料准备　地道食材原汁原味

排骨150克，菠萝肉150克，番茄汁30毫升，青红椒片、葱段、蒜末各少许

烹饪时间 **4分钟**	口味 **酸**	烹饪方法 **炒**
功效 **美容养颜**	适合人群 **一般人群**	

02 调料准备　五味调和活色生香

盐、味精、吉士粉、面粉、白糖、水淀粉、食用油各适量

✓ 食物相宜

菠萝+茅根
治疗肾炎

菠萝+鸡肉
补虚填精，温中益气

菠萝+猪肉
促进蛋白质吸收

菠萝+冰糖
生津止渴

✗ 食物相克

菠萝+牛奶
影响消化吸收

菠萝+鸡蛋
影响消化吸收

菠萝+白萝卜
破坏维生素C

☆ 养生宜忌

1.菠萝可以作为配料，加到肉汤里，有提鲜的作用。

2.当吃得过饱、出现消化不良时，吃点菠萝能起到助消化的作用。

03 食材处理　技艺生辉下厨更易

1.将洗净的排骨斩段。

2.菠萝肉切块。

3.排骨加盐、味精拌匀；加入吉士粉拌匀。

4.再均匀裹上面粉腌渍10分钟。

5.锅置旺火，注油烧热，放入排骨拌匀。

6.炸约4分钟至金黄色且熟透，捞出备用。

04 做法演示　烹饪方法分步详解

1.另起油锅，放入葱段、蒜末、青红椒片爆香。

2.加入少许清水，倒入菠萝肉炒匀。

3.倒入番茄汁拌匀加白糖和少许盐调味。

4.倒入炸好的排骨，加入水淀粉炒匀。

5.淋入少许熟油拌匀。

6.盛入盘内即可。

☆ 小贴士

优质菠萝的果实呈圆柱形或两头稍尖的卵圆形，大小均匀适中，果形端正，芽眼数量少。成熟度好的菠萝表皮呈淡黄色或亮黄色，两端略带青绿色，上顶的冠芽呈青褐色泽。

苦瓜黄豆排骨煲

Ku gua huang dou pai gu bao

营养分析〉排骨除含蛋白质、脂肪、维生素外，还含有大量磷酸钙、骨胶原、骨黏蛋白等，可为幼儿和老人提供钙质。 此外，排骨也有很高的营养价值，具有滋阴壮阳、益精补血的功效。

制作指导〉做骨头汤用的筒状排骨，比较难砍，可用钢锯（断锯条也可）在骨的中部锯出一个深1毫米、长5毫米左右的缺口，然后用刀背砍，骨头会很快被折断，既省力又安全。

01 原料准备 地道食材原汁原味

排骨段300克，苦瓜150克，咸菜100克，水发黄豆60克，姜片、红椒各适量

烹饪时间 40分钟		口味 鲜	烹饪方法 炖
功效 增强免疫力		适合人群 女性	

02 调料准备 五味调和活色生香

料酒、盐、味精、食粉、鸡粉、食用油各适量

✔ 食物相宜	✗ 食物相克
苦瓜+辣椒 排毒瘦身	苦瓜+豆腐 易形成结石
苦瓜+鸡蛋 对骨骼、牙齿的健康有帮助	苦瓜+黄瓜 降低营养价值
苦瓜+猪肝 清热解毒，补肝明目	苦瓜+牛奶 不利营养物质的吸收
苦瓜+茄子 延缓衰老	苦瓜+胡萝卜 降低营养价值

03 食材处理 技艺生辉下厨更易

01.洗净的咸菜切片。
02.洗净的苦瓜切成段；洗净的红椒切成片。
03.排骨段加料酒、盐、味精拌匀，腌渍10分钟。

04 做法演示 烹饪方法分步详解

01.锅中加清水烧开，倒入咸菜。
02.煮沸后捞出。
03.原锅中再放入食粉。
04.倒入苦瓜，煮约2分钟。
05.捞出煮好的苦瓜；放入装有清水的碗中过凉水备用。
06.热锅注油，烧至五成热，倒入腌好的排骨段。
07.炸至断生，捞出。
08.锅底留油，放入姜片爆香。
09.倒入排骨段，淋入料酒，翻炒均匀。
10.加入适量清水，倒入黄豆。
11.加盖煮沸。
12.揭盖后倒入咸菜、苦瓜。
13.加盐、味精、鸡粉。
14.拌匀调味。
15.放入红椒片拌匀。
16.将锅中材料盛入砂煲，置于旺火上。
17.加盖烧开，再转慢火炖10分钟。
18.关火后取下砂煲即成。

酸梅酱蒸排骨

Suan mei jiang zheng pai gu

营养分析〉排骨有很高的营养价值，具有滋阴壮阳、益精补血的功效。排骨除含蛋白质、脂肪、维生素外，还含有大量的磷酸钙、骨胶原、骨黏蛋白等，可为幼儿和老人提供钙质。

制作指导〉排骨斩块后用清水冲洗尽血水，蒸出的排骨色泽更白。排骨洗净后将水分沥干再拍生粉，可使肉质更嫩。

01 原料准备 地道食材原汁原味

排骨450克，姜末15克，葱花少许

烹饪时间 20分钟	口味 咸	烹饪方法 蒸
功效 增强免疫力	适合人群 儿童	

02 调料准备 五味调和活色生香

酸梅酱25克，盐、料酒、芝麻油、生粉各适量

✓ 食物相宜

排骨+西洋参
滋阴生津

排骨+洋葱
抗衰老

✗ 食物相克

排骨+甘草
对身体不利

☆ 养生宜忌

1.排骨有很高的营养价值，具有滋阴壮阳、益精补血的功效。

2.猪排骨具有滋阴润燥、益精补血的功效；适宜于气血不足、阴虚纳差者。

3.湿热痰滞内蕴者慎服排骨；肥胖、血脂较高者也不宜多食排骨。

4.猪肉应煮熟，因为猪肉中有时会有寄生虫，调理不完全时食用，会在肝脏或脑部寄生绦虫。

03 食材处理 技艺生辉下厨更易

1.把洗净的排骨斩成小件。

2.斩件的排骨放入盘中。

3.排骨加姜末、盐、料酒拌匀。

4.再倒入酸梅酱拌匀。

5.撒上生粉拌匀，再淋入芝麻油腌渍入味。

04 做法演示 烹饪方法分步详解

1.将腌好的排骨放入盘中，摆好造型。

2.将排骨放入蒸锅中。

3.盖上锅盖，用中火蒸约15分钟至熟。

4.取出已蒸好的排骨。

5.撒上葱花即成。

☆ 小贴士

1.酸梅酱可以用来去腥。

2.排骨的选料上，要选肥瘦相间的排骨，不能选全部是瘦肉的，否则肉中没有油份，蒸出来的排骨会比较柴。

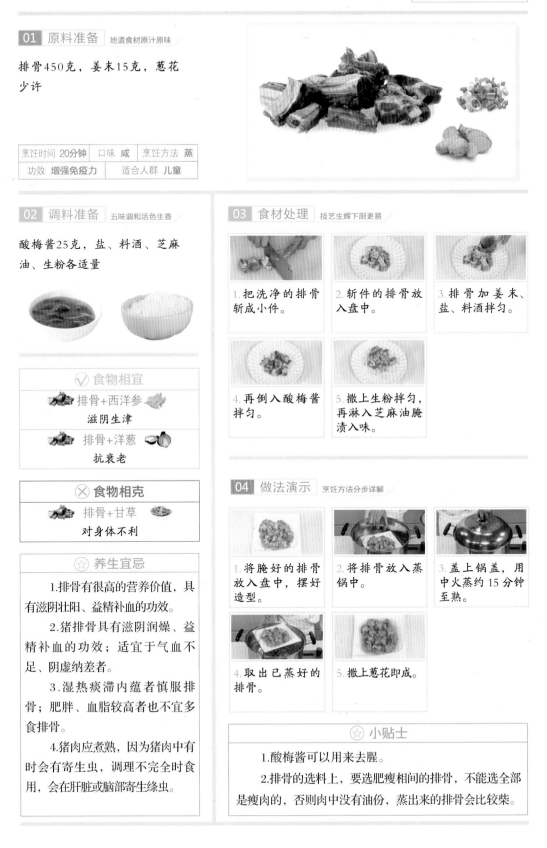

豆香排骨

Dou xiang pai gu

营养分析 > 排骨营养价值很高，具有滋阴壮阳、益精补血、强壮体格的功效。排骨除含蛋白质、脂肪、维生素外，还含有大量磷酸钙、骨胶原、骨黏蛋白等，是幼儿和老人补充钙质的佳品。

制作指导 > 将排骨斩成小块再蒸制，不仅更易入味，还可缩短蒸制的时间。其次，烹饪此菜不宜放太多盐，因为黄豆酱比较咸。

01 原料准备 地道食材原汁原味

排骨300克，姜片、蒜末、葱花各少许

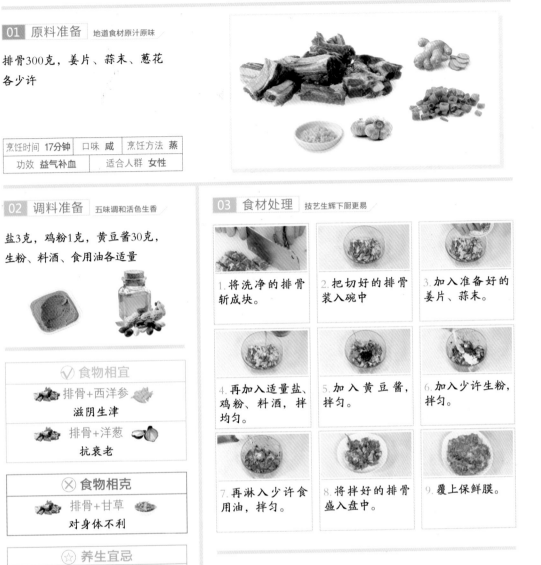

| 烹饪时间 **17分钟** | 口味 **咸** | 烹饪方法 **蒸** |
| 功效 **益气补血** | 适合人群 **女性** | |

02 调料准备 五味调和活色生香

盐3克，鸡粉1克，黄豆酱30克，生粉、料酒、食用油各适量

✓ 食物相宜

排骨+西洋参
滋阴生津

排骨+洋葱
抗衰老

✗ 食物相克

排骨+甘草
对身体不利

☆ 养生宜忌

1.黄豆酱的主要成分有蛋白质、脂肪、维生素、钙、磷、铁等，这些都是人体不可缺少的营养成分。

2.黄豆酱富含优质蛋白质，烹饪时不仅能增加菜品的营养价值，而且蛋白质在微生物的作用下生成氨基酸，可使菜品更加鲜美，有开胃助食的功效。

03 食材处理 技艺生辉下厨更易

1.将洗净的排骨斩成块。

2.把切好的排骨装入碗中。

3.加入准备好的姜片、蒜末。

4.再加入适量盐、鸡粉、料酒，拌均匀。

5.加入黄豆酱，拌匀。

6.加入少许生粉，拌匀。

7.再淋入少许食用油，拌匀。

8.将拌好的排骨盛入盘中。

9.覆上保鲜膜。

04 做法演示 烹饪方法分步详解

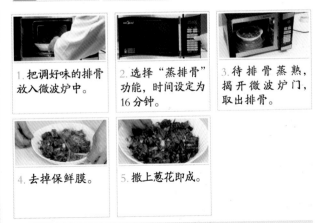

1.把调好味的排骨放入微波炉中。

2.选择"蒸排骨"功能，时间设定为16分钟。

3.待排骨蒸熟，揭开微波炉门，取出排骨。

4.去掉保鲜膜。

5.撒上葱花即成。

菠萝苦瓜排骨汤

Bo luo ku gua pai gu tang

营养分析> 苦瓜含丰富的蛋白质、脂肪、粗纤维、维生素及矿物质，具有清热祛暑、明目解毒、降压降糖、利尿凉血、解劳清心、益气壮阳之功效。此外，苦瓜还有助于加速伤口愈合，多食有助于皮肤细嫩柔滑。

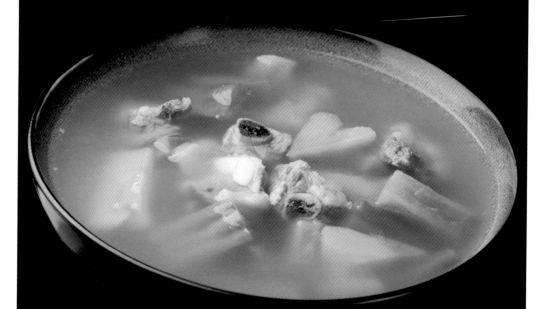

制作指导> 鲜菠萝先用盐水泡上一段时间再烹饪，不仅可以减少菠萝酶对口腔黏膜和嘴唇的刺激，还能使菠萝更加香甜。煮苦瓜的时间不可太长，以免影响其鲜嫩口感；砂煲里的水开后，要立即改用小火，避免热水冲开砂煲盖溢出。

01 原料准备 地道食材原汁原味

排骨600克，苦瓜200克，菠萝肉150克，姜片10克

烹饪时间 75分钟	口味 鲜	烹饪方法 炖
功效 开胃消食	适合人群 一般人群	

02 调料准备 五味调和活色生香

盐3克，料酒3毫升，鸡粉3克，胡椒粉适量

✓ 食物相宜

菠萝+茅根
治疗肾炎

菠萝+鸡肉
补虚填精，温中益气

菠萝+猪肉
促进蛋白质吸收

菠萝+冰糖
生津止渴

✗ 食物相克

菠萝+牛奶
影响消化吸收

菠萝+鸡蛋
影响消化吸收

菠萝+白萝卜
破坏维生素C

☆ 养生宜忌

1.《本草纲目》中称苦瓜有"去邪热、解劳乏、清心明目"的功效。

2.苦瓜还有一个美誉——药中蔬菜。

03 食材处理 技艺生辉下厨更易

1. 将苦瓜洗净去籽、瓤；切条，切成3厘米长段。

2. 菠萝肉切块。

3. 将洗净的排骨斩成段。

04 做法演示 烹饪方法分步详解

1. 锅中加约1000毫升清水，倒入排骨，烧开。

2. 加料酒拌匀，大火煮约10分钟，捞去浮沫。

3. 将煮好的排骨捞出。

4. 锅中另加约1000毫升清水烧开，倒入排骨。

5. 加入已切好的苦瓜、姜片，加料酒。

6. 放入菠萝拌匀，煮沸。

7. 将煮好的菠萝、苦瓜和排骨捞出。

8. 将材料转到砂煲，置于旺火上烧开后。

9. 改用小火，加盖炖1个小时。

10. 揭开盖子，加盐、鸡粉、胡椒粉调味。

11. 用勺子拌匀。

12. 关火，端下砂煲即可。

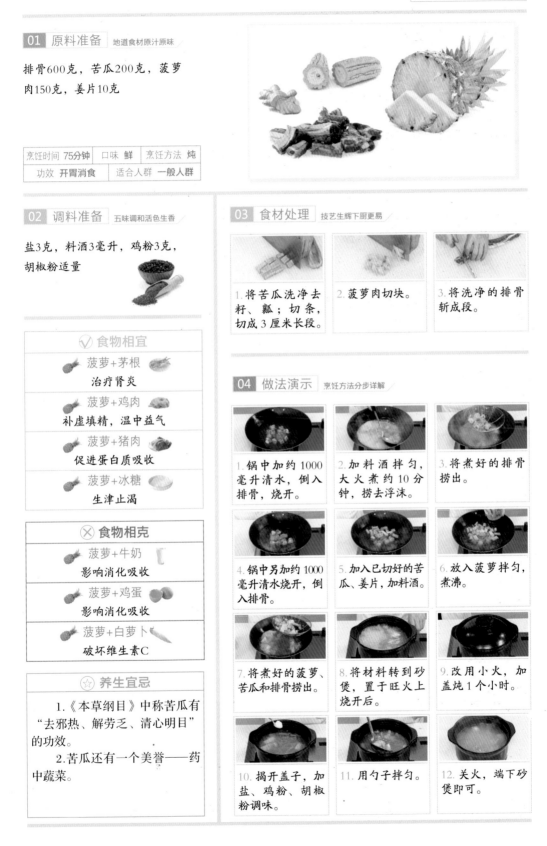

苦瓜肥肠

Ku gua fei chang

营养分析〉苦瓜的蛋白质、脂肪、碳水化合物含量在瓜类蔬菜中较高，特别是维生素C的含量，居瓜类之冠。苦瓜还含有丰富的维生素及矿物质，长期食用，能解疲乏、清热祛暑、明目解毒、益气壮阳、降压降糖。

制作指导〉苦瓜焯水时，要用旺火，以保持苦瓜的脆嫩，焯好后要快速过凉水以保持苦瓜的绿色。

01 原料准备 地道食材原汁原味

苦瓜300克，熟肥肠200克，姜片、蒜末、葱白、红椒片各少许

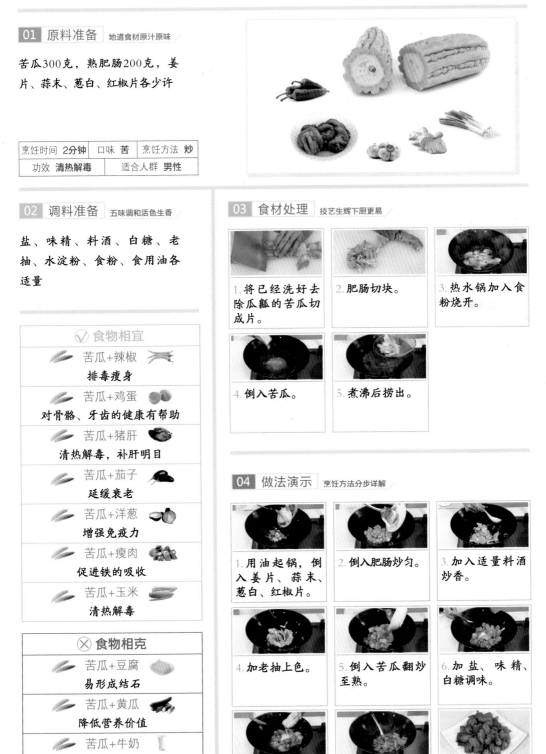

烹饪时间 2分钟	口味 苦	烹饪方法 炒
功效 清热解毒	适合人群 男性	

02 调料准备 五味调和活色生香

盐、味精、料酒、白糖、老抽、水淀粉、食粉、食用油各适量

✓ 食物相宜

苦瓜+辣椒
排毒瘦身

苦瓜+鸡蛋
对骨骼、牙齿的健康有帮助

苦瓜+猪肝
清热解毒，补肝明目

苦瓜+茄子
延缓衰老

苦瓜+洋葱
增强免疫力

苦瓜+瘦肉
促进铁的吸收

苦瓜+玉米
清热解毒

✗ 食物相克

苦瓜+豆腐
易形成结石

苦瓜+黄瓜
降低营养价值

苦瓜+牛奶
不利营养物质的吸收

苦瓜+胡萝卜
降低营养价值

03 食材处理 技艺生辉下厨更易

1. 将已经洗好去除瓜瓤的苦瓜切成片。

2. 肥肠切块。

3. 热水锅加入食粉烧开。

4. 倒入苦瓜。

5. 煮沸后捞出。

04 做法演示 烹饪方法分步详解

1. 用油起锅，倒入姜片、蒜末、葱白、红椒片。

2. 倒入肥肠炒匀。

3. 加入适量料酒炒香。

4. 加老抽上色。

5. 倒入苦瓜翻炒至熟。

6. 加盐、味精、白糖调味。

7. 用水淀粉勾芡。

8. 淋入熟油拌匀。

9. 盛出即成。

咸菜肥肠

Xian cai fei chang

营养分析〉肥肠含有人体必需的钠、锌、钙、蛋白质、脂肪等营养成分，有润肠、补虚、止血之功效，尤其适用于消化系统疾病者。但是，肥肠的胆固醇含量高，高血压、高血脂、糖尿病以心脑血管疾病患者不宜多吃。

制作指导〉咸菜比较咸，烹制此菜时不宜加太多盐，否则太咸会影响口感。

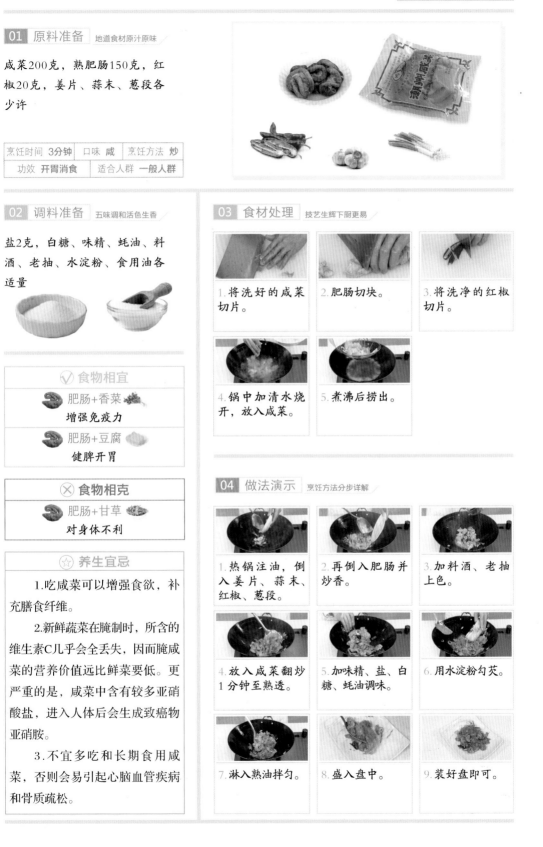

01 原料准备 地道食材原汁原味

咸菜200克，熟肥肠150克，红椒20克，姜片、蒜末、葱段各少许

烹饪时间	3分钟	口味	咸	烹饪方法	炒
功效	开胃消食		适合人群	一般人群	

02 调料准备 五味调和活色生香

盐2克，白糖、味精、蚝油、料酒、老抽、水淀粉、食用油各适量

✓ 食物相宜

肥肠+香菜
增强免疫力

肥肠+豆腐
健脾开胃

✕ 食物相克

肥肠+甘草
对身体不利

☆ 养生宜忌

1.吃咸菜可以增强食欲，补充膳食纤维。

2.新鲜蔬菜在腌制时，所含的维生素C几乎会全丢失，因而腌咸菜的营养价值远比鲜菜要低。更严重的是，咸菜中含有较多亚硝酸盐，进入人体后会生成致癌物亚硝胺。

3.不宜多吃和长期食用咸菜，否则会易引起心脑血管疾病和骨质疏松。

03 食材处理 技艺生辉下厨更易

1. 将洗好的咸菜切片。

2. 肥肠切块。

3. 将洗净的红椒切片。

4. 锅中加清水烧开，放入咸菜。

5. 煮沸后捞出。

04 做法演示 烹饪方法分步详解

1. 热锅注油，倒入姜片、蒜末、红椒、葱段。

2. 再倒入肥肠并炒香。

3. 加料酒、老抽上色。

4. 放入咸菜翻炒1分钟至熟透。

5. 加味精、盐、白糖、蚝油调味。

6. 用水淀粉勾芡。

7. 淋入熟油拌匀。

8. 盛入盘中。

9. 装好盘即可。

香芹炒猪肝

Xiang qin chao zhu gan

营养分析 猪肝富含维生素Ａ、铁、锌、铜等成分，有补血健脾、养肝明目的功效，可用于辅助治疗贫血、头昏、目眩、视力模糊、两眼干涩、夜盲等病症，还能增强人体免疫力，抗氧化，防衰老，抑制肿瘤细胞的产生。

制作指导 猪肝不宜炒得太嫩，否则有毒物质就会残留其中，可能会诱发癌症、白血病。

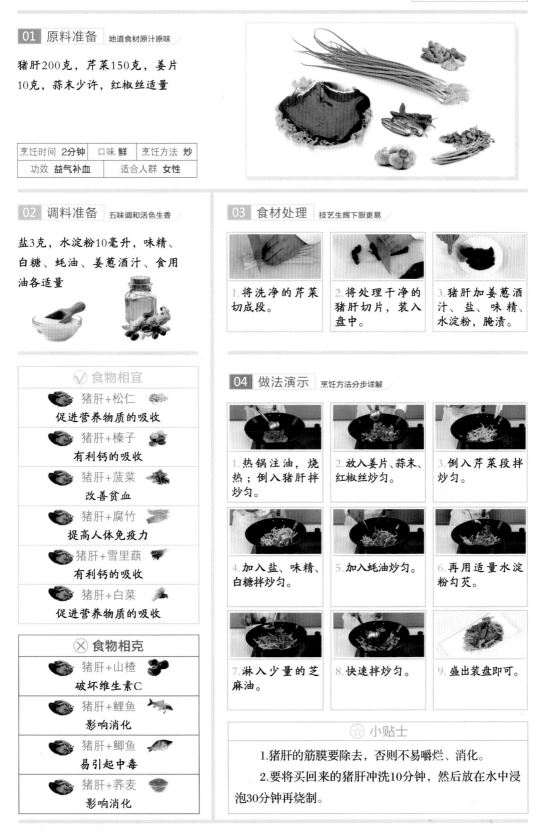

01 原料准备 地道食材原汁原味

猪肝200克，芹菜150克，姜片10克，蒜末少许，红椒丝适量

烹饪时间 2分钟	口味 鲜	烹饪方法 炒
功效 益气补血	适合人群 女性	

02 调料准备 五味调和活色生香

盐3克，水淀粉10毫升，味精、白糖、蚝油、姜葱酒汁、食用油各适量

✓ 食物相宜

🐷 猪肝+松仁
促进营养物质的吸收

🐷 猪肝+榛子
有利钙的吸收

🐷 猪肝+菠菜
改善贫血

🐷 猪肝+腐竹
提高人体免疫力

🐷 猪肝+雪里蕻
有利钙的吸收

🐷 猪肝+白菜
促进营养物质的吸收

✗ 食物相克

🐷 猪肝+山楂
破坏维生素C

🐷 猪肝+鲤鱼
影响消化

🐷 猪肝+鲫鱼
易引起中毒

🐷 猪肝+荞麦
影响消化

03 食材处理 技艺生辉下厨更易

1.将洗净的芹菜切成段。

2.将处理干净的猪肝切片，装入盘中。

3.猪肝加姜葱酒汁、盐、味精、水淀粉，腌渍。

04 做法演示 烹饪方法分步详解

1.热锅注油，烧热；倒入猪肝拌炒匀。

2.放入姜片、蒜末、红椒丝炒匀。

3.倒入芹菜段拌炒匀。

4.加入盐、味精、白糖拌炒匀。

5.加入蚝油炒匀。

6.再用适量水淀粉勾芡。

7.淋入少量的芝麻油。

8.快速拌炒匀。

9.盛出装盘即可。

☆ 小贴士

1.猪肝的筋膜要除去，否则不易嚼烂、消化。

2.要将买回来的猪肝冲洗10分钟，然后放在水中浸泡30分钟再烧制。

西芹炒猪心

Xi qin chao zhu xin

营养分析 猪心的蛋白质含量是猪肉的2倍，脂肪含量却极少。猪心还富含钙、磷、铁、维生素等成分，具有安神定惊、养心补血之功效，常食猪心可缓解女性绝经后阴虚心亏、心神失养所致诸症。

制作指导 猪心汆水后再腌渍，不仅可以缩短成菜的时间，还能消除异味。

01 原料准备 地道食材原汁原味

西芹70克，猪心70克，姜片、葱段、胡萝卜片各少许

| 烹饪时间 **3分钟** | 口味 **清淡** | 烹饪方法 **炒** |
| 功效 **降压降糖** | 适合人群 **高血压病患者** | |

02 调料准备 五味调和活色生香

料酒、盐、味精、白糖、水淀粉、食用油各适量

✓ 食物相宜

西芹+莲藕
调理经血

西芹+花生
抗衰老

西芹+茭白
降低血压

西芹+红枣
补血养颜

✗ 食物相克

西芹+黄瓜
破坏维生素C

西芹+南瓜
易引起腹胀、腹泻

西芹+兔肉
可能导致脱发

西芹+蛤蜊
易引起腹泻

☆ 养生宜忌

1.猪心味甘咸、性平，归心经。
2.猪心可治心脏病、养血安神、补血，用于惊悸、怔忡、自汗、不眠等症。

03 食材处理 技艺生辉下厨更易

1.洗净的西芹切成小段。

2.洗净的猪心切成片。

3.把切好的猪心放入盘中，加入料酒。

4.再加入少许盐、味精。

5.用筷子拌匀。

6.倒入水淀粉，腌渍10分钟。

04 做法演示 烹饪方法分步详解

1.热锅注油，倒入猪心翻炒直至断生。

2.倒入姜片、葱段炒香。

3.放入西芹炒熟，加盐、味精、白糖炒匀。

4.倒入少许水淀粉勾芡。

5.拌炒均匀使其入味。

6.盛入盘中即成。

☆ 小贴士

买回猪心后，立即在少量面粉中"滚"一下，放置1小时左右，然后再用清水洗净，这样烹炒出来的猪心味美纯正。

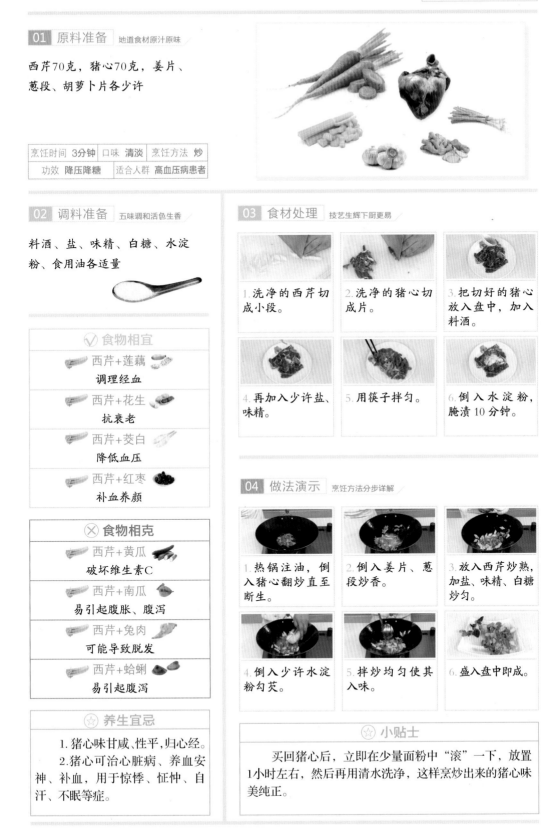

猪肺炒山药

Zhu fei chao shan yao

营养分析 山药含有丰富淀粉酶、皂苷、黏液质、游离氨基酸、多酚氧化酶等物质，具有滋补的作用，为病后康复食补之佳品。其所含的皂苷、黏液质，有润滑、滋润的作用，因此在天气较干燥的春季进补山药最为适宜。

制作指导 新鲜山药切开时会有黏液，极易滑刀伤手，可以先用清水加少许醋洗一遍，这样可减少黏液。

01 原料准备 地道食材原汁原味

猪肺200克，山药100克，洋葱片、青椒片、红椒片、蒜末、姜片各少许

烹饪时间	2分钟	口味	鲜	烹饪方法	炒
功效	养心润肺		适合人群	女性	

02 调料准备 五味调和活色生香

盐3克，味精、鸡粉、蚝油、白醋、水淀粉、料酒、食用油各适量

✓ 食物相宜

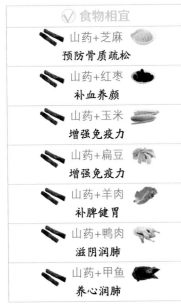

🥔 山药+芝麻
预防骨质疏松
🥔 山药+红枣
补血养颜
🥔 山药+玉米
增强免疫力
🥔 山药+扁豆
增强免疫力
🥔 山药+羊肉
补脾健胃
🥔 山药+鸭肉
滋阴润肺
🥔 山药+甲鱼
养心润肺

✗ 食物相克

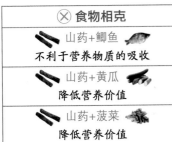

🥔 山药+鲫鱼
不利于营养物质的吸收
🥔 山药+黄瓜
降低营养价值
🥔 山药+菠菜
降低营养价值

03 食材处理 技艺生辉下厨更易

1. 将已去皮洗净的山药切片。

2. 再把处理干净的猪肺切片。

3. 锅中注水烧开，加少许白醋，倒入山药。

4. 煮约1分钟至熟，捞出。

5. 猪肺倒入锅中。

6. 大火煮约5分钟至熟后捞出。

04 做法演示 烹饪方法分步详解

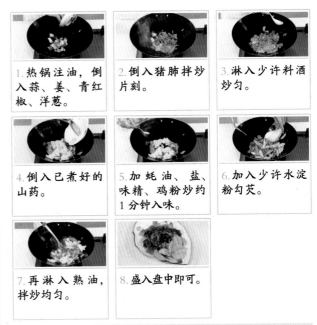

1. 热锅注油，倒入蒜、姜、青红椒、洋葱。

2. 倒入猪肺拌炒片刻。

3. 淋入少许料酒炒匀。

4. 倒入已煮好的山药。

5. 加蚝油、盐、味精、鸡粉炒约1分钟入味。

6. 加入少许水淀粉勾芡。

7. 再淋入熟油，拌炒均匀。

8. 盛入盘中即可。

猪肺菜干汤

Zhu fei cai gan tang

营养分析〉猪肺含蛋白质、脂肪、钙、磷、铁、维生素等营养成分，有补虚、止咳、止血之功效，尤其适合肺虚久咳者、肺结核患者食用。而菜干富含膳食纤维和矿物质，食用后能消除内火、清热益肠，还能防治皮肤病。

制作指导〉猪肺为猪内脏，内隐藏大量细菌，必须清洗干净且选择新鲜的肺来煮食。清洗猪肺时，放适量面粉和水，用手反复揉搓，可彻底去除猪肺的附着物。

01 原料准备 地道食材原汁原味

猪肺300克，菜干100克，姜片、罗汉果各少许

烹饪时间 65分钟	口味 鲜	烹饪方法 炖
功效 养心润肺	适合人群 老年人	

02 调料准备 五味调和活色生香

盐、味精、鸡粉、料酒、猪油各适量

✅ 食物相宜

猪肺+白萝卜
煮粥食用可改善咳嗽

猪肺+白及
改善咯血症状

✗ 食物相克

猪肺+花菜
易引发滞气

☆ 养生宜忌

1.中医认为，猪肺具有补肺、止咳、止血的功效。主治肺虚咳嗽、咯血等症。

2.凡肺气虚弱如肺气肿、肺结核、哮喘等病人，以猪肺作为食疗之品，最为有益。

3.润肺补肺的猪肺与鱼腥草相配，具有消炎解毒、滋阴润肺的功效。

03 食材处理 技艺生辉下厨更易

1.将洗好的菜干切段。

2.再把洗净的猪肺切块。

3.锅中注入适量清水烧开，倒入菜干。

4.煮沸后捞出菜。

5.倒入猪肺，煮约3分钟至熟透。

6.捞出猪肺用清水洗净。

04 做法演示 烹饪方法分步详解

1.锅置旺火，猪油烧热，倒入姜片爆香。

2.倒入猪肺，加入料酒炒匀。

3.注入适量清水，加盖煮沸。

4.倒入菜干和洗好的罗汉果煮沸。

5.将煮好的食材倒入砂煲。

6.加盖，大火烧开后改用小火炖1小时。

7.揭盖，加入盐、味精、鸡粉调味。

8.端出沙煲即成。

雪梨猪肺汤

Xue li zhu fei tang

营养分析 猪肺性平，味甘；归肺经。猪肺富含蛋白质、脂肪、钙、磷、铁、维生素B_1、维生素B_2等，具有补肺、止咳、止血的功效。

制作指导 洗猪肺时，首先用清水反复冲洗几遍，再放少许面粉和水，用手反复揉搓，将猪肺的附着物搓掉；然后用清水冲洗，再加适量白醋浸泡15分钟，以去腥、杀菌；最后猪肺片放入沸水煮5分钟，可将肺内脏物去除干净。

01 原料准备 地道食材原汁原味

猪肺200克，雪梨80克，姜片20克

烹饪时间 58分钟	口味 清淡	烹饪方法 炖
功效 养心润肺	适合人群 女性	

02 调料准备 五味调和活色生香

盐、鸡粉、料酒各适量

✓ 食物相宜

猪肺+白萝卜
煮粥食用可改善咳嗽

猪肺+白及
改善咯血症状

✕ 食物相克

猪肺+花菜
易引发滞气

☆ 养生宜忌

1.《证治要诀》中记载治肺虚咳嗽的方法：猪肺一具，切片，麻油炒熟，同粥食。

治嗽血肺损的方法：薏苡仁研细末，煮猪肺，白蘸食之。

2.梨水分充足，富含多种维生素、矿物质和微量元素，能够帮助器官排毒、净化、还能软化血管、促进血液循环和钙质的输送、维持机体的健康。

03 食材处理 技艺生辉下厨更易

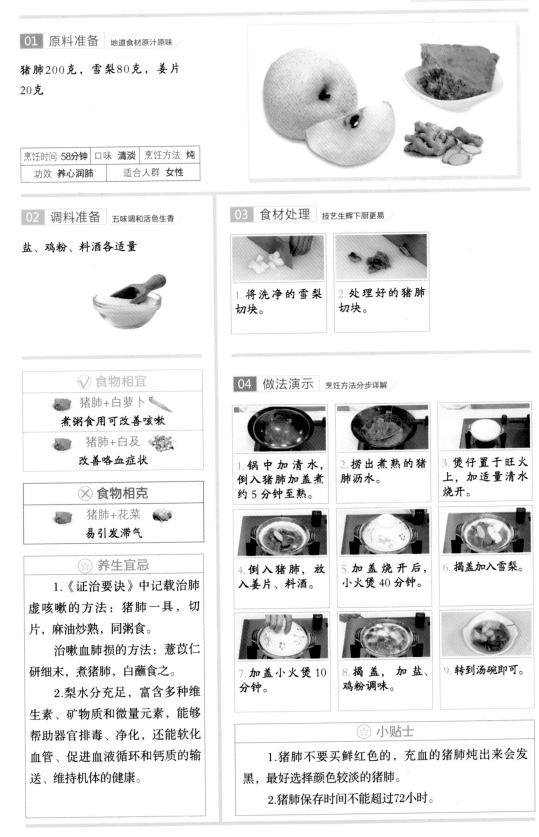

1.将洗净的雪梨切块。

2.处理好的猪肺切块。

04 做法演示 烹饪方法分步详解

1.锅中加清水，倒入猪肺加盖煮约5分钟至熟。

2.捞出煮熟的猪肺沥水。

3.煲仔置于旺火上，加适量清水烧开。

4.倒入猪肺，放入姜片、料酒。

5.加盖烧开后，小火煲40分钟。

6.揭盖加入雪梨。

7.加盖小火煲10分钟。

8.揭盖，加盐、鸡粉调味。

9.转到汤碗即可。

☆ 小贴士

1.猪肺不要买鲜红色的，充血的猪肺炖出来会发黑，最好选择颜色较淡的猪肺。

2.猪肺保存时间不能超过72小时。

胡萝卜丝炒牛肉

Hu luo bo si chao niu rou

营养分析 胡萝卜不仅富含胡萝卜素，还富含维生素、钙、铁、磷等营养物质。其所含的维生素B_2和叶酸有抗癌作用，经常食用胡萝卜可以增强人体的抗癌能力，所以被称为"预防癌症的蔬菜"。

制作指导 牛肉丝入锅炒的时间不宜太久，否则肉质会变硬，影响口感。

01 原料准备 地道食材原汁原味

牛肉300克，鸡腿菇100克，胡萝卜80克，红椒10克，蒜薹、葱白、姜片、蒜末各少许

烹饪时间 **3分钟**	口味 **鲜**	烹饪方法 **炒**
功效 **防癌抗癌**	适合人群 **男性**	

02 调料准备 五味调和活色生香

盐、味精、食粉、水淀粉、料酒、生抽、蚝油、食用油各适量

✓ 食物相宜	✗ 食物相克
胡萝卜+香菜 **开胃消食**	胡萝卜+白萝卜 **降低营养价值**
胡萝卜+绿豆芽 **排毒瘦身**	胡萝卜+醋 **降低营养价值**
胡萝卜+菠菜 **预防中风**	胡萝卜+红枣 **降低营养价值**
	胡萝卜+草莓 **破坏维生素C**

03 食材处理 技艺生辉下厨更易

01.将已去皮洗净的胡萝卜切丝。
02.把洗净的鸡腿菇切成丝。
03.红椒切丝。
04.再把洗好的牛肉切丝。
05.牛肉加食粉、生抽、盐、味精拌匀。
06.倒入水淀粉拌匀，再加适量食用油腌渍10分钟。
07.锅中倒入清水烧开，加盐、味精、食用油拌匀，倒入胡萝卜、鸡腿菇拌匀。
08.煮沸后捞出。
09.倒入牛肉。
10.余至断生后捞出。
11.热锅注油，烧至四成热，倒入牛肉。
12.滑油片刻后捞出。

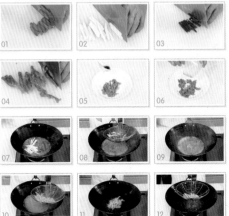

04 做法演示 烹饪方法分步详解

01.锅留底油，倒入蒜末、姜片、红椒、蒜薹炒香。
02.放入胡萝卜、鸡腿菇拌炒片刻。
03.再倒入牛肉，加入料酒、蚝油、盐、味精炒至熟。
04.加入少许水淀粉。
05.盛出即可。

芥蓝炒牛肉

Jie lan chao niu rou

营养分析 芥蓝含有蛋白质、维生素A、维生素C等营养成分，具有降低胆固醇、软化血管、预防心脏病等功效。芥蓝中还含有有机碱，这使它带有一定的苦味，能刺激人的味觉神经，提高食欲，还可加快胃肠蠕动，有助消化。

制作指导 芥蓝有苦涩味，烹制时可加入少量糖，以改善口感。

01 原料准备 地道食材原汁原味

芥蓝200克，牛肉150克，姜片、葱白、蒜末、红椒片各少许

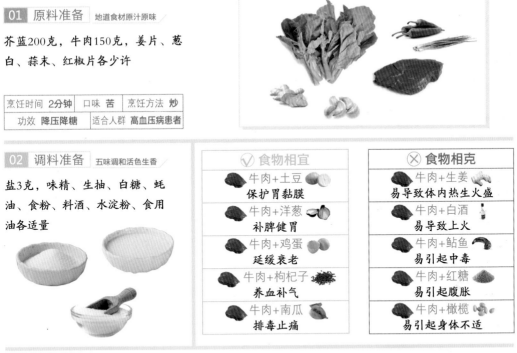

烹饪时间 2分钟	口味 苦	烹饪方法 炒
功效 降压降糖	适合人群 高血压病患者	

02 调料准备 五味调和活色生香

盐3克，味精、生抽、白糖、蚝油、食粉、料酒、水淀粉、食用油各适量

✓ 食物相宜		✗ 食物相克	
牛肉+土豆 保护胃黏膜		牛肉+生姜 易导致体内热生火盛	
牛肉+洋葱 补脾健胃		牛肉+白酒 易导致上火	
牛肉+鸡蛋 延缓衰老		牛肉+鲇鱼 易引起中毒	
牛肉+枸杞子 养血补气		牛肉+红糖 易引起腹胀	
牛肉+南瓜 排毒止痛		牛肉+橄榄 易引起身体不适	

03 食材处理 技艺生辉下厨更易

01.将洗好的芥蓝切段。
02.再把洗净的牛肉切片。
03.牛肉加盐、生抽拌匀。
04.倒入水淀粉拌匀。
05.再放入适量食粉、味精和食用油腌渍10分钟。
06.锅中倒入清水烧开，加食用油、盐煮沸。
07.倒入芥蓝。
08.焯至断生后捞出。
09.再倒入牛肉。
10.汆至断生后捞出。
11.热锅注油，烧至四成热，倒入牛肉。
12.滑油片刻捞出。

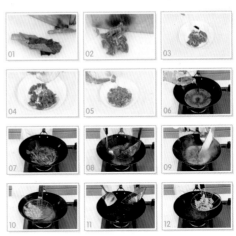

04 做法演示 烹饪方法分步详解

01.锅留底油，倒入蒜末、姜片、葱白、红椒爆香。
02.倒入芥蓝炒匀。
03.加料酒炒香。
04.放入牛肉，翻炒片刻至熟透。
05.加蚝油、盐、味精、白糖调味。
06.用水淀粉勾芡。
07.淋入熟油拌匀。
08.盛出即成。

鸡腿菇炒牛肉

Ji tui gu chao niu rou

营养分析 鸡腿菇营养丰富，含有丰富的蛋白质、碳水化合物、钙、磷及多种维生素，能增强免疫力、安神除烦。鸡腿菇搭配富含蛋白质、B族维生素、钙、磷、铁等营养成分的牛肉一起烹饪，有补中益气、滋养脾胃、强健筋骨等功效，能提高身体抗病能力，体弱或病后需要调养的人尤其适合食用。

制作指导 切牛肉时，应顺着牛肉的纤维纹路横切，若顺着纹路切，许多筋就会整条地保留在肉丝内，这样炒出的牛肉难以嚼烂。

01 原料准备 地道食材原汁原味

牛肉200克，鸡腿菇150克，
青、红椒各15克

烹饪时间 3分钟	口味 鲜	烹饪方法 炒
功效 增强免疫力	适合人群 老年人	

02 调料准备 五味调和活色生香

盐、味精、白糖、水淀粉、食
粉、生抽、蚝油、料酒、食用
油各适量

⊘ 食物相宜

牛肉+土豆
保护胃黏膜

牛肉+洋葱
补脾健胃

牛肉+鸡蛋
延缓衰老

牛肉+枸杞
养血补气

牛肉+南瓜
排毒止痛

⊗ 食物相克

牛肉+生姜
易导致体内热生火盛

牛肉+白酒
易导致上火

牛肉+鲇鱼
易引起中毒

牛肉+红糖
易引起腹胀

牛肉+橄榄
易引起身体不适

03 食材处理 技艺生辉下厨更易

1.将洗好的鸡腿菇切片。

2.洗净的青椒切片；洗好的红椒切片。

3.再把洗净的牛肉切片。

4.牛肉加食粉、生抽、味精、盐、水淀粉拌匀。

5.倒入食用油，腌渍10分钟入味。

6.热锅注油，烧至四成热，倒入牛肉。

7.滑油约1分钟至断生后捞出。

8.倒入鸡腿菇、青椒片、红椒片。

9.滑油片刻捞出备用。

04 做法演示 烹饪方法分步详解

1.锅留油，倒入鸡腿菇、青椒、红椒、牛肉。

2.加盐、味精、白糖、蚝油和料酒翻炒至熟。

3.用水淀粉勾芡。

4.翻炒片刻至熟透且入味。

5.出锅盛盘即可。

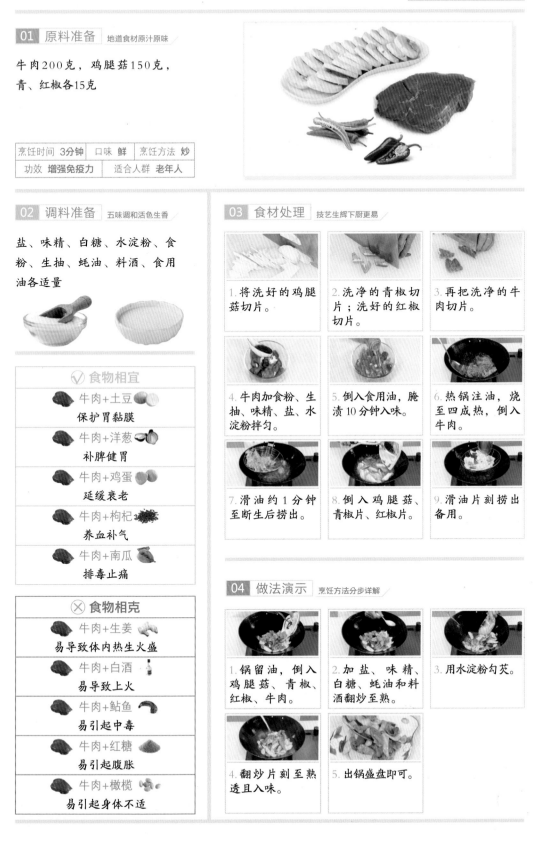

苦瓜炒牛肉

Ku gua chao niu rou

营养分析 苦瓜的营养极其丰富，其所含的蛋白质、脂肪、碳水化合物在瓜类蔬菜中含量较高，特别是维生素C的含量，居瓜类之冠。苦瓜还含丰富的维生素及矿物质，长期食用，能解疲乏、清热祛暑、明目解毒、益气壮阳、降压降糖。

制作指导 苦瓜焯水时用大火，以保持苦瓜的鲜嫩，焯好水后快速过凉水可以留住苦瓜的翠绿颜色。

01 原料准备　地道食材原汁原味

牛肉300克，苦瓜200克，豆豉、姜片、蒜末、葱白各少许

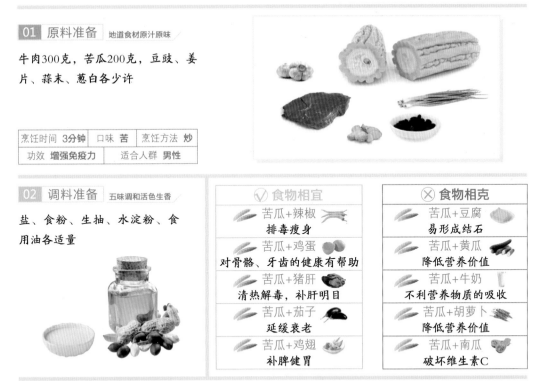

烹饪时间 3分钟	口味 苦	烹饪方法 炒
功效 增强免疫力	适合人群 男性	

02 调料准备　五味调和活色生香

盐、食粉、生抽、水淀粉、食用油各适量

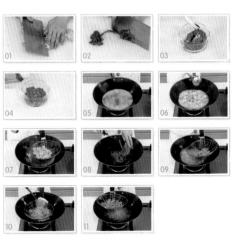

✓ 食物相宜	✗ 食物相克
苦瓜+辣椒 排毒瘦身	苦瓜+豆腐 易形成结石
苦瓜+鸡蛋 对骨骼、牙齿的健康有帮助	苦瓜+黄瓜 降低营养价值
苦瓜+猪肝 清热解毒，补肝明目	苦瓜+牛奶 不利营养物质的吸收
苦瓜+茄子 延缓衰老	苦瓜+胡萝卜 降低营养价值
苦瓜+鸡翅 补脾健胃	苦瓜+南瓜 破坏维生素C

03 食材处理　技艺生辉下厨更易

01. 将洗净的苦瓜切开，去瓤籽，斜刀切片。
02. 洗净的牛肉切片。
03. 牛肉片加入少许食粉、盐、生抽拌匀。
04. 加入生粉拌匀，再淋入少许食用油，腌渍10分钟。
05. 锅中注入约1500毫升清水烧开。
06. 倒入苦瓜，拌匀。
07. 煮沸至断生后捞出。
08. 另起锅，注入1000毫升清水烧开，倒入牛肉。
09. 汆至转色捞出。
10. 热锅注油，烧至五成热，放入牛肉，用锅铲搅散。
11. 炸至金黄色后捞出。

04 做法演示　烹饪方法分步详解

01. 锅留底油，倒入豆豉、姜片、蒜末爆香。
02. 倒入滑油后的牛肉，再倒入汆水的苦瓜炒匀。
03. 加入蚝油、盐、白糖，料酒炒匀，调味。
04. 加入水淀粉勾芡。
05. 加入少许熟油炒匀。
06. 盛入盘内即可。

蚝油青椒牛肉

Hao you qing jiao niu rou

营养分析 牛肉富含蛋白质、脂肪、牛磺酸、B族维生素及钙、磷、铁等营养成分，有补中益气、滋养脾胃、强健筋骨等保健功效，食之能增强免疫力，对久病体虚、头晕目眩、面色萎黄、腰膝酸痛、水肿等有食疗作用。

制作指导 腌渍牛肉丁时加少许啤酒，可增加牛肉的鲜嫩程度。

01 原料准备 地道食材原汁原味

牛肉300克，青椒30克，红椒15克，姜片、蒜末、葱白各少许

烹饪时间 **4分钟**	口味 **辣**	烹饪方法 **炒**
功效 **增强免疫力**	适合人群 **儿童**	

02 调料准备 五味调和活色生香

盐3克，白糖2克，水淀粉10毫升，食粉1克，生抽、老抽、蚝油、料酒、食用油各适量

✅ 食物相宜

牛肉+土豆
保护胃黏膜

牛肉+洋葱
补脾健胃

牛肉+鸡蛋
延缓衰老

牛肉+枸杞
养血补气

牛肉+南瓜
排毒止痛

✖ 食物相克

牛肉+生姜
易导致体内热生火盛

牛肉+白酒
易导致上火

牛肉+鲇鱼
易引起中毒

牛肉+红糖
易引起腹胀

牛肉+橄榄
易引起身体不适

03 食材处理 技艺生辉下厨更易

1. 牛肉洗净，切段，再切成丁。

2. 青椒洗净，切片；红椒洗净，切片。

3. 牛肉丁加少许食粉、生抽、盐拌匀。

4. 加水淀粉拌匀，加食用油，腌渍15分钟。

5. 热锅注油，烧至四成热，倒入牛肉丁。

6. 滑油片刻捞出。

04 做法演示 烹饪方法分步详解

1. 倒入姜片、蒜末、葱白爆香。

2. 加青椒片、红椒片炒匀。

3. 再倒入牛肉丁炒匀。

4. 淋入料酒炒香。

5. 加盐、白糖、蚝油、老抽炒匀。

6. 加水淀粉勾芡。

7. 翻炒匀至入味。

8. 盛入盘中即可。

咖喱牛肉

Ga li niu rou

营养分析〉牛肉的蛋白质含量很高，其氨基酸组成也很适合人体的需求。牛肉含有较多的钙、铁、硒等矿物质，尤其是铁元素的含量较高，而且是人体容易吸收的动物性血红蛋白铁，比较适合生理性贫血的人群食用，对人体的生长发育也很有帮助。

制作指导〉切牛肉时最好顺着牛肉的纹理横切，可以使牛肉更易入味。

01 原料准备 地道食材原汁原味

牛肉300克，土豆50克，洋葱50克，红椒、姜片、蒜末各少许

烹饪时间 3分钟	口味 咸	烹饪方法 炒
功效 益气补血	适合人群 女性	

02 调料准备 五味调和活色生香

咖喱膏10克，盐5克，生抽4毫升，白糖3克，味精2克，料酒、食粉、水淀粉、食用油各适量

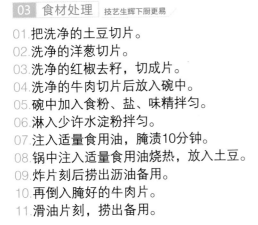

✔ 食物相宜	✘ 食物相克
牛肉+土豆 保护胃黏膜	牛肉+生姜 易导致体内热生火盛
牛肉+洋葱 补脾健胃	牛肉+白酒 易导致上火
牛肉+鸡蛋 延缓衰老	牛肉+鲇鱼 易引起中毒
牛肉+枸杞子 养血补气	牛肉+红糖 易引起腹胀
牛肉+南瓜 排毒止痛	牛肉+橄榄 易引起身体不适

03 食材处理 技艺生辉下厨更易

01. 把洗净的土豆切片。
02. 洗净的洋葱切片。
03. 洗净的红椒去籽，切成片。
04. 洗净的牛肉切片后放入碗中。
05. 碗中加入食粉、盐、味精拌匀。
06. 淋入少许水淀粉拌匀。
07. 注入适量食用油，腌渍10分钟。
08. 锅中注入适量食用油烧热，放入土豆。
09. 炸片刻后捞出沥油备用。
10. 再倒入腌好的牛肉片。
11. 滑油片刻，捞出备用。

04 做法演示 烹饪方法分步详解

01. 锅底留少许食用油烧热，倒入姜片、蒜末爆香。
02. 倒入洋葱、红椒、土豆炒匀。
03. 再放入牛肉炒匀，淋入少许料酒炒匀。
04. 倒入咖喱膏，翻炒至入味。
05. 加盐、味精、白糖炒匀。
06. 倒入水淀粉炒匀。
07. 用中小火炒匀。
08. 出锅盛入盘中即可。

牛肉娃娃菜

Niu rou wa wa cai

营养分析 牛肉营养价值甚高，富含蛋白质、脂肪、B族维生素及钙、磷、铁等营养成分。故牛肉有补中益气、滋养脾胃、强健筋骨等保健功效，食之能提高身体抗病能力，手术后、病后调养的人特别适宜食用。

制作指导 腌渍牛肉时充分搅拌，可使其入味；牛肉不易煮烂，烹饪时放少许山楂、橘皮或茶叶有利于牛肉熟烂。娃娃菜不可炒太久，以免影响其脆嫩口感。

01 原料准备　地道食材原汁原味

娃娃菜300克，牛肉250克，青椒、红椒各15克，姜片、蒜末、葱白各少许

烹饪时间 **3分钟**	口味 **辣**	烹饪方法 **炒**
功效 **增强免疫力**	适合人群 **一般人群**	

02 调料准备　五味调和活色生香

水淀粉10毫升，盐5克，味精5克，白糖3克，食粉3克，生抽3毫升，料酒3毫升，蚝油3毫升，鸡粉、辣椒酱、食用油各适量

✓ 食物相宜	✗ 食物相克
牛肉+土豆　保护胃黏膜	牛肉+生姜　易导致体内热生火盛
牛肉+洋葱　补脾健胃	牛肉+白酒　易导致上火
牛肉+鸡蛋　延缓衰老	牛肉+鲇鱼　易引起中毒
牛肉+枸杞子　养血补气	牛肉+红糖　易引起腹胀

03 食材处理　技艺生辉下厨更易

01.将洗净的娃娃菜切瓣。
02.洗净的红椒切圈。
03.洗净的青椒切圈。
04.洗净的牛肉切片。
05.牛肉片加少许食粉、生抽、盐、味精拌匀。
06.加水淀粉拌匀，加少许食用油腌渍10分钟。
07.锅中加约1000毫升清水烧开，加盐，倒入娃娃菜，焯至断生。
08.将焯好的娃娃菜捞出。
09.用油起锅，倒入娃娃菜炒匀。
10.淋入料酒，加盐、鸡粉炒匀调味。
11.加水淀粉勾芡。
12.将炒好的娃娃菜盛出装盘。

04 做法演示　烹饪方法分步详解

01.用油起锅，倒入姜片、蒜末、葱白爆香。
02.倒入腌渍好的牛肉炒匀，淋入料酒，去腥。
03.加蚝油、辣椒酱、盐、白糖、味精炒匀。
04.倒入红椒、青椒圈炒匀。
05.加少许熟油炒匀。
06.将炒好的牛肉盛在娃娃菜上即可。

☆ 小贴士

1.娃娃菜的食用方法很多，炒食、烧食、做汤俱佳。

2.从成分上来讲，大白菜的营养价值并不逊于娃娃菜，而且性价比更高。

金瓜咖喱牛腩

Jin gua ga li niu nan

营养分析 牛腩含有矿物质和B族维生素，是人体每天所需铁质的最佳来源，适合生长发育期的儿童，术后、病后调养的人及贫血久病的人食用。寒冬食牛腩可暖胃，是该季节的补益佳品。

制作指导 牛腩入锅后，加入少许料酒和白醋，可使牛腩容易煮烂，而且肉质变嫩，色佳味美，香气扑鼻。

01 原料准备 地道食材原汁原味

熟牛腩250克，土豆80克，洋葱片30克，金瓜1个，姜片、蒜末、葱白各少许

烹饪时间	6分钟	口味	鲜	烹饪方法	炒
功效	增强免疫力		适合人群	老年人	

02 调料准备 五味调和活色生香

咖喱膏20克，淡奶30毫升，盐4克，味精、白糖、生抽、料酒、水淀粉、芝麻油、食用油各适量

✓ 食物相宜

牛腩+土豆 保护胃黏膜	牛腩+南瓜 排毒止痛
牛腩+洋葱 补脾健胃	牛腩+芋头 治疗食欲不振、防止便秘
牛腩+鸡蛋 延缓衰老	牛腩+白萝卜 补五脏、益气血
牛腩+枸杞子 养血补气	牛腩+芹菜 降低血压

03 食材处理 技艺生辉下厨更易

01.将洗净的金瓜切下一个盖子，用工具在金瓜切口边上雕出齿状花边。
02.再用勺子挖去瓤、籽，制成金瓜盅。
03.熟牛腩切成块。
04.去皮洗净的土豆切厚片，再切成块。
05.锅中加1500毫升清水烧开，放入金瓜盅。
06.加盖，小火煮约2分钟至熟。
07.揭盖，将金瓜盅取出备用。
08.热锅注油，烧至五成热，倒入土豆。
09.炸至米黄色捞出。

04 做法演示 烹饪方法分步详解

01.锅留底油，倒入姜片、蒜末和葱白爆香。
02.加入洋葱炒香。
03.倒入切好的牛腩，炒匀淋入少许料酒。
04.加咖喱膏翻炒匀。
05.倒入少许清水、淡奶。
06.倒入滑油后的土豆。
07.加盐、味精、白糖、生抽炒匀。
08.小火煮约2分钟至入味。
09.用水淀粉勾芡。
10.大火收汁，再加少许芝麻油炒匀。
11.翻炒片刻至入味。
12.将炒好的牛腩盛入金瓜盅内即成。

豆角炒牛肚

Dou jiao chao niu du

营养分析 豆角的营养价值很高，含有丰富的蛋白质、糖类、磷、钙、铁、维生素等营养物质，其中以磷的含量最丰富，有健脾补肾、调和脏腑、安养精神、消暑化湿和利水消肿的功效。特别适合脾胃虚弱所致的食积、腹胀者食用。

制作指导 烹调豆角前一定要把豆角背部的豆筋撕掉，否则，不仅影响口感，还易塞牙缝。

01 原料准备 地道食材原汁原味

豆角200克，熟牛肚150克，红椒30克，姜片、蒜末、葱白各少许

烹饪时间 **4分钟**	口味 **咸**	烹饪方法 **炒**
功效 **保肝护肾**	适合人群 **男性**	

02 调料准备 五味调和活色生香

盐3克，味精、蚝油、水淀粉、料酒、食用油各适量

03 食材处理 技艺生辉下厨更易

1.将洗净的豆角切成段。

2.将洗好的红椒切成丝。

3.熟牛肚切成丝。

☑ 食物相宜

牛肚+黄芪

补气血、增强免疫力

✕ 食物相克

牛肚+芦荟

不利营养吸收

☆ 养生常识

1.牛肚性平，味甘，含蛋白质、脂肪、钙、磷、铁、维生素B_1、维生素B_2、烟酸等营养素，具有补益脾胃、补气养血、补虚益精、消渴、风眩之功效。

2.牛肚适用于脾气不足，健运失职所致之纳差、乏力、便溏等症。

3.牛肚还适宜病后虚羸、气血不足、营养不良之人食用。

04 做法演示 烹饪方法分步详解

1.锅注油，倒入姜片、蒜末、葱白和牛肚炒匀。

2.锅中加入料酒炒香。

3.倒入豆角、红椒丝，加少许清水焖煮1分钟。

4.加盐、味精、蚝油翻炒约1分钟至熟。

5.加入少许水淀粉勾芡，加入熟油拌匀。

6.盛入盘内即可。

☆ 小贴士

选购牛肚时要注意，特别白的毛肚是用烧碱、双氧水、甲醛泡制三四天变成的。用工业烧碱泡制的毛肚个体饱满，非常水灵；使用甲醛可使毛肚吃起来更脆，口感好。双氧水能腐蚀人的胃肠，导致胃溃疡。长期食用被这些有毒物质浸泡的毛肚，将会患上胃溃疡等疾病，严重时可致癌。用甲醛泡发的牛肚，会失去原有的特征，手一捏毛肚很容易碎，加热后迅速萎缩，应避免食用。

浓汤香菇煨牛丸

Nong tang xiang gu wei niu wan

营养分析 牛肉丸含有丰富的蛋白质、碳水化合物、脂肪等营养物质，有补中益气、滋养脾胃、强健筋骨等功效，食之能提高身体抗病能力，气短体虚、筋骨酸软、病后调养的人尤其适合食用。

制作指导 牛丸入锅滑油时，油温不能太高，以免把牛丸炸得太老，失去了韧性。

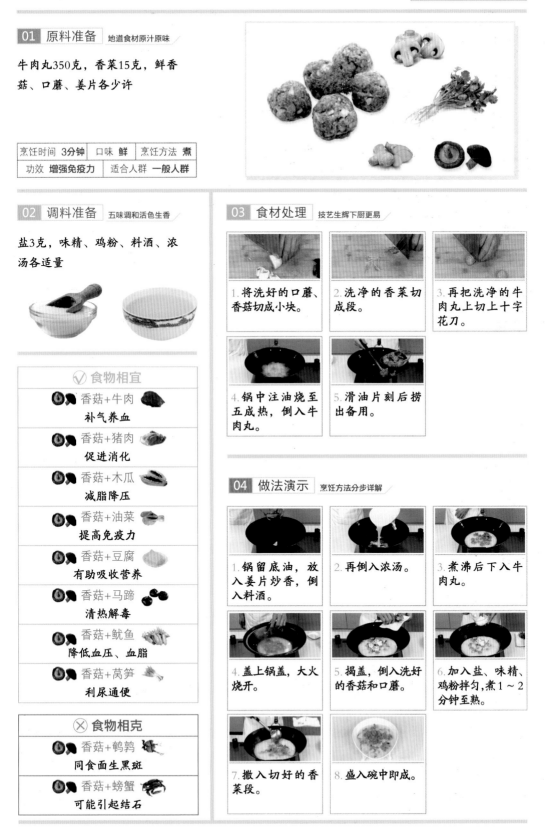

01 原料准备 地道食材原汁原味

牛肉丸350克，香菜15克，鲜香菇、口蘑、姜片各少许

烹饪时间 **3分钟**	口味 **鲜**	烹饪方法 **煮**
功效 **增强免疫力**	适合人群 **一般人群**	

02 调料准备 五味调和活色生香

盐3克，味精、鸡粉、料酒、浓汤各适量

✔ 食物相宜

香菇+牛肉
补气养血

香菇+猪肉
促进消化

香菇+木瓜
减脂降压

香菇+油菜
提高免疫力

香菇+豆腐
有助吸收营养

香菇+马蹄
清热解毒

香菇+鱿鱼
降低血压、血脂

香菇+莴笋
利尿通便

✘ 食物相克

香菇+鹌鹑
同食面生黑斑

香菇+螃蟹
可能引起结石

03 食材处理 技艺生辉下厨更易

1. 将洗好的口蘑、香菇切成小块。

2. 洗净的香菜切成段。

3. 再把洗净的牛肉丸上切上十字花刀。

4. 锅中注油烧至五成热，倒入牛肉丸。

5. 滑油片刻后捞出备用。

04 做法演示 烹饪方法分步详解

1. 锅留底油，放入姜片炒香，倒入料酒。

2. 再倒入浓汤。

3. 煮沸后下入牛肉丸。

4. 盖上锅盖，大火烧开。

5. 揭盖，倒入洗好的香菇和口蘑。

6. 加入盐、味精、鸡粉拌匀，煮1～2分钟至熟。

7. 撒入切好的香菜段。

8. 盛入碗中即成。

第四章

禽蛋类

我国饲养家禽具有悠久的历史，其中食用量比较大的有鸡、鸭、鹅、鸽等。禽类营养成分是极其丰富的，特别是附加品——蛋类，非常『补』人。常食禽蛋类食物可以延缓机体衰老、保护肝脏、健脑益智等。

香蕉滑鸡

Xiang jiao hua ji

营养分析 香蕉含有丰富的维生素和矿物质，食用香蕉可以摄取人体所需的各种营养素。香蕉中的钾能预防血压上升及肌肉痉挛，镁则具有消除疲劳的效果。中医认为香蕉有清热、解毒、生津、润肠的功效。

制作指导 炸香蕉时，油要放多一点，以免粘锅。

01 原料准备 地道食材原汁原味

鸡胸肉300克，香蕉1根，蛋液、面包糠各适量

烹饪时间 **3分钟**	口味 **甜**	烹饪方法 **炸**
功效 **清热解毒**	适合人群 **一般人群**	

02 调料准备 五味调和活色生香

生粉、盐、料酒、食用油各适量

✅ 食物相宜

香蕉+牛奶
提高对维生素B12的吸收

香蕉+燕麦
改善睡眠

香蕉+李子
清热润肠

香蕉+银耳
养肺、通便

香蕉+芝麻
补益心脾、养心安神

香蕉+桃子
润喉、促进食欲

❌ 食物相克

香蕉+芋头
会腹胀

香蕉+红薯
引起身体不适

香蕉+菠萝
增加血钾浓度

03 食材处理 技艺生辉下厨更易

1. 将洗净的鸡胸肉切薄片，装盘备用。

2. 香蕉切段，去皮，切成四等份条块。

3. 香蕉装盘，撒入生粉。

4. 鸡肉撒盐、料酒、蛋液拌匀，腌渍10分钟。

5. 鸡肉片放上香蕉条。

6. 卷紧实，即成肉卷。

7. 摆在盘中备用。

8. 肉卷粘上蛋液，再裹上面包糠。

9. 装盘备用。

04 做法演示 烹饪方法分步详解

1. 热锅注油烧四成热，放鸡肉卷，炸2分钟。

2. 将炸好的鸡肉卷从油锅中夹入盘中。

3. 盘子旁边摆上装饰品即可。

☆ 小贴士

1. 香蕉应选没有黑斑的香蕉食用。肥大饱满的品质较好。

2. 香蕉不要放入冰箱中，在10℃~25℃条件下适宜储存。

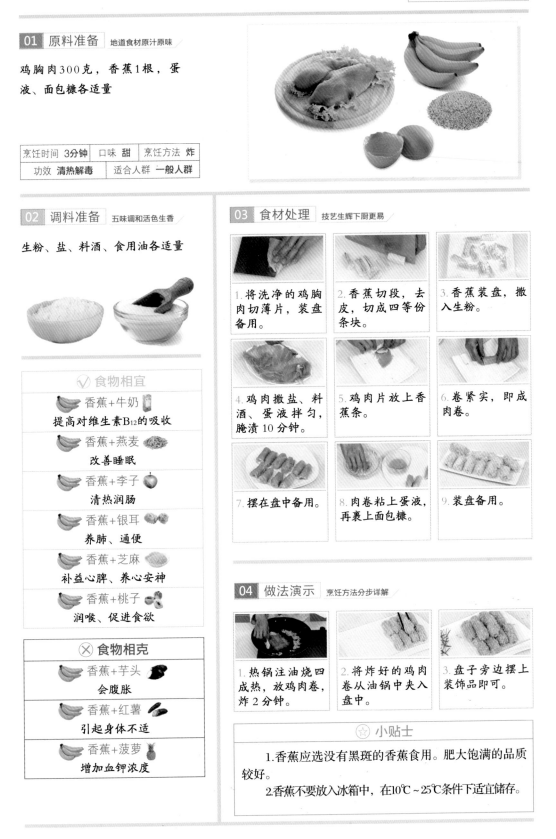

咖喱鸡块

Ga li ji kuai

营养分析〉鸡肉中蛋白质的含量较高，而且消化率高，很容易被人体吸收利用，有增强体力、强壮身体的作用。鸡肉含有对人体生长发育有重要作用的磷脂类，是中国人膳食结构中脂肪和磷脂的重要来源之一。

制作指导〉鸡块在炸之前用生抽、料酒、盐、味精、生粉腌渍，不仅能去掉鸡肉的腥味，还可使鸡肉肉质变嫩。

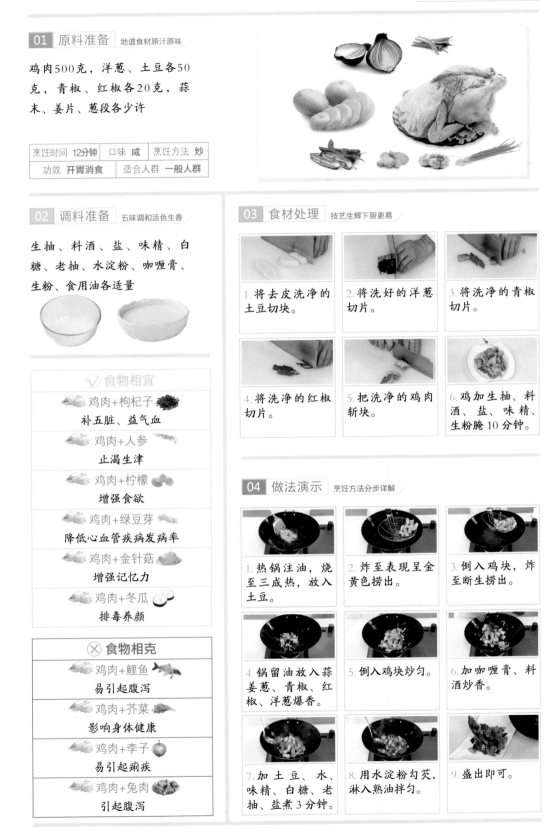

01 原料准备 地道食材原汁原味

鸡肉500克，洋葱、土豆各50克，青椒、红椒各20克，蒜末、姜片、葱段各少许

| 烹饪时间 12分钟 | 口味 咸 | 烹饪方法 炒 |
| 功效 开胃消食 | 适合人群 一般人群 | |

02 调料准备 五味调和活色生香

生抽、料酒、盐、味精、白糖、老抽、水淀粉、咖喱膏、生粉、食用油各适量

✓ 食物相宜

鸡肉+枸杞子
补五脏、益气血

鸡肉+人参
止渴生津

鸡肉+柠檬
增强食欲

鸡肉+绿豆芽
降低心血管疾病发病率

鸡肉+金针菇
增强记忆力

鸡肉+冬瓜
排毒养颜

✗ 食物相克

鸡肉+鲤鱼
易引起腹泻

鸡肉+芥菜
影响身体健康

鸡肉+李子
易引起痢疾

鸡肉+兔肉
引起腹泻

03 食材处理 技艺生辉下厨更易

1. 将去皮洗净的土豆切块。

2. 将洗好的洋葱切片。

3. 将洗净的青椒切片。

4. 将洗净的红椒切片。

5. 把洗净的鸡肉斩块。

6. 鸡加生抽、料酒、盐、味精、生粉腌10分钟。

04 做法演示 烹饪方法分步详解

1. 热锅注油，烧至三成热，放入土豆。

2. 炸至表现呈金黄色捞出。

3. 倒入鸡块，炸至断生捞出。

4. 锅留油放入蒜姜葱、青椒、红椒、洋葱爆香。

5. 倒入鸡块炒匀。

6. 加咖喱膏、料酒炒香。

7. 加土豆、水、味精、白糖、老抽、盐煮3分钟。

8. 用水淀粉勾芡，淋入熟油拌匀。

9. 盛出即可。

鸡蓉酿苦瓜

Ji rong niang ku gua

营养分析 苦瓜味苦，性寒，无毒，富含蛋白质、脂肪、碳水化合物和维生素C等，可除邪热、解劳乏、清心、聪耳明目、轻身，还能使人肌肤红润有光泽、精力充沛、不易衰老。还有降血糖、抗肿瘤、抗病毒、抗菌、增强免疫力等作用。

制作指导 烹饪前将苦瓜片放入盐水中浸泡片刻，可以减轻苦瓜的苦味。

01 原料准备 地道食材原汁原味

鸡胸肉250克，苦瓜200克，红椒20克

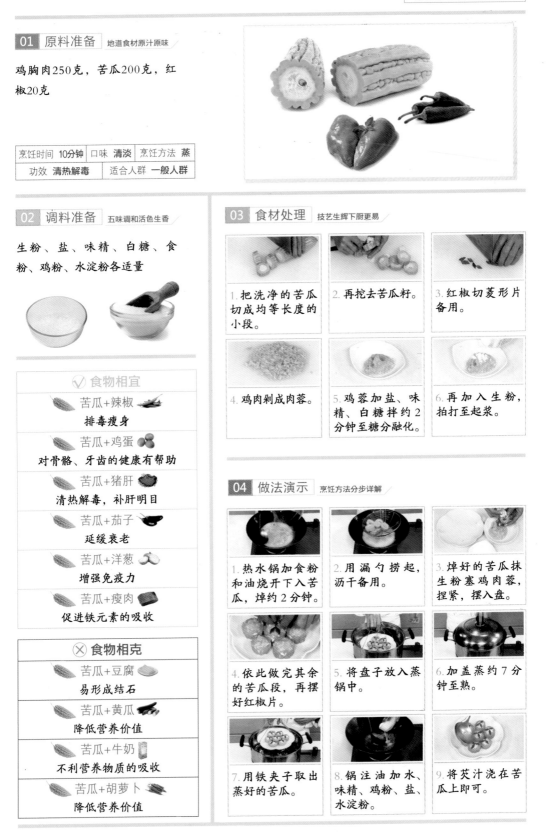

| 烹饪时间 **10分钟** | 口味 **清淡** | 烹饪方法 **蒸** |
| 功效 **清热解毒** | 适合人群 **一般人群** | |

02 调料准备 五味调和活色生香

生粉、盐、味精、白糖、食粉、鸡粉、水淀粉各适量

☑ 食物相宜

苦瓜+辣椒
排毒瘦身

苦瓜+鸡蛋
对骨骼、牙齿的健康有帮助

苦瓜+猪肝
清热解毒，补肝明目

苦瓜+茄子
延缓衰老

苦瓜+洋葱
增强免疫力

苦瓜+瘦肉
促进铁元素的吸收

✗ 食物相克

苦瓜+豆腐
易形成结石

苦瓜+黄瓜
降低营养价值

苦瓜+牛奶
不利营养物质的吸收

苦瓜+胡萝卜
降低营养价值

03 食材处理 技艺生辉下厨更易

1. 把洗净的苦瓜切成均等长度的小段。

2. 再挖去苦瓜籽。

3. 红椒切菱形片备用。

4. 鸡肉剁成肉蓉。

5. 鸡蓉加盐、味精、白糖拌约2分钟至糖分融化。

6. 再加入生粉，拍打至起浆。

04 做法演示 烹饪方法分步详解

1. 热水锅加食粉和油烧开下入苦瓜，焯约2分钟。

2. 用漏勺捞起，沥干备用。

3. 焯好的苦瓜抹生粉塞鸡肉蓉，捏紧，摆入盘。

4. 依此做完其余的苦瓜段，再摆好红椒片。

5. 将盘子放入蒸锅中。

6. 加盖蒸约7分钟至熟。

7. 用铁夹子取出蒸好的苦瓜。

8. 锅注油加水、味精、鸡粉、盐、水淀粉。

9. 将芡汁浇在苦瓜上即可。

冬瓜鸡蓉百花展

Dong gua ji rong bai hua zhan

营养分析 冬瓜含有多种维生素和人体必需的微量元素，可调节人体的代谢平衡。冬瓜还能养胃生津、清降胃火，使人食量减少，促使体内淀粉、糖转化为热能，而不变成脂肪。久食还可保持皮肤洁白如玉，并可保持形体健美。

制作指导 冬瓜因要与鹌鹑蛋一起蒸，所以切出来的冬瓜块蒸熟的时间最好能与蒸熟鹌鹑蛋的时间相近，这样不至于影响到其中一个的口感。

01 原料准备 地道食材原汁原味

冬瓜350克，去壳熟鹌鹑蛋100克，鸡胸肉100克，西蓝花80克，红椒少许

烹饪时间 12分钟	口味 清淡	烹饪方法 蒸
功效 清热解毒	适合人群 一般人群	

02 调料准备 五味调和活色生香

盐、味精、鸡粉、水淀粉各适量

✓ 食物相宜

冬瓜+海带
降低血压

冬瓜+芦笋
降低血脂

冬瓜+甲鱼
润肤，明目

冬瓜+鲢鱼
可辅助治疗产后气血亏虚

☆ 养生常识

冬瓜清热化痰，除烦止渴。有利水消痰、清热解毒的功效。湿热体质者若有水肿、胀满、痰多、暑热烦闷、消渴、湿疹、疖肿等均可食用，并可解酒。

03 食材处理 技艺生辉下厨更易

01.将去皮洗净的冬瓜改刀切菱形块，取少许洗净的冬瓜皮，切丝备用。
02.把洗净的西蓝花切朵。
03.红椒切小菱形片。
04.将洗净的鸡胸肉剁成肉蓉。
05.用小刀将冬瓜块中心掏空备用。
06.锅中倒入适量清水烧开，倒入冬瓜块。
07.焯约1分钟至熟捞出。
08.再放入西蓝花，加少许食用油拌匀。
09.焯熟后捞出。
10.鸡蓉加适量盐、味精、水淀粉拌匀，搅至起浆备用。
11.冬瓜块掏空处抹上少许生粉，塞入鸡蓉。
12.再放上冬瓜皮丝、红椒片，摆出花形。

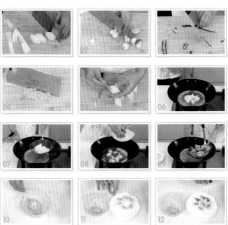

04 做法演示 烹饪方法分步详解

01.将处理好的冬瓜块、鹌鹑蛋放入蒸锅蒸8分钟。
02.将西蓝花扣入盘内。
03.冬瓜、鹌鹑蛋蒸熟取出，摆入盘中造型。
04.锅中倒入少许清水，加盐、味精、鸡粉、食用油煮沸，再加适量水淀粉搅匀制成稠汁。
05.最后将稠汁浇于冬瓜、西蓝花、鹌鹑蛋上即成。

菠萝鸡丁

Bo luo ji ding

营养分析〉菠萝肉品质优良、营养丰富，富含全糖、有机酸、蛋白质、粗纤维，并含多种维生素，钙、铁、磷等的含量也很丰富。菠萝中的B族维生素能有效地滋养肌肤，防止皮肤干裂，保持头发的光泽，同时也可以消除身体的紧张感和增强机体的免疫力。菠萝蛋白酶能有效分解食物中的蛋白质，促进肠胃蠕动。

制作指导〉切好的菠萝用盐水浸泡一下味道会更好。菠萝不宜翻炒过长时间，否则会影响其营养价值。

01 原料准备 地道食材原汁原味

鸡胸肉300克，菠萝肉200克，青、红椒各20克，蒜末、葱白各少许

烹饪时间 5分钟	口味 清淡	烹饪方法 炒
功效 增强免疫力	适合人群 一般人群	

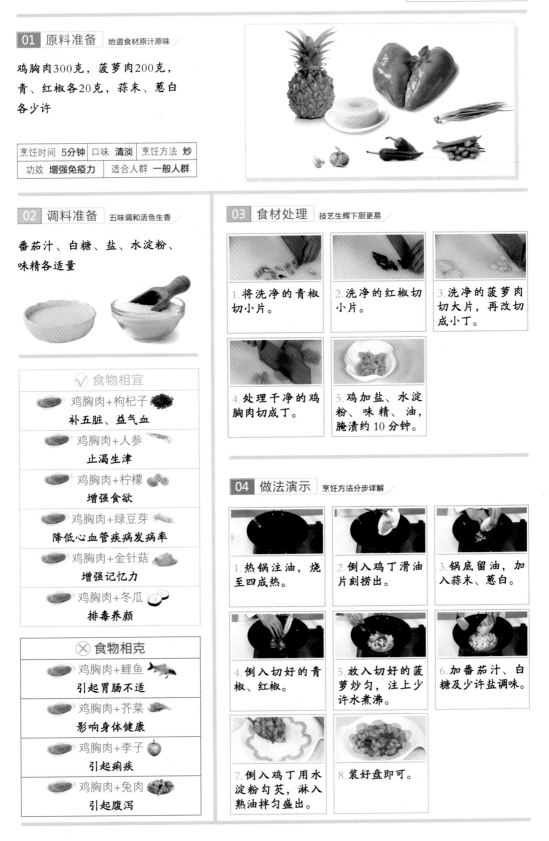

02 调料准备 五味调和活色生香

番茄汁、白糖、盐、水淀粉、味精各适量

✓ 食物相宜

鸡胸肉+枸杞子
补五脏、益气血

鸡胸肉+人参
止渴生津

鸡胸肉+柠檬
增强食欲

鸡胸肉+绿豆芽
降低心血管疾病发病率

鸡胸肉+金针菇
增强记忆力

鸡胸肉+冬瓜
排毒养颜

✗ 食物相克

鸡胸肉+鲤鱼
引起胃肠不适

鸡胸肉+芥菜
影响身体健康

鸡胸肉+李子
引起痢疾

鸡胸肉+兔肉
引起腹泻

03 食材处理 技艺生辉下厨更易

1.将洗净的青椒切小片。

2.洗净的红椒切小片。

3.洗净的菠萝肉切大片，再改切成小丁。

4.处理干净的鸡胸肉切成丁。

5.鸡加盐、水淀粉、味精、油，腌渍约10分钟。

04 做法演示 烹饪方法分步详解

1.热锅注油，烧至四成热。

2.倒入鸡丁滑油片刻捞出。

3.锅底留油，加入蒜末、葱白。

4.倒入切好的青椒、红椒。

5.放入切好的菠萝炒匀，注上少许水煮沸。

6.加番茄汁、白糖及少许盐调味。

7.倒入鸡丁用水淀粉勾芡，淋入热油拌匀盛出。

8.装好盘即可。

炸蛋丝滑鸡丝

Zha dan si hua ji si

营养分析 鸡肉富含蛋白质、磷、铁、铜、锌，并且含有较多的不饱和脂肪酸，能够降低对人体健康不利的低密度脂蛋白胆固醇。鸡胸肉中含有较多的B族维生素，具有恢复体力、保护皮肤的作用。

制作指导 在炸蛋丝时应掌握好火候，一边搅动蛋液，一边慢慢倒入已烧至三四成热的油锅中，这样炸出来的蛋丝口感更佳，入口即化。

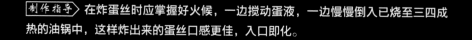

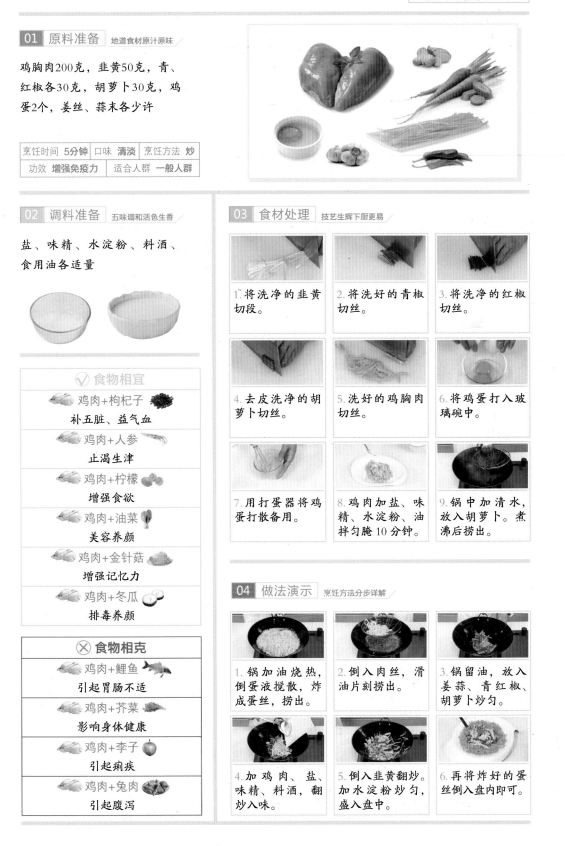

01 原料准备 地道食材原汁原味

鸡胸肉200克，韭黄50克，青、红椒各30克，胡萝卜30克，鸡蛋2个，姜丝、蒜末各少许

| 烹饪时间 5分钟 | 口味 清淡 | 烹饪方法 炒 |
| 功效 增强免疫力 | 适合人群 一般人群 |

02 调料准备 五味调和活色生香

盐、味精、水淀粉、料酒、食用油各适量

✓ 食物相宜

🐔 鸡肉+枸杞子
补五脏、益气血

🐔 鸡肉+人参
止渴生津

🐔 鸡肉+柠檬
增强食欲

🐔 鸡肉+油菜
美容养颜

🐔 鸡肉+金针菇
增强记忆力

🐔 鸡肉+冬瓜
排毒养颜

✗ 食物相克

🐔 鸡肉+鲤鱼
引起胃肠不适

🐔 鸡肉+芥菜
影响身体健康

🐔 鸡肉+李子
引起痢疾

🐔 鸡肉+兔肉
引起腹泻

03 食材处理 技艺生辉下厨更易

1. 将洗净的韭黄切段。

2. 将洗好的青椒切丝。

3. 将洗净的红椒切丝。

4. 去皮洗净的胡萝卜切丝。

5. 洗好的鸡胸肉切丝。

6. 将鸡蛋打入玻璃碗中。

7. 用打蛋器将鸡蛋打散备用。

8. 鸡肉加盐、味精、水淀粉、油拌匀腌10分钟。

9. 锅中加清水，放入胡萝卜。煮沸后捞出。

04 做法演示 烹饪方法分步详解

1. 锅加油烧热，倒蛋液搅散，炸成蛋丝，捞出。

2. 倒入肉丝，滑油片刻捞出。

3. 锅留油，放入姜蒜、青红椒、胡萝卜炒匀。

4. 加鸡肉、盐、味精、料酒，翻炒入味。

5. 倒入韭黄翻炒。加水淀粉炒匀，盛入盘中。

6. 再将炸好的蛋丝倒入盘内即可。

怪味鸡丁

Guai wei ji ding

営养分析 鸡肉肉质细嫩，滋味鲜美，含有丰富的蛋白质，而且消化率高，很容易被人体吸收利用。鸡肉含有对人体生长发育有重要作用的磷脂类、矿物质及多种维生素，有增强体力、强壮身体的作用，对营养不良、畏寒怕冷、贫血等症有良好的食疗作用。

制作指导 鲜菠萝先用淡盐水泡上半个小时再烹饪，不仅可以减少菠萝蛋白酶对口腔黏膜和嘴唇的刺激，还能使菠萝更加香甜。

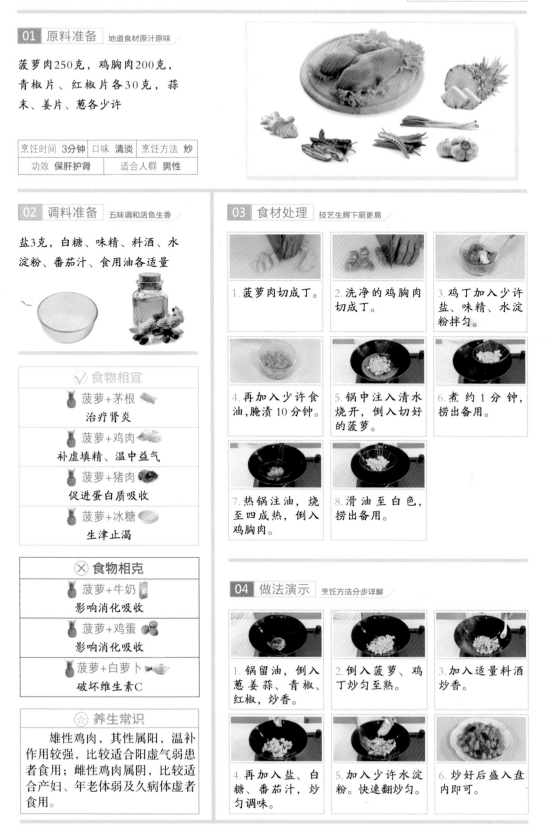

01 原料准备 地道食材原汁原味

菠萝肉250克，鸡胸肉200克，青椒片、红椒片各30克，蒜末、姜片、葱各少许

烹饪时间 **3分钟**	口味 **清淡**	烹饪方法 **炒**
功效 **保肝护肾**	适合人群 **男性**	

02 调料准备 五味调和活色生香

盐3克，白糖、味精、料酒、水淀粉、番茄汁、食用油各适量

✅ 食物相宜

🍍 菠萝+茅根
治疗肾炎

🍍 菠萝+鸡肉
补虚填精、温中益气

🍍 菠萝+猪肉
促进蛋白质吸收

🍍 菠萝+冰糖
生津止渴

❌ 食物相克

🍍 菠萝+牛奶
影响消化吸收

🍍 菠萝+鸡蛋
影响消化吸收

🍍 菠萝+白萝卜
破坏维生素C

☆ 养生常识

雄性鸡肉，其性属阳，温补作用较强，比较适合阳虚气弱患者食用；雌性鸡肉属阴，比较适合产妇、年老体弱及久病体虚者食用。

03 食材处理 技艺生辉下厨更易

1. 菠萝肉切成丁。

2. 洗净的鸡胸肉切成丁。

3. 鸡丁加入少许盐、味精、水淀粉拌匀。

4. 再加入少许食油，腌渍10分钟。

5. 锅中注入清水烧开，倒入切好的菠萝。

6. 煮约1分钟，捞出备用。

7. 热锅注油，烧至四成热，倒入鸡胸肉。

8. 滑油至白色，捞出备用。

04 做法演示 烹饪方法分步详解

1. 锅留油，倒入葱姜蒜、青椒、红椒，炒香。

2. 倒入菠萝、鸡丁炒匀至熟。

3. 加入适量料酒炒香。

4. 再加入盐、白糖、番茄汁，炒匀调味。

5. 加入少许水淀粉，快速翻炒匀。

6. 炒好后盛入盘内即可。

南瓜蒸滑鸡

Nan gua zheng hua ji

 南瓜含有蛋白质、淀粉、糖类、胡萝卜素、维生素、膳食纤维、钾、磷、铁、锌等成分，具有润肺益气、化痰、消炎止痛、降低血糖、止喘、美容等功效，对高血压、结肠癌有很好的防治作用。

制作指导 洗净的鸡块应沥干水分后再腌渍，可使鸡肉更易入味。此外，蒸制此菜肴时应控制好火候，若火候太大，易将鸡肉蒸得太老。

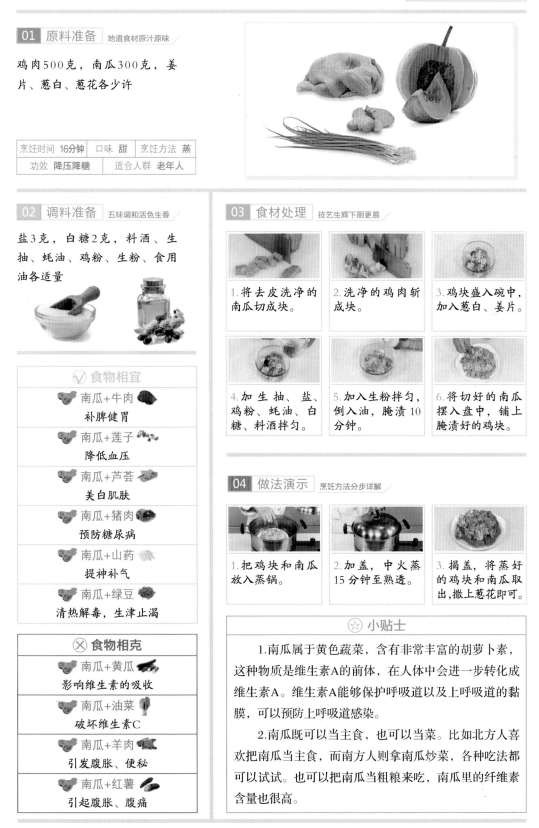

01 原料准备 地道食材原汁原味

鸡肉500克，南瓜300克，姜片、葱白、葱花各少许

烹饪时间 16分钟	口味 甜	烹饪方法 蒸
功效 降压降糖	适合人群 老年人	

02 调料准备 五味调和活色生香

盐3克，白糖2克，料酒、生抽、蚝油、鸡粉、生粉、食用油各适量

✓ 食物相宜

🐨 南瓜+牛肉
补脾健胃

🐨 南瓜+莲子
降低血压

🐨 南瓜+芦荟
美白肌肤

🐨 南瓜+猪肉
预防糖尿病

🐨 南瓜+山药
提神补气

🐨 南瓜+绿豆
清热解毒，生津止渴

✗ 食物相克

🐨 南瓜+黄瓜
影响维生素的吸收

🐨 南瓜+油菜
破坏维生素C

🐨 南瓜+羊肉
引发腹胀、便秘

🐨 南瓜+红薯
引起腹胀、腹痛

03 食材处理 技艺生辉下厨更易

1. 将去皮洗净的南瓜切成块。

2. 洗净的鸡肉斩成块。

3. 鸡块盛入碗中，加入葱白、姜片。

4. 加生抽、盐、鸡粉、蚝油、白糖、料酒拌匀。

5. 加入生粉拌匀，倒入油，腌渍10分钟。

6. 将切好的南瓜摆入盘中，铺上腌渍好的鸡块。

04 做法演示 烹饪方法分步详解

1. 把鸡块和南瓜放入蒸锅。

2. 加盖，中火蒸15分钟至熟透。

3. 揭盖，将蒸好的鸡块和南瓜取出，撒上葱花即可。

☆ 小贴士

1. 南瓜属于黄色蔬菜，含有非常丰富的胡萝卜素，这种物质是维生素A的前体，在人体中会进一步转化成维生素A。维生素A能够保护呼吸道以及上呼吸道的黏膜，可以预防上呼吸道感染。

2. 南瓜既可以当主食，也可以当菜。比如北方人喜欢把南瓜当主食，而南方人则拿南瓜炒菜，各种吃法都可以试试。也可以把南瓜当粗粮来吃，南瓜里的纤维素含量也很高。

三杯鸡

San bei ji

营养分析 鸡肉富含蛋白质、脂肪、维生素、碳水化合物以及钙、铁、钾、硫等营养物质，具有温中益气、益五脏、补损、健脾胃的功效，对营养不良、畏寒怕冷、贫血等有很好的食疗作用。鸡皮中所含的胶原蛋白，能补充人体所缺的水分，起到延缓皮肤衰老、增加皮肤弹性的作用。

制作指导 炸鸡时，要把握好时间和火候，以免焦煳。

01 原料准备 地道食材原汁原味

鸡肉500克，糯米酒150毫升，甘草3克，青椒、红椒、姜片、葱条各少许

烹饪时间 7分钟	口味 甜	烹饪方法 煮
功效 益气补血	适合人群 女性	

02 调料准备 五味调和活色生香

盐5克，鸡粉3克，白糖2克，生粉、生抽、老抽、料酒、食用油各适量

✅ 食物相宜	❌ 食物相克
鸡肉+枸杞子 补五脏、益气血	鸡肉+鲤鱼 引起胃肠不适
鸡肉+人参 止渴生津	鸡肉+芥菜 影响身体健康
鸡肉+柠檬 增强食欲	鸡肉+李子 引起痢疾
鸡肉+油菜 美容养颜	鸡肉+兔肉 引起腹泻

03 食材处理 技艺生辉下厨更易

01. 红椒洗净切开，去籽，切成片。
02. 青椒洗净切开，去籽，切成片。
03. 鸡处理干净，切去鸡头和鸡爪，加姜片、葱条。
04. 加料酒、生抽、老抽拌匀，腌渍15分钟。
05. 热锅注油，烧至五成热，放入鸡炸约2分钟至金黄色。
06. 将炸好的鸡捞出沥油。

04 做法演示 烹饪方法分步详解

01. 锅底留油，放入姜片、鸡爪、鸡头，加白糖炒匀。
02. 倒入糯米酒，加生抽搅匀。
03. 放入鸡，加少许清水，放入洗净的甘草。
04. 加盖，煮沸。
05. 放入盐、鸡粉调味。
06. 加盖，焖煮至鸡熟透。
07. 大火收汁，倒入青椒片、红椒片炒匀。
08. 将鸡取出，待凉斩成块，摆入盘中。
09. 原汤汁加适量生粉调成浓汁。
10. 把浓汁浇在鸡块上。
11. 再将青椒片、红椒片点缀在鸡块上。

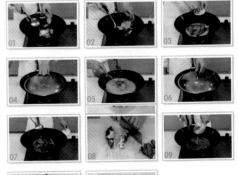

荷叶鸡

He ye ji

营养分析 鸡肉富含蛋白质、铁、铜、锌等营养物质。鸡肉中不仅蛋白质含量高，氨基酸种类多，而且消化率高，很容易被人体吸收利用，有增强体力、强壮身体的作用。鸡肉含有的对人体生长发育有重要作用的磷脂类，是中国人膳食结构中脂肪和磷脂的重要来源之一。

制作指导 蒸鸡的时间根据鸡的大小而定；荷叶最好用新鲜的，没有的话才用干的。

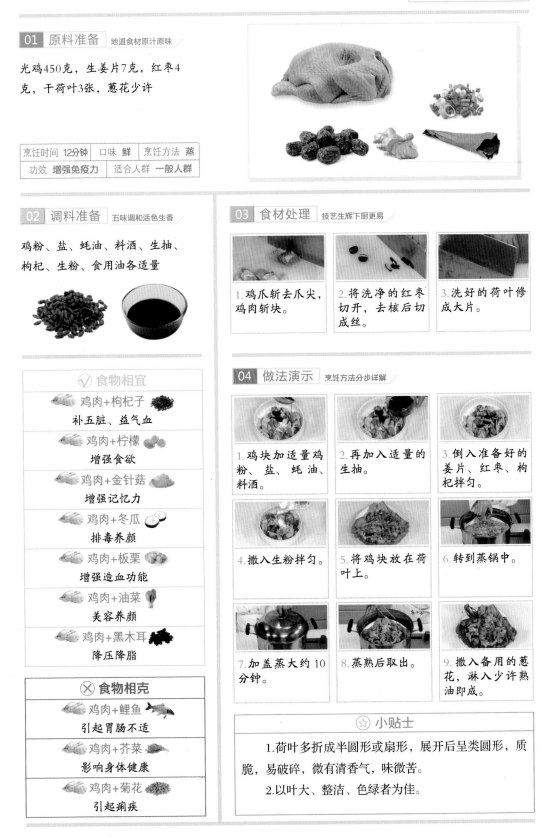

01 原料准备 地道食材原汁原味

光鸡450克，生姜片7克，红枣4克，干荷叶3张，葱花少许

| 烹饪时间 12分钟 | 口味 鲜 | 烹饪方法 蒸 |
| 功效 增强免疫力 | 适合人群 一般人群 | |

02 调料准备 五味调和活色生香

鸡粉、盐、蚝油、料酒、生抽、枸杞、生粉、食用油各适量

✅ 食物相宜

鸡肉+枸杞子
补五脏、益气血

鸡肉+柠檬
增强食欲

鸡肉+金针菇
增强记忆力

鸡肉+冬瓜
排毒养颜

鸡肉+板栗
增强造血功能

鸡肉+油菜
美容养颜

鸡肉+黑木耳
降压降脂

❌ 食物相克

鸡肉+鲤鱼
引起胃肠不适

鸡肉+芥菜
影响身体健康

鸡肉+菊花
引起痢疾

03 食材处理 技艺生辉下厨更易

1. 鸡爪斩去爪尖，鸡肉斩块。

2. 将洗净的红枣切开，去核后切成丝。

3. 洗好的荷叶修成大片。

04 做法演示 烹饪方法分步详解

1. 鸡块加适量鸡粉、盐、蚝油、料酒。

2. 再加入适量的生抽。

3. 倒入准备好的姜片、红枣、枸杞拌匀。

4. 撒入生粉拌匀。

5. 将鸡块放在荷叶上。

6. 转到蒸锅中。

7. 加盖蒸大约10分钟。

8. 蒸熟后取出。

9. 撒入备用的葱花，淋入少许熟油即成。

☆ 小贴士

　　1.荷叶多折成半圆形或扇形，展开后呈类圆形，质脆，易破碎，微有清香气，味微苦。

　　2.以叶大、整洁、色绿者为佳。

湛江白切鸡

Zhan jiang bai qie ji

营养分析 鸡肉肉质细嫩，滋味鲜美，含有丰富的蛋白质、钙、磷、铁等营养成分，其消化率高，很容易被人体吸收利用。鸡肉还含有对人体生发育有重要作用的磷脂类、矿物质及多种维生素，有增强体力、强壮身体的作用。对营养不良、畏寒怕冷、贫血等症有良好的食疗作用。

制作指导 煮鸡的过程中，要几次控净鸡肚子里的水，以使鸡肉受热均匀，防止鸡皮破裂。熟鸡放入冷冰水中冷激，使之迅速冷却，可使皮爽肉滑。

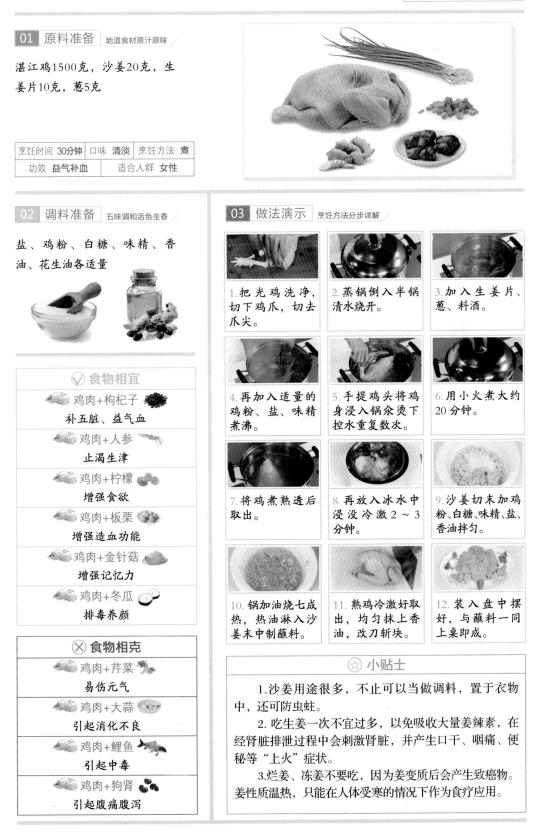

01 原料准备 地道食材原汁原味

湛江鸡1500克，沙姜20克，生姜片10克，葱5克

烹饪时间 30分钟	口味 清淡	烹饪方法 煮
功效 益气补血	适合人群 女性	

02 调料准备 五味调和活色生香

盐、鸡粉、白糖、味精、香油、花生油各适量

✔ 食物相宜

鸡肉+枸杞子
补五脏、益气血

鸡肉+人参
止渴生津

鸡肉+柠檬
增强食欲

鸡肉+板栗
增强造血功能

鸡肉+金针菇
增强记忆力

鸡肉+冬瓜
排毒养颜

✘ 食物相克

鸡肉+芹菜
易伤元气

鸡肉+大蒜
引起消化不良

鸡肉+鲤鱼
引起中毒

鸡肉+狗肾
引起腹痛腹泻

03 做法演示 烹饪方法分步详解

1. 把光鸡洗净，切下鸡爪，切去爪尖。

2. 蒸锅倒入半锅清水烧开。

3. 加入生姜片、葱、料酒。

4. 再加入适量的鸡粉、盐、味精煮沸。

5. 手提鸡头将鸡身浸入锅氽烫下控水重复数次。

6. 用小火煮大约20分钟。

7. 将鸡煮熟透后取出。

8. 再放入冰水中浸没冷激2～3分钟。

9. 沙姜切末加鸡粉、白糖、味精、盐、香油拌匀。

10. 锅加油烧七成热，热油淋入沙姜末中制蘸料。

11. 熟鸡冷激好取出，均匀抹上香油，改刀斩块。

12. 装入盘中摆好，与蘸料一同上桌即成。

☆ 小贴士

1. 沙姜用途很多，不止可以当做调料，置于衣物中，还可防虫蛀。

2. 吃生姜一次不宜过多，以免吸收大量姜辣素，在经肾脏排泄过程中会刺激肾脏，并产生口干、咽痛、便秘等"上火"症状。

3. 烂姜、冻姜不要吃，因为姜变质后会产生致癌物。姜性质温热，只能在人体受寒的情况下作为食疗应用。

水晶鸡

Shui jing ji

营养分析 ▷ 鸡肉肉质细嫩，滋味鲜美，含有丰富的蛋白质，而且消化率高，很容易被人体吸收利用。鸡肉含有对人体生长发育有重要作用的磷脂类、矿物质及多种维生素，有增强体力、强壮身体的作用。对营养不良、畏寒怕冷、贫血等症有良好的食疗作用。

制作指导 ▷ 蒸鸡的时间视鸡的大小与火候大小而定，蒸的时间过长肉质会变老，时间过短则不熟。用筷子插入鸡肉中，若没有血丝，不粘筷子说明鸡肉已熟。

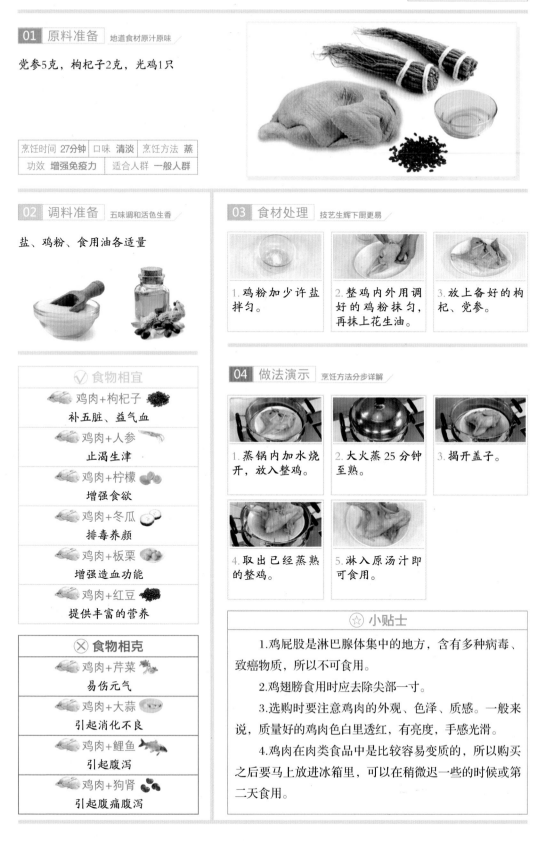

01 原料准备 地道食材原汁原味

党参5克，枸杞子2克，光鸡1只

烹饪时间 27分钟	口味 清淡	烹饪方法 蒸
功效 增强免疫力	适合人群 一般人群	

02 调料准备 五味调和活色生香

盐、鸡粉、食用油各适量

✓ 食物相宜

鸡肉+枸杞子
补五脏、益气血

鸡肉+人参
止渴生津

鸡肉+柠檬
增强食欲

鸡肉+冬瓜
排毒养颜

鸡肉+板栗
增强造血功能

鸡肉+红豆
提供丰富的营养

✗ 食物相克

鸡肉+芹菜
易伤元气

鸡肉+大蒜
引起消化不良

鸡肉+鲤鱼
引起腹泻

鸡肉+狗肾
引起腹痛腹泻

03 食材处理 技艺生辉下厨更易

1.鸡粉加少许盐拌匀。

2.整鸡内外用调好的鸡粉抹匀，再抹上花生油。

3.放上备好的枸杞、党参。

04 做法演示 烹饪方法分步详解

1.蒸锅内加水烧开，放入整鸡。

2.大火蒸25分钟至熟。

3.揭开盖子。

4.取出已经蒸熟的整鸡。

5.淋入原汤汁即可食用。

☆ 小贴士

1.鸡屁股是淋巴腺体集中的地方，含有多种病毒、致癌物质，所以不可食用。

2.鸡翅膀食用时应去除尖部一寸。

3.选购时要注意鸡肉的外观、色泽、质感。一般来说，质量好的鸡肉色白里透红，有亮度，手感光滑。

4.鸡肉在肉类食品中是比较容易变质的，所以购买之后要马上放进冰箱里，可以在稍微迟一些的时候或第二天食用。

奇味鸡煲

Qi wei ji bao

营养分析〉鸡肉肉质细嫩，滋味鲜美，含有丰富的蛋白质，而且消化率高，很容易被人体吸收利用。鸡肉含有对人体生长发育有重要作用的磷脂类、矿物质及多种维生素，有增强体力、强壮身体的作用。对营养不良、畏寒怕冷、贫血等症有良好的食疗作用。

制作指导〉将材料转至砂锅后不宜用大火，忌急火猛烧，以免砂锅炸裂，以中小火最好，可先用小火把锅暖起来，再根据需要调中火。

01 原料准备 地道食材原汁原味

鸡肉500克，土豆70克，洋葱50克，青蒜苗段20克，青、红椒各15克，蒜末、姜片、葱白各少许

烹饪时间 **8分钟**	口味 **辣**	烹饪方法 **煮**
功效 **增强免疫力**	适合人群 **一般人群**	

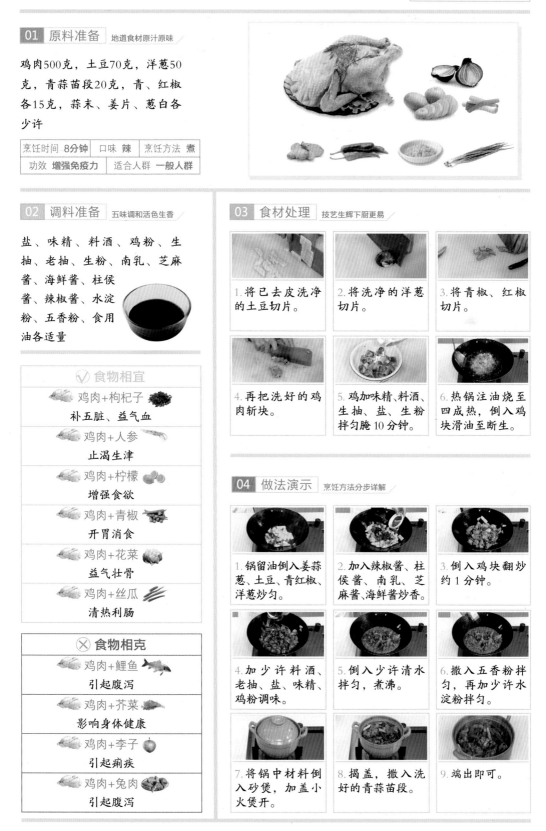

02 调料准备 五味调和活色生香

盐、味精、料酒、鸡粉、生抽、老抽、生粉、南乳、芝麻酱、海鲜酱、柱侯酱、辣椒酱、水淀粉、五香粉、食用油各适量

✓ 食物相宜

鸡肉+枸杞子
补五脏、益气血

鸡肉+人参
止渴生津

鸡肉+柠檬
增强食欲

鸡肉+青椒
开胃消食

鸡肉+花菜
益气壮骨

鸡肉+丝瓜
清热利肠

✗ 食物相克

鸡肉+鲤鱼
引起腹泻

鸡肉+芥菜
影响身体健康

鸡肉+李子
引起痢疾

鸡肉+兔肉
引起腹泻

03 食材处理 技艺生辉下厨更易

1. 将已去皮洗净的土豆切片。

2. 将洗净的洋葱切片。

3. 将青椒、红椒切片。

4. 再把洗好的鸡肉斩块。

5. 鸡加味精、料酒、生抽、盐、生粉拌匀腌10分钟。

6. 热锅注油烧至四成热，倒入鸡块滑油至断生。

04 做法演示 烹饪方法分步详解

1. 锅留油倒入姜蒜葱、土豆、青红椒、洋葱炒匀。

2. 加入辣椒酱、柱侯酱、南乳、芝麻酱、海鲜酱炒香。

3. 倒入鸡块翻炒约1分钟。

4. 加少许料酒、老抽、盐、味精、鸡粉调味。

5. 倒入少许清水拌匀，煮沸。

6. 撒入五香粉拌匀，再加少许水淀粉拌匀。

7. 将锅中材料倒入砂煲，加盖小火煲开。

8. 揭盖，撒入洗好的青蒜苗段。

9. 端出即可。

红酒焖鸡翅

Hong jiu men ji chi

营养分析 鸡翅的胶原蛋白含量丰富，对于保持皮肤光泽、增强皮肤弹性均有好处。此外，鸡翅的肉质较多，对体质虚弱者有较好的补益作用。鸡翅内还含大量的维生素A，对视力、上皮组织及骨骼的发育都很有帮助。

制作指导 炸鸡翅时，油温不宜过高，保持四五成热的油温最为适宜。

01 原料准备 地道食材原汁原味

鸡翅450克，红酒50毫升，葱结、姜片各20克

烹饪时间 4分钟	口味 咸	烹饪方法 焖
功效 开胃消食	适合人群 一般人群	

02 调料准备 五味调和活色生香

盐、白糖、生抽、料酒、芝麻油各少许，食用油适量

✔ 食物相宜

鸡翅+金针菇
增强记忆力

鸡翅+冬瓜
排毒养颜

鸡翅+油菜
美容养颜

鸡翅+黑木耳
降压降脂

鸡翅+丝瓜
清热利肠

鸡翅+青椒
开胃消食

✖ 食物相克

鸡翅+鲤鱼
引起腹泻

鸡翅+芥菜
影响身体健康

鸡翅+李子
引起痢疾

鸡翅+兔肉
引起腹泻

03 食材处理 技艺生辉下厨更易

1. 鸡翅洗净，倒入葱结和少许姜片拌匀。

2. 加料酒、白糖、盐、生抽拌匀，腌渍15分钟

3. 锅中注入食用油烧热，放入腌好的鸡翅。

4. 搅拌一会儿，小火炸约1分钟至金黄色。

5. 捞出备用。

04 做法演示 烹饪方法分步详解

1. 锅底留少许油，放入余下的姜片爆香。

2. 放入鸡翅。

3. 倒入红酒，再注入少许清水，加少许盐调味。

4. 盖上盖子，中火焖约1～2分钟至熟透。

5. 揭开盖，转大火收汁，淋入芝麻油炒匀。

6. 拣入盘中，摆好盘即成。

☆ 小贴士

1.红酒和葡萄皮中富含的白藜芦醇在抗衰老和防止老年性疾病有良效。

2.适量饮用葡萄酒，既增加营养，又能防病驻颜，对身体的健康是大有好处的。

豉酱蒸凤爪

Chi jiang zheng feng zhua

营养分析 鸡爪的营养价值颇高，含有丰富的钙质及胶原蛋白，多吃不但能降低人体中血脂和胆固醇，同时具有美容功效。鸡爪还富含脂肪、碳水化合物、膳食纤维、维生素A、胡萝卜素、钙、磷、钾、钠等人体所需的矿物质。

制作指导 在焖煮过程中，不能用手勺或其他灶具搅动，否则会把鸡爪一些部位搅破而不利于脱骨，影响鸡爪的美观。

01 原料准备 地道食材原汁原味

鸡爪150克，青椒10克，豆豉2克，蒜末1克，姜片、葱条、香叶、八角、花椒、红曲米各少许

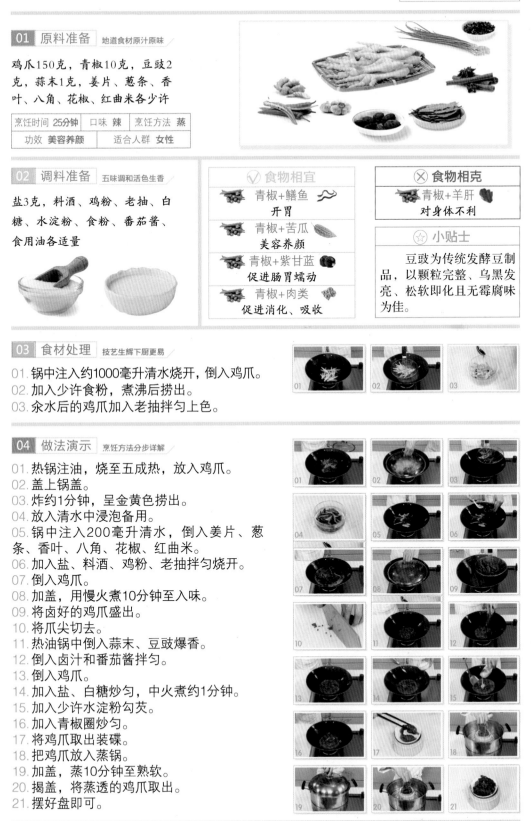

烹饪时间 25分钟	口味 辣	烹饪方法 蒸
功效 美容养颜	适合人群 女性	

02 调料准备 五味调和活色生香

盐3克，料酒、鸡粉、老抽、白糖、水淀粉、食粉、番茄酱、食用油各适量

✓ 食物相宜

青椒+鳝鱼
开胃

青椒+苦瓜
美容养颜

青椒+紫甘蓝
促进肠胃蠕动

青椒+肉类
促进消化、吸收

✗ 食物相克

青椒+羊肝
对身体不利

☆ 小贴士

豆豉为传统发酵豆制品，以颗粒完整、乌黑发亮、松软即化且无霉腐味为佳。

03 食材处理 技艺生辉下厨更易

01. 锅中注入约1000毫升清水烧开，倒入鸡爪。
02. 加入少许食粉，煮沸后捞出。
03. 余水后的鸡爪加入老抽拌匀上色。

04 做法演示 烹饪方法分步详解

01. 热锅注油，烧至五成热，放入鸡爪。
02. 盖上锅盖。
03. 炸约1分钟，呈金黄色捞出。
04. 放入清水中浸泡备用。
05. 锅中注入200毫升清水，倒入姜片、葱条、香叶、八角、花椒、红曲米。
06. 加入盐、料酒、鸡粉、老抽拌匀烧开。
07. 倒入鸡爪。
08. 加盖，用慢火煮10分钟至入味。
09. 将卤好的鸡爪盛出。
10. 将爪尖切去。
11. 热油锅中倒入蒜末、豆豉爆香。
12. 倒入卤汁和番茄酱拌匀。
13. 倒入鸡爪。
14. 加入盐、白糖炒匀，中火煮约1分钟。
15. 加入少许水淀粉勾芡。
16. 加入青椒圈炒匀。
17. 将鸡爪取出装碟。
18. 把鸡爪放入蒸锅。
19. 加盖，蒸10分钟至熟软。
20. 揭盖，将蒸透的鸡爪取出。
21. 摆好盘即可。

蚝皇凤爪

Hao huang feng zhua

营养分析〉鸡爪味甘，性平，营养丰富，含有丰富的蛋白质、脂肪、钙、维生素、矿物质及胶原蛋白，常食不但能软化血管，同时具有美容的功效，可以使皮肤细嫩柔滑。

制作指导〉鸡爪清洗后，可放入加入适量醋或啤酒的清水中，这样不但可去除异味，而且还可使鸡爪质地更脆嫩。

01 原料准备 地道食材原汁原味

鸡爪300克，红椒粒、蒜末、葱花各少许

烹饪时间 5分钟	口味 辣	烹饪方法 炒
功效 美容养颜	适合人群 女性	

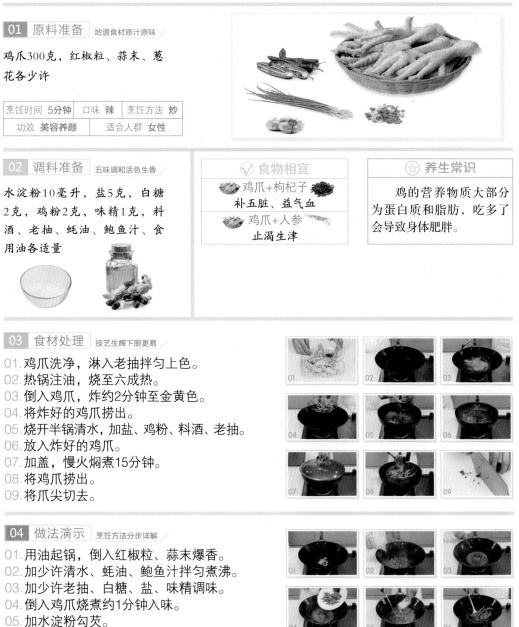

02 调料准备 五味调和活色生香

水淀粉10毫升，盐5克，白糖2克，鸡粉2克，味精1克，料酒、老抽、蚝油、鲍鱼汁、食用油各适量

☑ 食物相宜

🍗 鸡爪+枸杞子
补五脏、益气血

🍗 鸡爪+人参
止渴生津

☆ 养生常识

鸡的营养物质大部分为蛋白质和脂肪，吃多了会导致身体肥胖。

03 食材处理 技艺生辉下厨更易

01. 鸡爪洗净，淋入老抽拌匀上色。
02. 热锅注油，烧至六成热。
03. 倒入鸡爪，炸约2分钟至金黄色。
04. 将炸好的鸡爪捞出。
05. 烧开半锅清水，加盐、鸡粉、料酒、老抽。
06. 放入炸好的鸡爪。
07. 加盖，慢火焖煮15分钟。
08. 将鸡爪捞出。
09. 将爪尖切去。

04 做法演示 烹饪方法分步详解

01. 用油起锅，倒入红椒粒、蒜末爆香。
02. 加少许清水、蚝油、鲍鱼汁拌匀煮沸。
03. 加少许老抽、白糖、盐、味精调味。
04. 倒入鸡爪烧煮约1分钟入味。
05. 加水淀粉勾芡。
06. 加少许熟油炒匀。
07. 用筷子夹出鸡爪，摆入盘内。
08. 浇上芡汁、撒上葱花即可。

☆ 小贴士

1. 鸡爪本身有一股土腥味，烹煮前要对鸡爪进行清洗。但要注意的是，在清洗过程中，要用小刀将鸡爪掌心的小块黄色茧疤去掉，并将鸡爪上残留的黄色"外衣"褪去。

2. 在焖煮鸡爪时不能用大火猛煮，否则会把鸡爪煮烂，不成形。

菠萝鸡片汤

Bo luo ji pian tang

营养分析 菠萝肉中含有蛋白质、氨基酸、胡萝卜素、膳食纤维、维生素A等营养元素，其丰富的B族维生素能有效地滋养肌肤，防止皮肤干裂，滋润头发的光亮，同时也可以消除身体的紧张感和增强机体的免疫力。菠萝还具有解暑止渴、消食止泻之功效。

制作指导 菠萝肉不可煮太久，否则会影响其爽脆口感以及成品外观。

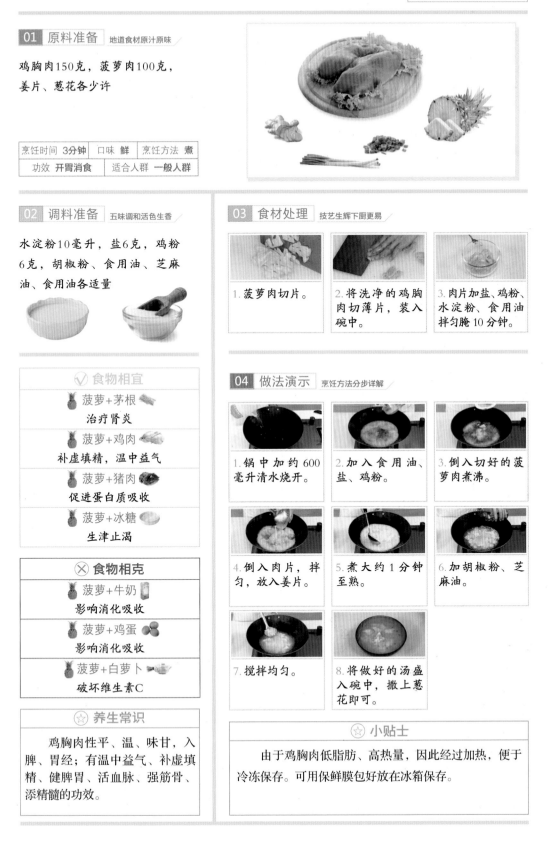

01 原料准备 地道食材原汁原味

鸡胸肉150克，菠萝肉100克，姜片、葱花各少许

烹饪时间 3分钟	口味 鲜	烹饪方法 煮
功效 开胃消食	适合人群 一般人群	

02 调料准备 五味调和活色生香

水淀粉10毫升，盐6克，鸡粉6克，胡椒粉、食用油、芝麻油、食用油各适量

✅ 食物相宜

菠萝+茅根
治疗肾炎

菠萝+鸡肉
补虚填精，温中益气

菠萝+猪肉
促进蛋白质吸收

菠萝+冰糖
生津止渴

✖ 食物相克

菠萝+牛奶
影响消化吸收

菠萝+鸡蛋
影响消化吸收

菠萝+白萝卜
破坏维生素C

☆ 养生常识

鸡胸肉性平、温、味甘，入脾、胃经；有温中益气、补虚填精、健脾胃、活血脉、强筋骨、添精髓的功效。

03 食材处理 技艺生辉下厨更易

1. 菠萝肉切片。

2. 将洗净的鸡胸肉切薄片，装入碗中。

3. 肉片加盐、鸡粉、水淀粉、食用油拌匀腌10分钟。

04 做法演示 烹饪方法分步详解

1. 锅中加约600毫升清水烧开。

2. 加入食用油、盐、鸡粉。

3. 倒入切好的菠萝肉煮沸。

4. 倒入肉片，拌匀，放入姜片。

5. 煮大约1分钟至熟。

6. 加胡椒粉、芝麻油。

7. 搅拌均匀。

8. 将做好的汤盛入碗中，撒上葱花即可。

☆ 小贴士

由于鸡胸肉低脂肪、高热量，因此经过加热，便于冷冻保存。可用保鲜膜包好放在冰箱保存。

虫草花鸡汤

Chong cao hua ji tang

营养分析 鸡肉性温、味甘，含有蛋白质、脂肪、维生素B_1、维生素B_2、烟酸、维生素A，维生素C、钙、磷、铁等多种成分。另外，鸡肉还含有对人体发育有重要作用的磷脂类，是我国人体膳食结构中脂肪和磷脂的重要来源之一。

制作指导 高汤调味时，加入少许啤酒，不仅会使鸡肉的色泽更好，还会增加鸡肉的鲜味。

01 原料准备 地道食材原汁原味

鸡肉400克，虫草花30克，姜片少许

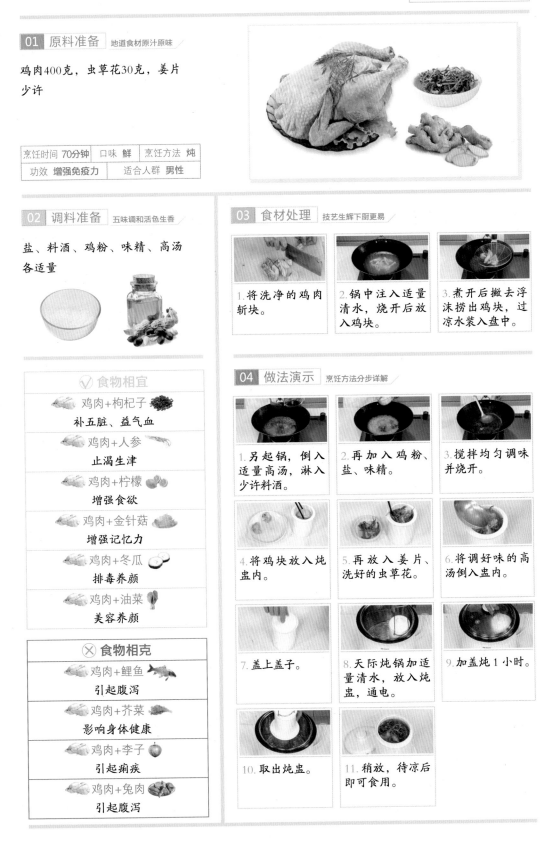

烹饪时间 **70分钟**	口味 **鲜**	烹饪方法 **炖**
功效 **增强免疫力**	适合人群 **男性**	

02 调料准备 五味调和活色生香

盐、料酒、鸡粉、味精、高汤各适量

✅ 食物相宜

🍗 鸡肉+枸杞子
补五脏、益气血

🍗 鸡肉+人参
止渴生津

🍗 鸡肉+柠檬
增强食欲

🍗 鸡肉+金针菇
增强记忆力

🍗 鸡肉+冬瓜
排毒养颜

🍗 鸡肉+油菜
美容养颜

❌ 食物相克

🍗 鸡肉+鲤鱼
引起腹泻

🍗 鸡肉+芥菜
影响身体健康

🍗 鸡肉+李子
引起痢疾

🍗 鸡肉+兔肉
引起腹泻

03 食材处理 技艺生辉下厨更易

1.将洗净的鸡肉斩块。

2.锅中注入适量清水，烧开后放入鸡块。

3.煮开后撇去浮沫捞出鸡块，过凉水装入盘中。

04 做法演示 烹饪方法分步详解

1.另起锅，倒入适量高汤，淋入少许料酒。

2.再加入鸡粉、盐、味精。

3.搅拌均匀调味并烧开。

4.将鸡块放入炖盅内。

5.再放入姜片、洗好的虫草花。

6.将调好味的高汤倒入盅内。

7.盖上盖子。

8.天际炖锅加适量清水，放入炖盅，通电。

9.加盖炖1小时。

10.取出炖盅。

11.稍放，待凉后即可食用。

枸杞红枣乌鸡汤

Gou qi hong zao wu ji tang

营养分析 乌鸡含丰富的黑色素、蛋白质、B族维生素、多种氨基酸和微量元素，其中烟酸、维生素E、磷、铁、钾、钠的含量均高于普通鸡肉。红枣自古以来是补血佳品，而乌鸡更能益气、滋阴，此汤特别适合女性朋友，经常食用对于月经紊乱有一定的食疗作用，还能美容。

制作指导 蒸制时水一次性放够，用大火蒸透。不能久蒸上水，否则汤味淡薄。

01 原料准备 地道食材原汁原味

乌鸡肉500克，红枣100克，枸杞子25克，葱结20克，姜片10克

烹饪时间 62分钟	口味 鲜	烹饪方法 炖
功效 补血养颜	适合人群 女性	

02 调料准备 五味调和活色生香

鸡粉、盐、料酒各适量

✓ 食物相宜

🐔乌鸡+核桃
提升补锌功效

🐔乌鸡+大米
养阴，祛热，补中

🐔乌鸡+红枣
补血养颜

✗ 食物相克

🐔乌鸡+狗肾
易引起腹痛、腹泻

☆ 养生常识

1.乌鸡适合一切体虚血亏、肝肾不足、脾胃不健的人食用。

2.乌鸡虽是补益佳品，但多食能生痰助火，生热动风，故感冒发热或湿热内蕴者不宜食用。

3.乌鸡连骨（砸碎）熬汤，滋补的效果最佳。

4.乌鸡炖煮时最好不用高压锅，使用砂锅文火慢炖最好。

---

03 食材处理 技艺生辉下厨更易

1.处理干净的乌鸡肉斩块。

2.锅中注水烧开，倒入乌鸡块。

3.氽至断生捞出沥干。

04 做法演示 烹饪方法分步详解

1.炒锅注油，烧至五成热。

2.放入姜片、葱结爆香。

3.倒入鸡块。

4.加入少许料酒拌匀。

5.再倒入适量的清水。

6.再放入鸡粉、盐，大火煮沸。

7.挑去葱结，捞去浮沫，放入红枣、枸杞。

8.将锅中的材料盛入汤盅。

9.放入蒸锅。

10.加盖，蒸1小时至熟。

11.汤炖好后取出即可。

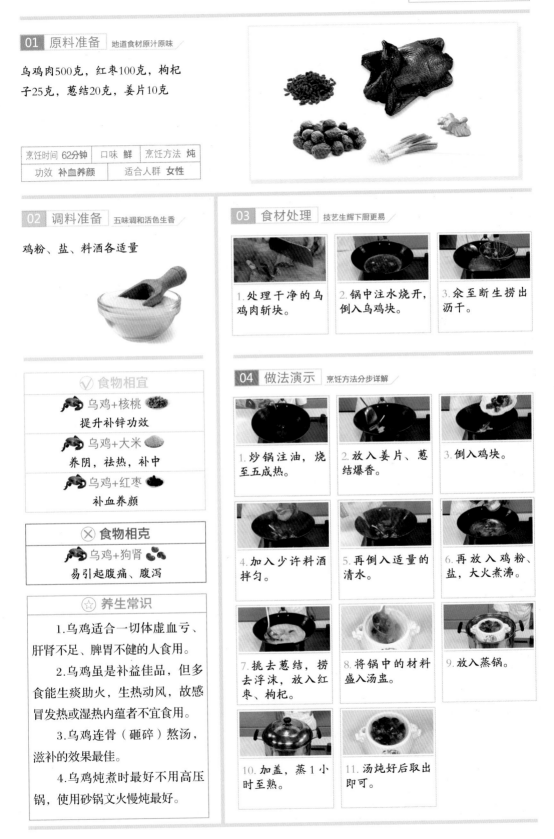

药膳乌鸡汤

Yao shan wu ji tang

营养分析 乌鸡含有人体不可缺少的赖氨酸、蛋氨酸和组氨酸，有相当高的滋补药用价值，特别是富含具有极高滋补药用价值的黑色素，有滋阴、补肾、养血、添精、益肝、退热、补虚的作用。经常食用乌鸡能提高人体的免疫力。

制作指导 炖汤时，汤面上的浮沫应用勺子捞去，这样不但可以去腥还能使汤味更纯正。

01 原料准备 地道食材原汁原味

乌鸡300克，姜片3克，党参5克，当归3克，莲子5克，山药4克，百合7克，薏米7克，杏仁6克，黄芪4克

烹饪时间 65分钟	口味 鲜	烹饪方法 焖
功效 益气补血	适合人群 女性	

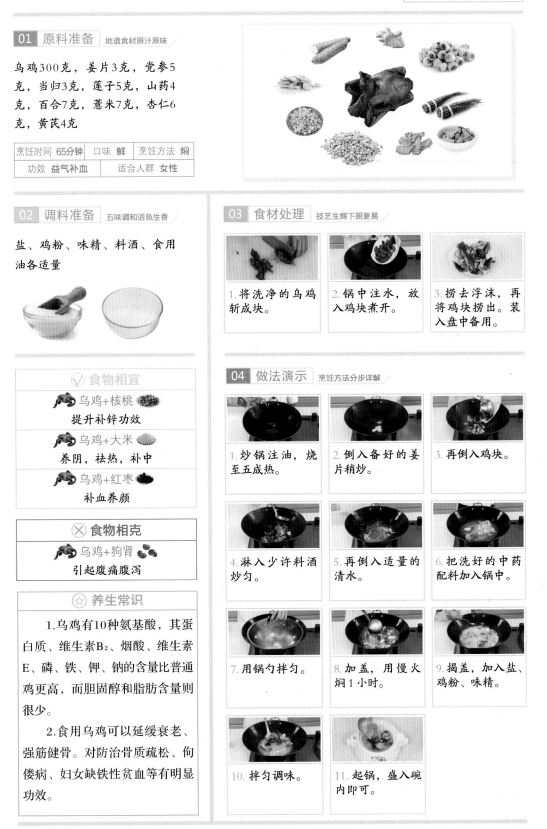

02 调料准备 五味调和活色生香

盐、鸡粉、味精、料酒、食用油各适量

✅ 食物相宜

🐔 乌鸡+核桃
提升补锌功效

🐔 乌鸡+大米
养阴，祛热，补中

🐔 乌鸡+红枣
补血养颜

❌ 食物相克

🐔 乌鸡+狗肾
引起腹痛腹泻

☆ 养生常识

1.乌鸡有10种氨基酸，其蛋白质、维生素B₂、烟酸、维生素E、磷、铁、钾、钠的含量比普通鸡更高，而胆固醇和脂肪含量则很少。

2.食用乌鸡可以延缓衰老、强筋健骨。对防治骨质疏松、佝偻病、妇女缺铁性贫血等有明显功效。

03 食材处理 技艺生辉下厨更易

1.将洗净的乌鸡斩成块。

2.锅中注水，放入鸡块煮开。

3.捞去浮沫，再将鸡块捞出。装入盘中备用。

04 做法演示 烹饪方法分步详解

1.炒锅注油，烧至五成热。

2.倒入备好的姜片稍炒。

3.再倒入鸡块。

4.淋入少许料酒炒匀。

5.再倒入适量的清水。

6.把洗好的中药配料加入锅中。

7.用锅勺拌匀。

8.加盖，用慢火焖1小时。

9.揭盖，加入盐、鸡粉、味精。

10.拌匀调味。

11.起锅，盛入碗内即可。

虫草花鸭汤

Chong cao hua ya tang

营养分析 虫草花的营养丰富，富含蛋白质、氨基酸以及虫草素、甘露醇、多糖等营养物质，对增强和调节人体免疫力、提高人体抗病能力有一定的作用，是一种滋补功效很高的食材。鸭肉也是进补的优良食品，具有补肾、消水肿、止咳化痰的功效。

制作指导 烹制鸭肉时，先将鸭肉用凉水和少许醋浸泡半小时，再用小火慢炖，可使鸭肉香嫩可口。

01 原料准备 地道食材原汁原味

鸭肉500克，虫草花50克，姜片少许

烹饪时间 70分钟	口味 鲜	烹饪方法 炖
功效 保肝护肾	适合人群 男性	

02 调料准备 五味调和活色生香

盐、鸡粉、鸡精、料酒、食用油各适量

✓ 食物相宜

🦆 鸭肉+白菜 🥬
促进血液中胆固醇的代谢

🦆 鸭肉+芥菜 🥬
滋阴润肺

🦆 鸭肉+山药
滋阴润肺

🦆 鸭肉+生地黄 🫐
提供丰富营养

🦆 鸭肉+金银花 🍚
滋润肌肤

🦆 鸭肉+干贝
提供丰富的蛋白质

✗ 食物相克

🦆 鸭肉+甲鱼 🐢
导致腹泻、消化不良

🦆 鸭肉+柠檬 🍋
破坏蛋白质

🦆 鸭肉+桑葚
导致胃痛、消化不良

🦆 鸭肉+桃子 🍑
引起恶心、呃逆

03 食材处理 技艺生辉下厨更易

1. 将洗净的鸭肉斩块。

2. 锅中加水烧开，倒入鸭肉，加盖用大火煮。

3. 至鸭肉断生时，捞出备用。

04 做法演示 烹饪方法分步详解

1. 用油起锅，放入姜片爆香。

2. 倒入鸭块，加入料酒炒约2~3分钟。

3. 加适量清水，加盖煮沸。

4. 揭盖，捞去锅中浮沫。

5. 放入洗好的虫草花。

6. 将锅中所有材料及汤汁倒入砂煲中。

7. 加盖，用大火烧开，改小火炖1小时。

8. 揭盖，加入盐、鸡粉、鸡精调味即成。

☆ 小贴士

1.虫草花并没有传说中的神奇，也还没有被列为中药。

2.虫草花外观上最大的特点是没有了"虫体"，而只有橙色或者黄色的"草"。

白萝卜竹荪水鸭汤

Bai luo bo zhu sun shui ya tang

营养分析〉鸭肉是进补的优良食品，营养价值很高，尤其适合冬季食用。其富含蛋白质、脂肪、碳水化合物、维生素A及磷、钾等矿物质。鸭肉有补肾、消水肿、止咳化痰的功效，对于肺结核也有很好的食疗作用。

制作指导〉炖鸭肉时，加入少许大蒜和陈皮一起煮，不仅能有效去除鸭肉的腥味，且还能为汤品增香。

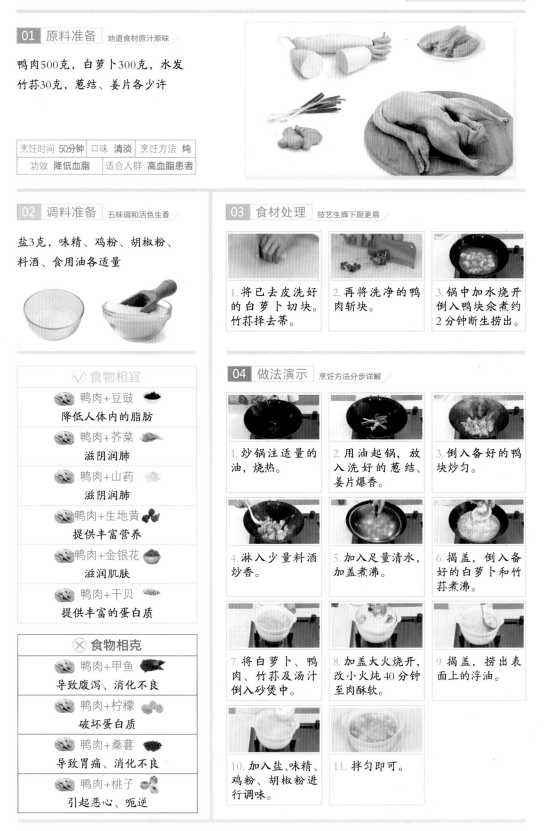

01 原料准备 地道食材原汁原味

鸭肉500克，白萝卜300克，水发
竹荪30克，葱结、姜片各少许

烹饪时间 50分钟	口味 清淡	烹饪方法 炖
功效 降低血脂	适合人群 高血脂患者	

02 调料准备 五味调和活色生香

盐3克，味精、鸡粉、胡椒粉、
料酒、食用油各适量

✓ 食物相宜

🦆 鸭肉+豆豉
降低人体内的脂肪

🦆 鸭肉+芥菜
滋阴润肺

🦆 鸭肉+山药
滋阴润肺

🦆 鸭肉+生地黄
提供丰富营养

🦆 鸭肉+金银花
滋润肌肤

🦆 鸭肉+干贝
提供丰富的蛋白质

✕ 食物相克

🦆 鸭肉+甲鱼
导致腹泻、消化不良

🦆 鸭肉+柠檬
破坏蛋白质

🦆 鸭肉+桑葚
导致胃痛、消化不良

🦆 鸭肉+桃子
引起恶心、呃逆

03 食材处理 技艺生辉下厨更易

1. 将已去皮洗好的白萝卜切块。竹荪择去蒂。

2. 再将洗净的鸭肉斩块。

3. 锅中加水烧开倒入鸭块汆煮约2分钟断生捞出。

04 做法演示 烹饪方法分步详解

1. 炒锅注适量的油，烧热。

2. 用油起锅，放入洗好的葱结、姜片爆香。

3. 倒入备好的鸭块炒匀。

4. 淋入少量料酒炒香。

5. 加入足量清水，加盖煮沸。

6. 揭盖，倒入备好的白萝卜和竹荪煮沸。

7. 将白萝卜、鸭肉、竹荪及汤汁倒入砂煲中。

8. 加盖大火烧开，改小火炖40分钟至肉酥软。

9. 揭盖，捞出表面上的浮油。

10. 加入盐、味精、鸡粉、胡椒粉进行调味。

11. 拌匀即可。

沙参玉竹老鸭汤

Sha shen yu zhu lao ya tang

营养分析〉鸭肉中的脂肪酸熔点低，易于消化。鸭肉富含B族维生素和维生素E，能有效抵抗脚气病、神经炎和多种炎症，还能抗衰老。鸭肉中还含有较为丰富的烟酸，对心肌梗死等心脏疾病患者有益。

制作指导〉烹制老鸭时，先将老鸭用凉水和少许醋浸泡半个小时左右，再用微火慢炖，可使鸭肉香嫩可口。

01 原料准备 地道食材原汁原味

鸭肉300克，沙参、玉竹各5克，枸杞子2克，生姜片、葱结、料酒各少许

烹饪时间 80分钟	口味 鲜	烹饪方法 炖
功效 增强免疫力	适合人群 老年人	

02 调料准备 五味调和活色生香

盐、味精、胡椒粉各适量

✓ 食物相宜

🦆 鸭肉+芥菜
滋阴润肺

🦆 鸭肉+山药
滋阴润肺

🦆 鸭肉+生地黄
提供丰富营养

🦆 鸭肉+金银花
滋润肌肤

🦆 鸭肉+干贝
提供丰富的蛋白质

🦆 鸭肉+豆豉
降低人体内的脂肪

✕ 食物相克

🦆 鸭肉+板栗
对身体不利

🦆 鸭肉+柠檬
破坏蛋白质

🦆 鸭肉+桃子
引起恶心、呃逆

🦆 鸭肉+豌豆
营养流失，导致便秘

03 食材处理 技艺生辉下厨更易

1. 将鸭肉洗净，斩块。

2. 锅加水倒入鸭块汆烫断生捞出用清水中洗净。

04 做法演示 烹饪方法分步详解

1. 炒锅注适量的油，烧热。

2. 用油起锅，放入洗好的葱结、姜片爆香。

3. 倒入鸭块、沙参、玉竹略炒。

4. 加少许料酒。

5. 加入适量清水，加盖大火烧开。

6. 转到砂煲，改用小火，加盖炖1小时。

7. 撒入枸杞、葱段，略煮即可。

☆ 小贴士

1.枸杞子宜置于阴凉干燥处，以防闷热、防潮、防蛀。

2.枸杞子虽然有很多好处，却不可过量食用，但一定要坚持食用。

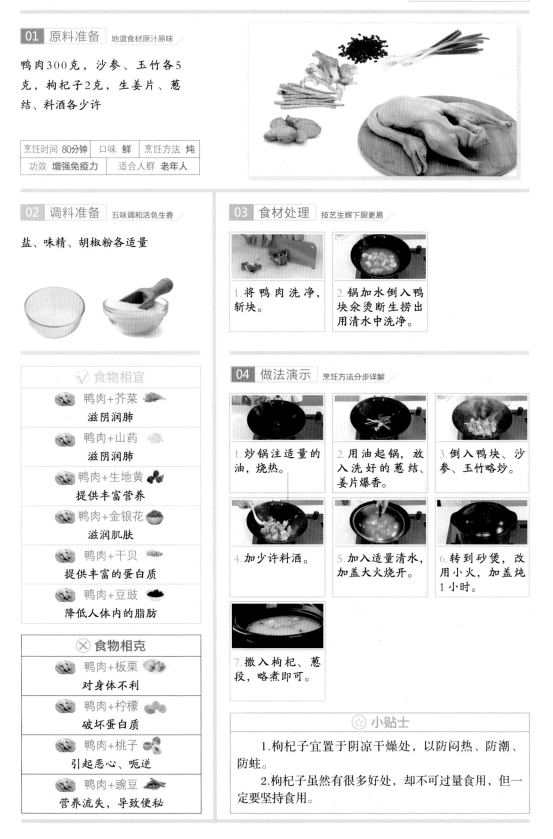

鲍汁扣鹅掌

Bao zhi kou e zhang

营养分析 > 西蓝花具有防癌抗癌的功效。它含维生素C较多，比大白菜、番茄、芹菜都高，尤其是在防治胃癌、乳腺癌方面效果尤佳。常食用西蓝花可以增强免疫的功能。

制作指导 > 烹饪鹅掌时，先用高压锅将鹅掌压10分钟，可使肉质酥软、爽嫩。

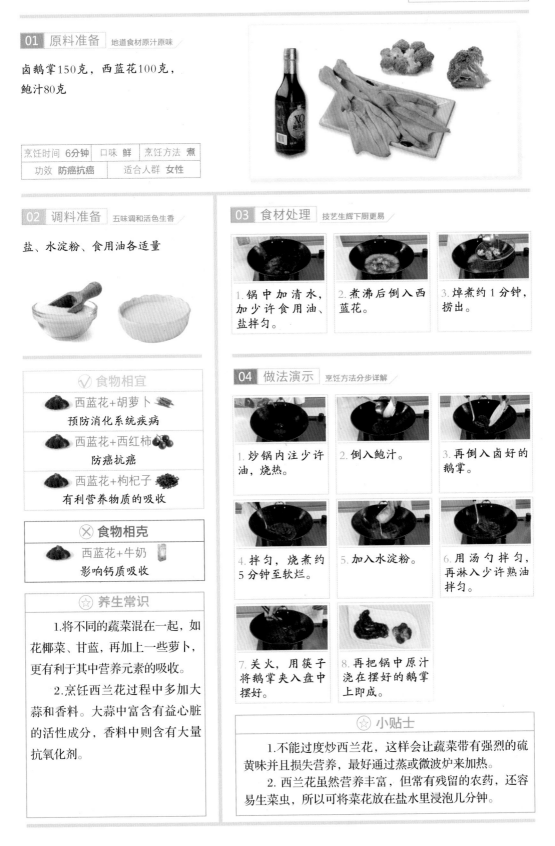

01 原料准备 地道食材原汁原味

卤鹅掌150克，西蓝花100克，鲍汁80克

烹饪时间 6分钟	口味 鲜	烹饪方法 煮
功效 防癌抗癌	适合人群 女性	

02 调料准备 五味调和活色生香

盐、水淀粉、食用油各适量

✓ 食物相宜

🥦 西蓝花+胡萝卜
预防消化系统疾病

🥦 西蓝花+西红柿
防癌抗癌

🥦 西蓝花+枸杞子
有利营养物质的吸收

✗ 食物相克

🥦 西蓝花+牛奶
影响钙质吸收

☆ 养生常识

1.将不同的蔬菜混在一起，如花椰菜、甘蓝，再加上一些萝卜，更有利于其中营养元素的吸收。

2.烹饪西兰花过程中多加大蒜和香料。大蒜中富含有益心脏的活性成分，香料中则含有大量抗氧化剂。

03 食材处理 技艺生辉下厨更易

1.锅中加清水，加少许食用油、盐拌匀。

2.煮沸后倒入西蓝花。

3.焯煮约1分钟，捞出。

04 做法演示 烹饪方法分步详解

1.炒锅内注少许油，烧热。

2.倒入鲍汁。

3.再倒入卤好的鹅掌。

4.拌匀，烧煮约5分钟至软烂。

5.加入水淀粉。

6.用汤勺拌匀，再淋入少许熟油拌匀。

7.关火，用筷子将鹅掌夹入盘中摆好。

8.再把锅中原汁浇在摆好的鹅掌上即成。

☆ 小贴士

1.不能过度炒西兰花，这样会让蔬菜带有强烈的硫黄味并且损失营养，最好通过蒸或微波炉来加热。

2.西兰花虽然营养丰富，但常有残留的农药，还容易生菜虫，所以可将菜花放在盐水里浸泡几分钟。

脆皮乳鸽

Cui pi ru ge

营养分析 乳鸽的蛋白质含量高于一般肉类食品，还含有多种氨基酸，且易于吸收消化，还具有补肝壮肾、益气补血、清热解毒的保健功效。常吃乳鸽能健脑补肾，强健身体，延年益寿。

制作指导 卤制乳鸽时，切勿用大火，以免将乳鸽肉皮煮烂，影响成菜美观。用微火卤制最佳。风干好的乳鸽下油锅后，不宜全身浸炸，否则肉质太老，口感欠佳，且乳鸽的肉皮也很容易炸焦，应用锅勺持续浇油最为合适，这样炸出来的乳鸽才酥脆爽口。

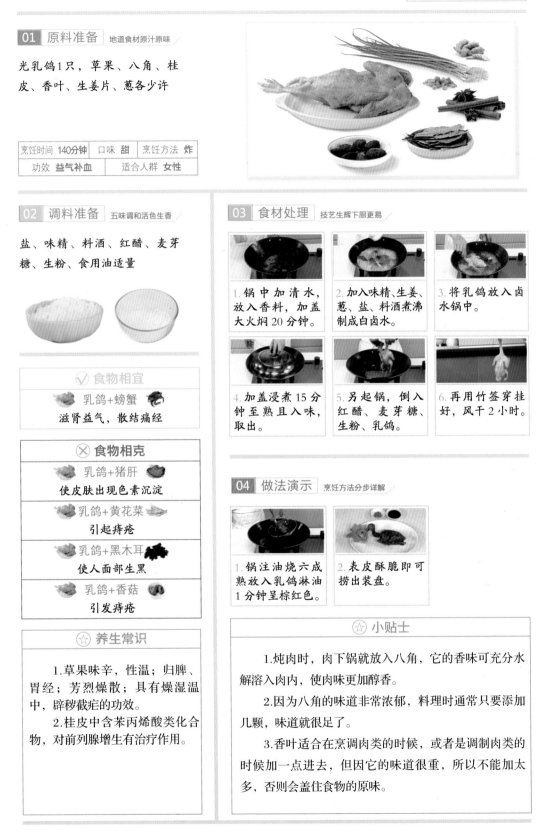

01 原料准备 地道食材原汁原味

光乳鸽1只，草果、八角、桂皮、香叶、生姜片、葱各少许

烹饪时间 140分钟	口味 甜	烹饪方法 炸
功效 益气补血	适合人群 女性	

02 调料准备 五味调和活色生香

盐、味精、料酒、红醋、麦芽糖、生粉、食用油适量

✓ 食物相宜

乳鸽+螃蟹
滋肾益气，散结痛经

✗ 食物相克

乳鸽+猪肝
使皮肤出现色素沉淀

乳鸽+黄花菜
引起痔疮

乳鸽+黑木耳
使人面部生黑

乳鸽+香菇
引发痔疮

☆ 养生常识

1.草果味辛，性温；归脾、胃经；芳烈燥散；具有燥湿温中，辟秽截疟的功效。

2.桂皮中含苯丙烯酸类化合物，对前列腺增生有治疗作用。

03 食材处理 技艺生辉下厨更易

1.锅中加清水，放入香料，加盖大火焖20分钟。

2.加入味精、生姜、葱、盐、料酒煮沸制成白卤水。

3.将乳鸽放入卤水锅中。

4.加盖浸煮15分钟至熟且入味，取出。

5.另起锅，倒入红醋、麦芽糖、生粉、乳鸽。

6.再用竹签穿挂好，风干2小时。

04 做法演示 烹饪方法分步详解

1.锅注油烧六成熟放入乳鸽淋油1分钟呈棕红色。

2.表皮酥脆即可捞出装盘。

☆ 小贴士

1.炖肉时，肉下锅就放入八角，它的香味可充分水解溶入肉内，使肉味更加醇香。

2.因为八角的味道非常浓郁，料理时通常只要添加几颗，味道就很足了。

3.香叶适合在烹调肉类的时候，或者是调制肉类的时候加一点进去，但因它的味道很重，所以不能加太多，否则会盖住食物的原味。

乳鸽煲

Ru ge bao

营养分析 鸽肉富含蛋白质、钙、铁、铜、维生素A、B族维生素、维生素E，而脂肪含量较低，具有健脑补神、提高记忆力、降低血压、调整人体血糖、延年益寿的功效。

制作指导 乳鸽烹饪前，可以先放入热水锅中汆去肉中残留的血水，这样可让煲出的乳鸽色正味纯。

01 原料准备 地道食材原汁原味

乳鸽肉300克，蒜苗段、水发香菇各30克，蒜片、姜片各20克，青、红椒圈各20克

烹饪时间 **3分钟**	口味 **鲜**	烹饪方法 **煮**
功效 **提神健脑**	适合人群 **一般人群**	

02 调料准备 五味调和活色生香

蚝油、盐、味精、白糖、老抽、水淀粉、生抽、料酒、生粉、食用油各适量

✓ 食物相宜
🐟 鸽肉+螃蟹
补肾益气、散结通经

☆ 养生常识
香菇用温水泡，大约只要十几分钟就差不多了。

✗ 食物相克
🐟 鸽肉+猪肝
使皮肤出现色素沉淀

🐟 鸽肉+黄花菜
引起痔疮

🐟 鸽肉+黑木耳
使人面部生黑

03 食材处理 技艺生辉下厨更易

01. 将洗净的乳鸽肉斩块。
02. 切好的乳鸽装入碗中，加入生抽、盐、味精、料酒拌匀，再撒上生粉拌匀腌渍10~15分钟使其入味。
03. 热锅注油，烧至三四成热，放入蒜片。
04. 炸至金黄色捞出。
05. 锅留底油，倒入乳鸽。
06. 炸至断生后捞出。

04 做法演示 烹饪方法分步详解

01. 炒锅注油，烧热。
02. 倒入蒜片、香菇、姜片。
03. 再倒入乳鸽，加入料酒拌匀。
04. 倒入少许清水。
05. 加蚝油、盐、味精、白糖拌匀，倒入老抽拌匀。
06. 倒入青椒圈、红椒圈。
07. 再倒入蒜苗段，加少许水淀粉。
08. 拌炒均匀。
09. 将炒好的乳鸽盛入砂煲，置于火上。
10. 加盖，用中火烧开。
11. 关火，端下砂煲即成。

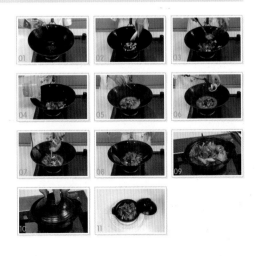

蛋丝银芽

Dan si yin ya

营养分析 绿豆芽富含纤维素，是便秘患者的食疗佳蔬，有预防消化道癌症的功效。它还有防治心血管病变的作用。经常食用绿豆芽，还可清热解毒、利尿除湿。

制作指导 1.绿豆芽很容易熟，因此烹饪时间不宜过长。

2.炒绿豆芽时加少许白醋一起炒，可使绿豆芽口感更脆嫩，而且不易发黑。

01 原料准备 地道食材原汁原味

绿豆芽200克，鸡蛋3个，红椒
圈少许

烹饪时间 5分钟	口味 清淡	烹饪方法 炒
功效 清热解毒	适合人群 一般人群	

02 调料准备 五味调和活色生香

盐、食用油适量

❤ 食物相宜

🌱 绿豆芽+鲫鱼 🐟
通乳汁，美白润肤

🌱 绿豆芽+陈皮 🫚
排毒利尿

🌱 绿豆芽+冬瓜皮 🥒
减肥塑身，利尿

🌱 绿豆芽+鸡肉 🍗
预防心血管疾病

✕ 食物相克

🌱 绿豆芽+猪肝 🥩
降低营养价值

☆ 养生常识

1.绿豆芽中含有维生素B$_2$，口腔溃疡的人很适合食用。

2.绿豆芽是祛痰火湿热的家常蔬菜，常吃绿豆芽可以清肠胃、解热毒、洁牙齿。

03 食材处理 技艺生辉下厨更易

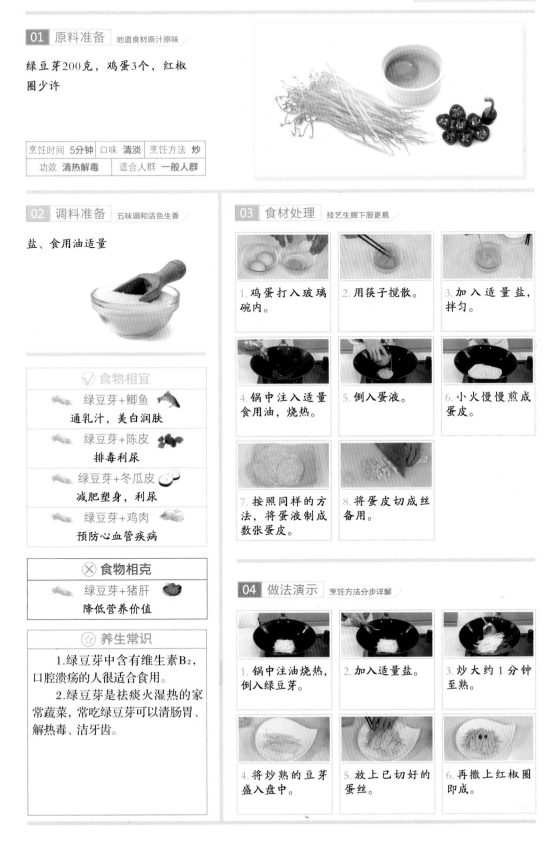

1.鸡蛋打入玻璃碗内。

2.用筷子搅散。

3.加入适量盐，拌匀。

4.锅中注入适量食用油，烧热。

5.倒入蛋液。

6.小火慢慢煎成蛋皮。

7.按照同样的方法，将蛋液制成数张蛋皮。

8.将蛋皮切成丝备用。

04 做法演示 烹饪方法分步详解

1.锅中注油烧热，倒入绿豆芽。

2.加入适量盐。

3.炒大约1分钟至熟。

4.将炒熟的豆芽盛入盘中。

5.放上已切好的蛋丝。

6.再撒上红椒圈即成。

蛋里藏珍

Dan li cang zhen

营养分析〉 西蓝花的维生素C含量特别丰富，还富含B族维生素、果糖、钙、磷、铁等，有助消化、增食欲的作用。不仅如此，它还能预防骨质疏松症、感冒、坏血病的发生，还可促进身体发育、提高机体的免疫力。

制作指导〉 去蛋壳时，用力要轻，以免影响成品美观。

01 原料准备 地道食材原汁原味

西蓝花100克，金针菇50克，口蘑30克，火腿25克，鱿鱼20克，熟鸡蛋6个，姜末、葱末各少许

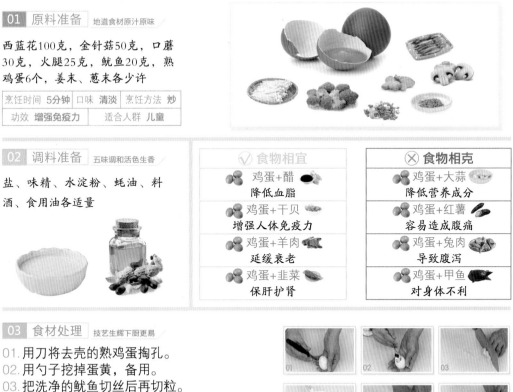

烹饪时间 5分钟	口味 清淡	烹饪方法 炒
功效 增强免疫力	适合人群 儿童	

02 调料准备 五味调和活色生香

盐、味精、水淀粉、蚝油、料酒、食用油各适量

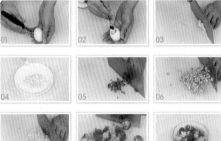

✓ 食物相宜	✗ 食物相克
鸡蛋+醋 降低血脂	鸡蛋+大蒜 降低营养成分
鸡蛋+干贝 增强人体免疫力	鸡蛋+红薯 容易造成腹痛
鸡蛋+羊肉 延缓衰老	鸡蛋+兔肉 导致腹泻
鸡蛋+韭菜 保肝护肾	鸡蛋+甲鱼 对身体不利

03 食材处理 技艺生辉下厨更易

01. 用刀将去壳的熟鸡蛋掏孔。
02. 用勺子挖掉蛋黄，备用。
03. 把洗净的鱿鱼切丝后再切粒。
04. 加盐、味精、水淀粉拌匀，腌15分钟。
05. 火腿切丝后切粒。
06. 洗净的口蘑切片，再切丝，最后剁成粒状。
07. 洗净的金针菇切粒。
08. 洗净的西蓝花切瓣。
09. 浸泡于凉开水中。

04 做法演示 烹饪方法分步详解

01. 锅中倒入清水烧开，加入食用油、盐、味精。
02. 倒入口蘑粒、金针菇粒，煮约1分钟。
03. 捞出后用毛巾吸干水分，盛盘备用。
04. 另起锅注水烧热，加油后倒入西蓝花。
05. 煮约1分钟，捞出备用。
06. 用油起锅，倒入姜末、葱末爆香。
07. 倒入火腿粒、鱿鱼粒炒匀。
08. 加料酒炒香。
09. 倒入金针菇粒和口蘑粒。
10. 加盐、蚝油、味精调味。
11. 起锅，盛入盘中备用。
12. 将西蓝花放入碗中。
13. 然后倒扣入盘中。
14. 将炒好的材料填入鸡蛋中。
15. 摆好盘即可食用。

苦瓜酿咸蛋

Ku gua niang xian dan

营养分析 苦瓜富含蛋白质、脂肪、碳水化合物和维生素C等，具有消暑清热、解毒、健胃、除邪热，聪耳明目，润泽肌肤，强身、使人精力旺盛、不易衰老的功效，还有降血糖、抗肿瘤、抗病毒、抗菌、增强免疫力等作用。

制作指导 焯煮苦瓜时可在开水中放入适量的食粉，这样能使苦瓜保持翠绿而不泛黄。

01 原料准备 地道食材原汁原味

苦瓜200克，咸蛋黄150克，咖喱膏20克

| 烹饪时间 10分钟 | 口味 苦 | 烹饪方法 蒸 |
| 功效 增强免疫力 | 适合人群 一般人群 |

02 调料准备 五味调和活色生香

鸡粉、盐、水淀粉、味精、白糖、食用油各适量

✓ 食物相宜	✗ 食物相克
苦瓜+辣椒 排毒瘦身	苦瓜+豆腐 易形成结石
苦瓜+洋葱 增强免疫力	苦瓜+黄瓜 降低营养价值
苦瓜+茄子 延缓衰老	苦瓜+胡萝卜 降低营养价值
苦瓜+玉米 清热解毒	苦瓜+南瓜 破坏维生素C

03 食材处理 技艺生辉下厨更易

01. 将洗净的苦瓜切棋子形。
02. 将苦瓜籽掏去。
03. 装盘备用。
04. 咸蛋黄放入蒸锅。
05. 加上盖蒸约10分钟。
06. 取出蒸熟的蛋黄压碎，再剁成末备用。

04 做法演示 烹饪方法分步详解

01. 锅中加清水烧开，加入食粉、盐。
02. 倒入苦瓜。
03. 煮约2分钟捞出。
04. 苦瓜稍放凉后塞入咸蛋黄末。
05. 整齐地摆在盘中。
06. 将酿好的苦瓜放入蒸锅。
07. 加盖蒸约5分钟至熟。
08. 揭盖，取出蒸好的苦瓜。
09. 用油起锅，倒入少许水。
10. 倒入咖喱膏、盐、味精、白糖拌匀。
11. 加入水淀粉勾芡，淋入熟油拌匀。
12. 将芡汁浇在苦瓜上即可。

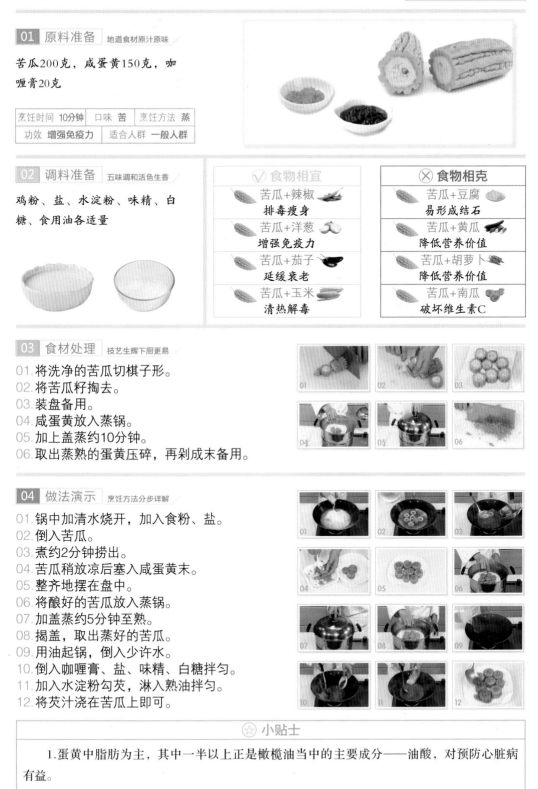

☆ 小贴士

1. 蛋黄中脂肪为主，其中一半以上正是橄榄油当中的主要成分——油酸，对预防心脏病有益。

2. 将切好的苦瓜撒上盐腌渍一阵，然后炒食，既可减轻苦味，而且苦瓜的风味犹存。

豆浆蟹柳蒸水蛋

Dou jiang xie liu zheng shui dan

营养分析 女人多贫血，豆浆对贫血病人的调养作用比牛奶要强。中老年女性喝豆浆，可调节内分泌、延缓衰老；青年女性喝豆浆，则能美白养颜淡化暗疮。豆浆中所含的硒、维生素E、维生素C，有很大的抗氧化功能，能使人体的细胞"返老还童"，特别对脑细胞作用最大。

制作指导 通常蒸蛋内会有蜂窝孔，有部分原因是打蛋技巧不佳让蛋液内产生气泡，因此打蛋时应顺一个方向不停地搅打，直至蛋液变得细滑，再下锅清蒸。

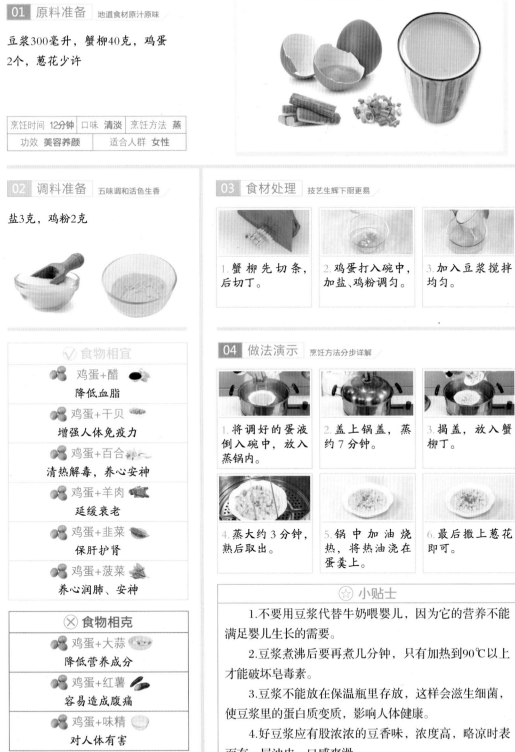

01 原料准备 地道食材原汁原味

豆浆300毫升，蟹柳40克，鸡蛋
2个，葱花少许

烹饪时间 **12分钟**	口味 **清淡**	烹饪方法 **蒸**
功效 **美容养颜**	适合人群 **女性**	

02 调料准备 五味调和活色生香

盐3克，鸡粉2克

<table>
<tr><td colspan="2" align="center">✔ 食物相宜</td></tr>
<tr><td>🥚 鸡蛋+醋</td></tr>
<tr><td align="center">降低血脂</td></tr>
<tr><td>🥚 鸡蛋+干贝</td></tr>
<tr><td align="center">增强人体免疫力</td></tr>
<tr><td>🥚 鸡蛋+百合</td></tr>
<tr><td align="center">清热解毒，养心安神</td></tr>
<tr><td>🥚 鸡蛋+羊肉</td></tr>
<tr><td align="center">延缓衰老</td></tr>
<tr><td>🥚 鸡蛋+韭菜</td></tr>
<tr><td align="center">保肝护肾</td></tr>
<tr><td>🥚 鸡蛋+菠菜</td></tr>
<tr><td align="center">养心润肺、安神</td></tr>
</table>

<table>
<tr><td colspan="2" align="center">✘ 食物相克</td></tr>
<tr><td>🥚 鸡蛋+大蒜</td></tr>
<tr><td align="center">降低营养成分</td></tr>
<tr><td>🥚 鸡蛋+红薯</td></tr>
<tr><td align="center">容易造成腹痛</td></tr>
<tr><td>🥚 鸡蛋+味精</td></tr>
<tr><td align="center">对人体有害</td></tr>
</table>

03 食材处理 技艺生辉下厨更易

1. 蟹柳先切条，后切丁。
2. 鸡蛋打入碗中，加盐、鸡粉调匀。
3. 加入豆浆搅拌均匀。

04 做法演示 烹饪方法分步详解

1. 将调好的蛋液倒入碗中，放入蒸锅内。
2. 盖上锅盖，蒸约7分钟。
3. 揭盖，放入蟹柳丁。
4. 蒸大约3分钟，熟后取出。
5. 锅中加油烧热，将热油浇在蛋羹上。
6. 最后撒上葱花即可。

☆ 小贴士

　　1.不要用豆浆代替牛奶喂婴儿，因为它的营养不能满足婴儿生长的需要。

　　2.豆浆煮沸后要再煮几分钟，只有加热到90℃以上才能破坏皂毒素。

　　3.豆浆不能放在保温瓶里存放，这样会滋生细菌，使豆浆里的蛋白质变质，影响人体健康。

　　4.好豆浆应有股浓浓的豆香味，浓度高，略凉时表面有一层油皮，口感爽滑。

三鲜蒸滑蛋

San xian zheng hua dan

营养分析 虾仁含有丰富的蛋白质、脂肪、维生素及钙、磷、镁等矿物质，对心脏活动具有重要的调节作用，能很好地保护心血管系统，减少血液中胆固醇含量，有利于老年人预防高血压及心肌梗死。同时，虾的通乳作用较强，对孕妇有很大的补益功效。

制作指导 胡萝卜和豌豆不可煮太久，否则会影响其成品的口感。

01 原料准备 地道食材原汁原味

胡萝卜35克，虾仁30克，豌豆30克，鸡蛋2个

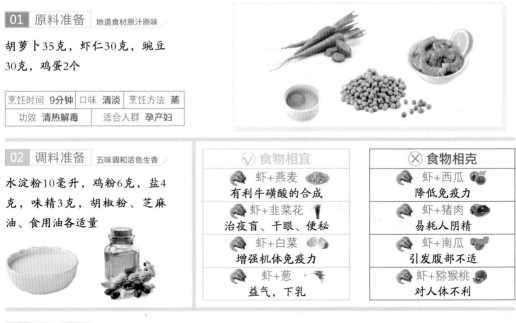

烹饪时间 9分钟	口味 清淡	烹饪方法 蒸
功效 清热解毒	适合人群 孕产妇	

02 调料准备 五味调和活色生香

水淀粉10毫升，鸡粉6克，盐4克，味精3克，胡椒粉、芝麻油、食用油各适量

✅ 食物相宜	❌ 食物相克
虾+燕麦 有利牛磺酸的合成	虾+西瓜 降低免疫力
虾+韭菜花 治夜盲、干眼、便秘	虾+猪肉 易耗人阴精
虾+白菜 增强机体免疫力	虾+南瓜 引发腹部不适
虾+葱 益气，下乳	虾+猕猴桃 对人体不利

03 食材处理 技艺生辉下厨更易

01. 去皮洗净的胡萝卜切0.5厘米的厚片，切条，再切成丁。
02. 洗净的虾仁由背部切作两片，切成丁。
03. 虾肉加少许盐、味精。
04. 再加入水淀粉拌匀，腌渍5分钟。
05. 锅中加约800毫升清水烧开，加少许盐。
06. 倒入切好的胡萝卜丁。
07. 加少许食用油。
08. 加入洗净的豌豆，拌匀，煮约1分钟。
09. 加入虾肉，煮约1分钟。
10. 将锅中的材料捞出备用。
11. 鸡蛋打入碗中。
12. 加少许盐、胡椒粉、鸡粉打散调匀。
13. 加入适量温水调匀。
14. 加少许芝麻油调匀。

04 做法演示 烹饪方法分步详解

01. 取一碗，放入蒸锅，倒入调好的蛋液。
02. 加盖，慢火蒸约7分钟。
03. 揭盖，加入拌好的材料。
04. 加盖，蒸2分钟至熟透。
05. 把蒸好的水蛋取出。
06. 稍放凉即可食用。

第五章
水产海鲜类

江河湖海中出产的动植物都可以称为水产品。水产品自古以来就深受人们的喜爱，其蛋白质含量丰富、胆固醇含量低，与禽肉、畜肉相比，对人体的营养补充更全面，多食有助于健康。

西芹炒鱼丝

Xi qin chao yu si

营养分析 西芹性凉，味甘，含有芳香油及多种维生素、多种游离氨基酸等物质，有促进食欲、降低血压、健脑、清肠利便、解毒消肿、促进血液循环等功效。

制作指导 鱼丝滑油时应注意油温不宜过高，以免影响鱼肉的鲜嫩口感。西芹不仅能提鲜同时还有压制鱼腥味的作用。

01 原料准备 地道食材原汁原味

草鱼300克，彩椒70克，西芹35克，蒜末、姜丝各少许

烹饪时间 4分钟	口味 清淡	烹饪方法 炒
功效 降低血压	适合人群 老年人	

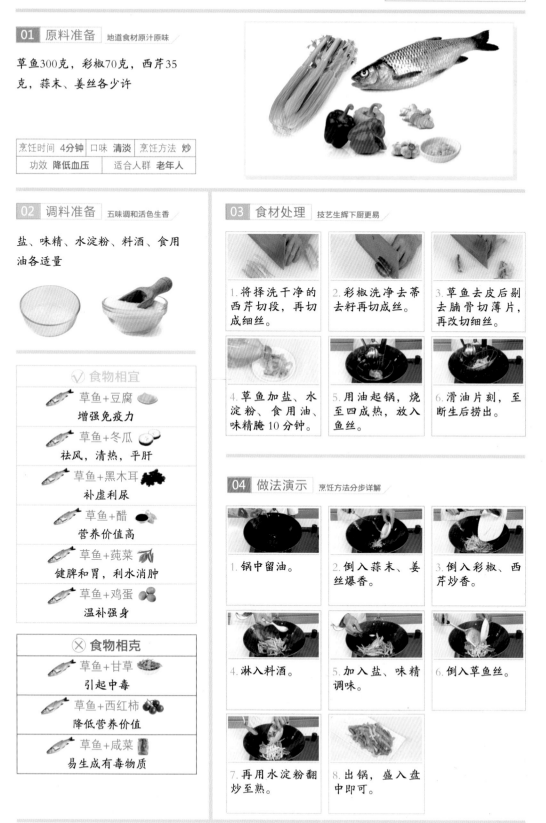

02 调料准备 五味调和活色生香

盐、味精、水淀粉、料酒、食用油各适量

☑ 食物相宜

草鱼+豆腐
增强免疫力

草鱼+冬瓜
祛风，清热，平肝

草鱼+黑木耳
补虚利尿

草鱼+醋
营养价值高

草鱼+莼菜
健脾和胃，利水消肿

草鱼+鸡蛋
温补强身

✕ 食物相克

草鱼+甘草
引起中毒

草鱼+西红柿
降低营养价值

草鱼+咸菜
易生成有毒物质

03 食材处理 技艺生辉下厨更易

1. 将择洗干净的西芹切段，再切成细丝。

2. 彩椒洗净去蒂去籽再切成丝。

3. 草鱼去皮后剔去腩骨切薄片，再改切细丝。

4. 草鱼加盐、水淀粉、食用油、味精腌10分钟。

5. 用油起锅，烧至四成热，放入鱼丝。

6. 滑油片刻，至断生后捞出。

04 做法演示 烹饪方法分步详解

1. 锅中留油。

2. 倒入蒜末、姜丝爆香。

3. 倒入彩椒、西芹炒香。

4. 淋入料酒。

5. 加入盐、味精调味。

6. 倒入草鱼丝。

7. 再用水淀粉翻炒至熟。

8. 出锅，盛入盘中即可。

豆豉小葱蒸鲫鱼

Dou chi xiao cong zheng ji yu

营养分析 鲫鱼所含蛋白质品质优，易于消化吸收，是肝肾疾病、心脑血管疾病患者的良好蛋白质来源，常食可增强抗病能力。鲫鱼还富含脂肪、碳水化合物、维生素A、维生素E等营养物质，具有健脾开胃、益气、利水、通乳之功效。

制作指导 蒸鲫鱼时，可加入一两片柠檬。柠檬果肉细腻多汁并富含维生素C，酸甜中带有一股清香，可以起到去腥提鲜的作用。

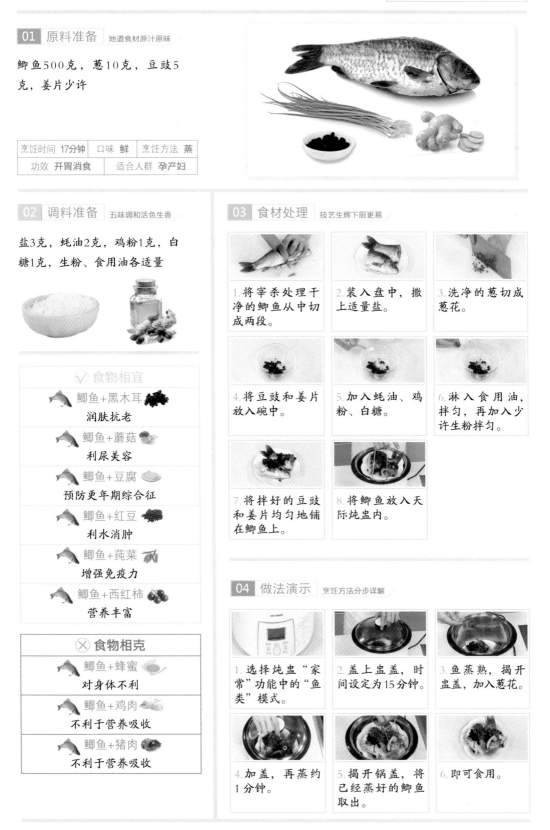

01 原料准备 地道食材原汁原味

鲫鱼500克，葱10克，豆豉5克，姜片少许

烹饪时间 17分钟	口味 鲜	烹饪方法 蒸
功效 开胃消食	适合人群 孕产妇	

02 调料准备 五味调和活色生香

盐3克，蚝油2克，鸡粉1克，白糖1克，生粉、食用油各适量

☑ 食物相宜

鲫鱼+黑木耳
润肤抗老

鲫鱼+蘑菇
利尿美容

鲫鱼+豆腐
预防更年期综合征

鲫鱼+红豆
利水消肿

鲫鱼+莼菜
增强免疫力

鲫鱼+西红柿
营养丰富

✖ 食物相克

鲫鱼+蜂蜜
对身体不利

鲫鱼+鸡肉
不利于营养吸收

鲫鱼+猪肉
不利于营养吸收

03 食材处理 技艺生辉下厨更易

1. 将宰杀处理干净的鲫鱼从中切成两段。

2. 装入盘中，撒上适量盐。

3. 洗净的葱切成葱花。

4. 将豆豉和姜片放入碗中。

5. 加入蚝油、鸡粉、白糖。

6. 淋入食用油，拌匀，再加入少许生粉拌匀。

7. 将拌好的豆豉和姜片均匀地铺在鲫鱼上。

8. 将鲫鱼放入天际炖盅内。

04 做法演示 烹饪方法分步详解

1. 选择炖盅"家常"功能中的"鱼类"模式。

2. 盖上盅盖，时间设定为15分钟。

3. 鱼蒸熟，揭开盅盖，加入葱花。

4. 加盖，再蒸约1分钟。

5. 揭开锅盖，将已经蒸好的鲫鱼取出。

6. 即可食用。

葱烧鲫鱼

Cong shao ji yu

营养分析 鲫鱼富含优质蛋白和多种氨基酸，对促进智力发育，降低胆固醇和血液黏稠度，预防心脑血管疾病均有明显的作用。鲫鱼肉嫩味鲜，具有健脾利湿、活血通络、温中下气之功效，非常适合中老年人、病后虚弱者和产妇食用。

制作指导 1.鲫鱼处理干净后，淋入少许黄酒腌渍，可以有效去除鱼的腥味，使鱼肉的滋味更加鲜美。

2.炸好的鲫鱼入锅后，尽量不要翻动，等到汤汁沸腾后再用勺子舀些汤汁淋在鱼的身上，鱼就可保持完整的外形。

01 原料准备 地道食材原汁原味

鲫鱼450克，葱白、葱段各25克，姜丝15克，红椒丝10克

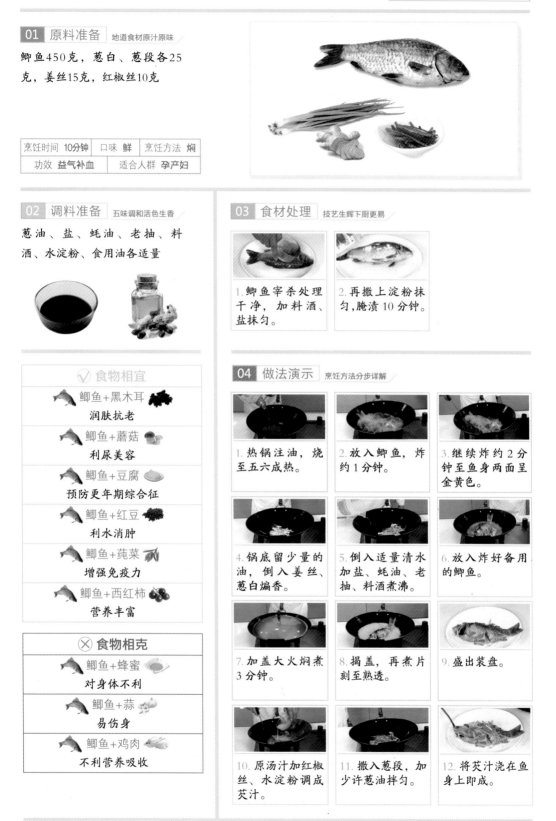

烹饪时间 **10分钟**	口味 **鲜**	烹饪方法 **焖**
功效 **益气补血**	适合人群 **孕产妇**	

02 调料准备 五味调和活色生香

葱油、盐、蚝油、老抽、料酒、水淀粉、食用油各适量

食物相宜

鲫鱼+黑木耳
润肤抗老

鲫鱼+蘑菇
利尿美容

鲫鱼+豆腐
预防更年期综合征

鲫鱼+红豆
利水消肿

鲫鱼+莼菜
增强免疫力

鲫鱼+西红柿
营养丰富

食物相克

鲫鱼+蜂蜜
对身体不利

鲫鱼+蒜
易伤身

鲫鱼+鸡肉
不利营养吸收

03 食材处理 技艺生辉下厨更易

1. 鲫鱼宰杀处理干净，加料酒、盐抹匀。

2. 再撒上淀粉抹匀，腌渍10分钟。

04 做法演示 烹饪方法分步详解

1. 热锅注油，烧至五六成热。

2. 放入鲫鱼，炸约1分钟。

3. 继续炸约2分钟至鱼身两面呈金黄色。

4. 锅底留少量的油，倒入姜丝、葱白煸香。

5. 倒入适量清水加盐、蚝油、老抽、料酒煮沸。

6. 放入炸好备用的鲫鱼。

7. 加盖大火焖煮3分钟。

8. 揭盖，再煮片刻至熟透。

9. 盛出装盘。

10. 原汤汁加红椒丝、水淀粉调成芡汁。

11. 撒入葱段，加少许葱油拌匀。

12. 将芡汁浇在鱼身上即成。

椒盐带鱼

Jiao yan dai yu

营养分析> 带鱼含有丰富的镁元素，对心血管系统有很好的保护作用，有利于预防高血压、心肌梗死等心血管疾病。常吃带鱼还有养肝补血、泽肤养发健美的功效。

制作指导> 1.带鱼腥味较重，炒制时，加入少许白酒可去除腥味。

2.炸带鱼时，若想炸出的带鱼更加酥脆，可采用两次炸制的方法。即先用温火温油炸透，捞出沥干，再开大火使油温升高，下入全部鱼段快炸一次。

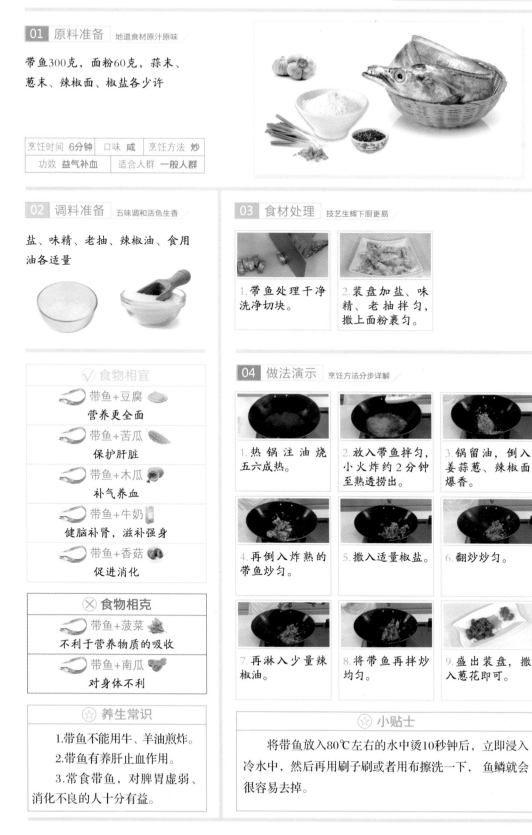

01 原料准备 地道食材原汁原味

带鱼300克，面粉60克，蒜末、葱末、辣椒面、椒盐各少许

烹饪时间 6分钟	口味 咸	烹饪方法 炒
功效 益气补血	适合人群 一般人群	

02 调料准备 五味调和活色生香

盐、味精、老抽、辣椒油、食用油各适量

03 食材处理 技艺生辉下厨更易

1.带鱼处理干净洗净切块。

2.装盘加盐、味精、老抽拌匀，撒上面粉裹匀。

04 做法演示 烹饪方法分步详解

1.热锅注油烧五六成热。

2.放入带鱼拌匀，小火炸约2分钟至熟透捞出。

3.锅留油，倒入姜蒜葱、辣椒面爆香。

4.再倒入炸熟的带鱼炒匀。

5.撒入适量椒盐。

6.翻炒炒匀。

7.再淋入少量辣椒油。

8.将带鱼再拌炒均匀。

9.盛出装盘，撒入葱花即可。

✓ **食物相宜**

带鱼+豆腐
营养更全面

带鱼+苦瓜
保护肝脏

带鱼+木瓜
补气养血

带鱼+牛奶
健脑补肾，滋补强身

带鱼+香菇
促进消化

✗ **食物相克**

带鱼+菠菜
不利于营养物质的吸收

带鱼+南瓜
对身体不利

☆ **养生常识**

1.带鱼不能用牛、羊油煎炸。

2.带鱼有养肝止血作用。

3.常食带鱼，对脾胃虚弱、消化不良的人十分有益。

☆ **小贴士**

　　将带鱼放入80℃左右的水中烫10秒钟后，立即浸入冷水中，然后再用刷子刷或者用布擦洗一下，鱼鳞就会很容易去掉。

酱香带鱼

Jiang xiang dai yu

营养分析〉带鱼中含有的纤维性物质既可以抑制胆固醇，又可以抗癌。带鱼还含有多种不饱和脂肪酸，有显著的降低胆固醇作用。带鱼的营养丰富，很适合久病体虚、血虚头晕、气短乏力和营养不良之人食用。

制作指导〉炸带鱼时，油温要保持在四五成热，而且还要用汤勺不停地搅拌，以免将鱼肉炸煳了。

01 原料准备 地道食材原汁原味

带鱼450克，洋葱末、葱花、蒜末、红椒末各10克，面粉各少许

烹饪时间 **8分钟**	口味 **鲜**	烹饪方法 **炒**
功效 **开胃消食**	适合人群 **男性**	

02 调料准备 五味调和活色生香

姜汁酒、南乳、海鲜酱、盐、味精、白糖、生抽、水淀粉、食用油各适量

✓ 食物相宜

带鱼+豆腐
营养更全面

带鱼+苦瓜
保护肝脏

带鱼+木瓜
补气养血

带鱼+牛奶
健脑补肾，滋补强身

带鱼+香菇
促进消化

✕ 食物相克

带鱼+菠菜
不利于营养物质的吸收

带鱼+南瓜
对身体不利

☆ 养生常识

带鱼含有维生素A，可辅助治疗癌症和急性白血病。

03 食材处理 技艺生辉下厨更易

1.处理干净的带鱼切成段。

2.带鱼中加入姜汁酒、盐拌匀。

3.再撒入面粉抓拌均匀。

04 做法演示 烹饪方法分步详解

1.锅中倒入食用油，烧至六成热，放入带鱼。

2.搅拌均匀，炸至金黄色。

3.捞出沥干油，备用。

4.另起锅，注油烧热。

5.放入洋葱末、蒜末、红椒末。

6.加入海鲜酱、南乳炒香。

7.注水烧开，加盐、味精、白糖、生抽调味。

8.再倒入水淀粉调成酱汁。

9.倒入已炸好的带鱼。

10.翻炒均匀。

11.盛入盘中，撒上葱花即成。

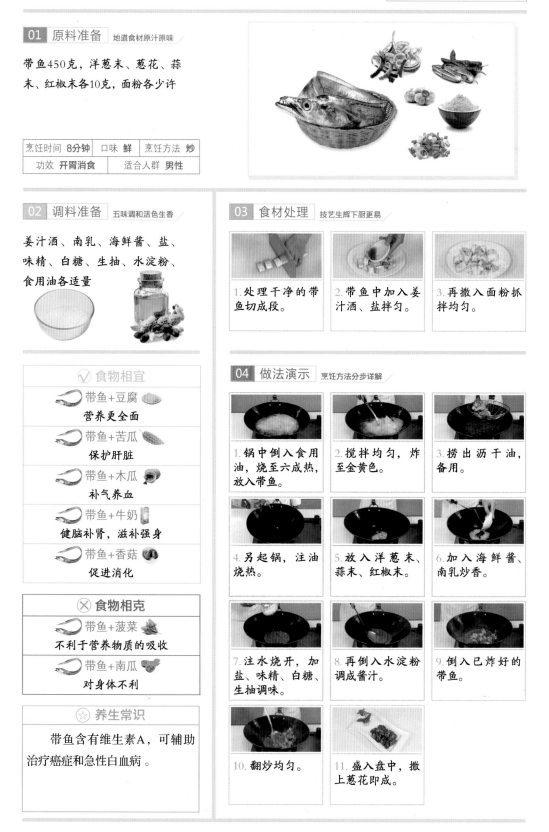

豆豉蒸草鱼

Dou chi zheng huan yu

营养分析 草鱼含有丰富的蛋白质、脂肪，并含有多种维生素，还含有核酸和锌，有增强体质、延缓衰老的作用，对于身体瘦弱、食欲不振的人来说，草鱼肉嫩而不腻，可以开胃、滋补。

制作指导 蒸草鱼时，先将蒸锅中的水烧开，再将鱼放入蒸锅中，这样蒸出来的鱼味道更加鲜美。

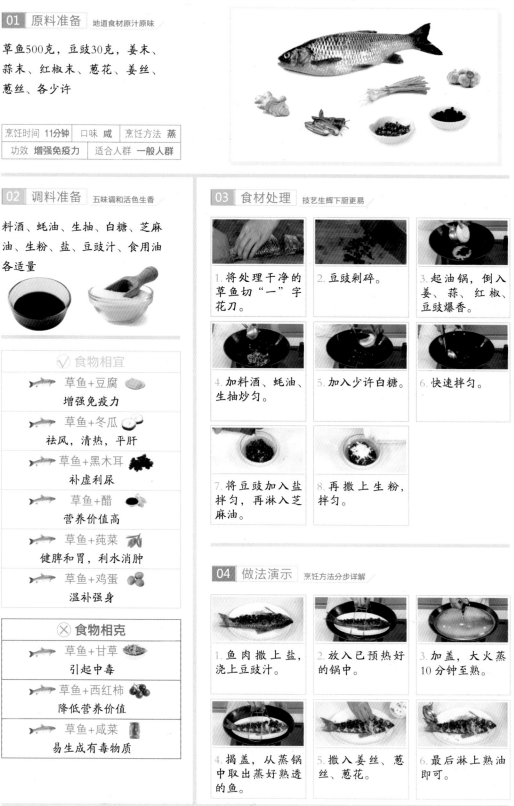

01 原料准备 地道食材原汁原味

草鱼500克，豆豉30克，姜末、蒜末、红椒末、葱花、姜丝、葱丝、各少许

烹饪时间 11分钟	口味 咸	烹饪方法 蒸
功效 增强免疫力	适合人群 一般人群	

02 调料准备 五味调和活色生香

料酒、蚝油、生抽、白糖、芝麻油、生粉、盐、豆豉汁、食用油各适量

✓ 食物相宜

草鱼+豆腐
增强免疫力

草鱼+冬瓜
祛风，清热，平肝

草鱼+黑木耳
补虚利尿

草鱼+醋
营养价值高

草鱼+莼菜
健脾和胃，利水消肿

草鱼+鸡蛋
温补强身

✗ 食物相克

草鱼+甘草
引起中毒

草鱼+西红柿
降低营养价值

草鱼+咸菜
易生成有毒物质

03 食材处理 技艺生辉下厨更易

1. 将处理干净的草鱼切"一"字花刀。

2. 豆豉剁碎。

3. 起油锅，倒入姜、蒜、红椒、豆豉爆香。

4. 加料酒、蚝油、生抽炒匀。

5. 加入少许白糖。

6. 快速拌匀。

7. 将豆豉加入盐拌匀，再淋入芝麻油。

8. 再撒上生粉，拌匀。

04 做法演示 烹饪方法分步详解

1. 鱼肉撒上盐，浇上豆豉汁。

2. 放入已预热好的锅中。

3. 加盖，大火蒸10分钟至熟。

4. 揭盖，从蒸锅中取出蒸好熟透的鱼。

5. 撒入姜丝、葱丝、葱花。

6. 最后淋上熟油即可。

麒麟生鱼片

Qi lin sheng yu pian

营养分析 生鱼肉质细嫩、少刺，营养丰富，具有补气血、健脾胃之功效。它含有蛋白质、脂肪、氨基酸，还含有人体必需的钙、磷、铁及多种维生素，身体虚弱、产妇、儿童及营养不良之人应多食用。

制作指导 1.烹制此菜前，可先将生鱼划一个小刀口，让生鱼的血流干净，或者把切好的鱼片放入清水中浸泡20分钟，这样烹制出来的鱼肉白净滑嫩。

2.此菜入笼蒸的时间不宜过长，肉刚熟为最佳，蒸的太久肉质会变老，影响口感。其次，鱼肉经蒸制后，其收缩能力很强，因此，所切的鱼片要比火腿和其他材料稍长。否则，会影响成菜的美观。

01 原料准备 地道食材原汁原味

生鱼1条，油菜、火腿片、生姜片、水发香菇片、水笋、葱条各适量

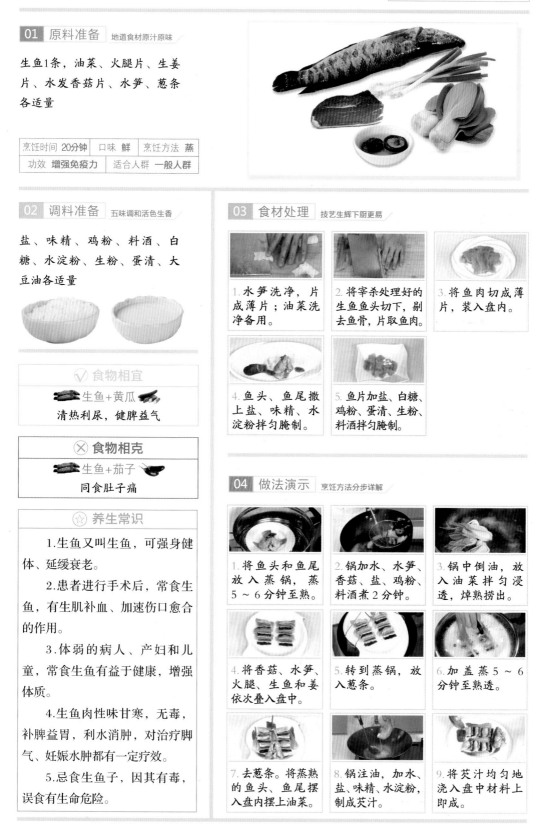

烹饪时间 20分钟	口味 鲜	烹饪方法 蒸
功效 增强免疫力	适合人群 一般人群	

02 调料准备 五味调和活色生香

盐、味精、鸡粉、料酒、白糖、水淀粉、生粉、蛋清、大豆油各适量

☑ 食物相宜

生鱼+黄瓜

清热利尿，健脾益气

✕ 食物相克

生鱼+茄子

同食肚子痛

☆ 养生常识

1.生鱼又叫生鱼，可强身健体、延缓衰老。

2.患者进行手术后，常食生鱼，有生肌补血、加速伤口愈合的作用。

3.体弱的病人、产妇和儿童，常食生鱼有益于健康，增强体质。

4.生鱼肉性味甘寒，无毒，补脾益胃，利水消肿，对治疗脚气、妊娠水肿都有一定疗效。

5.忌食生鱼子，因其有毒，误食有生命危险。

03 食材处理 技艺生辉下厨更易

1.水笋洗净，片成薄片；油菜洗净备用。

2.将宰杀处理好的生鱼鱼头切下，剔去鱼骨，片取鱼肉。

3.将鱼肉切成薄片，装入盘内。

4.鱼头、鱼尾撒上盐、味精、水淀粉拌匀腌制。

5.鱼片加盐、白糖、鸡粉、蛋清、生粉、料酒拌匀腌制。

04 做法演示 烹饪方法分步详解

1.将鱼头和鱼尾放入蒸锅，蒸5～6分钟至熟。

2.锅加水、水笋、香菇、盐、鸡粉、料酒煮2分钟。

3.锅中倒油，放入油菜拌匀浸透，焯熟捞出。

4.将香菇、水笋、火腿、生鱼和姜依次叠入盘中。

5.转到蒸锅，放入葱条。

6.加盖蒸5～6分钟至熟透。

7.去葱条。将蒸熟的鱼头、鱼尾摆入盘内摆上油菜。

8.锅注油，加水、盐、味精、水淀粉，制成芡汁。

9.将芡汁均匀地浇入盘中材料上即成。

吉利生鱼卷

Ji li sheng yu juan

营养分析 生鱼肉里含有大量的蛋白质、维生素和微量元素，可以补充人体所需要的营养物质，还很容易有饱腹感，能使人控制食欲，起到减肥的作用。

制作指导 用生鱼做菜需要注意选料，鱼不能太大，一般8两左右即可，可以保证鱼肉鲜嫩。

01 原料准备 地道食材原汁原味

面包糠50克，金华火腿40克，水发香菇30克，生鱼1条，鸡蛋1个

烹饪时间 4分钟	口味 鲜	烹饪方法 炸
功效 增强免疫力	适合人群 一般人群	

02 调料准备 五味调和活色生香

盐5克，味精3克，生粉、食用油适量

✓ 食物相宜	✗ 食物相克
生鱼+银耳 滋补身体	生鱼+李子 可能引起身体不适
生鱼+韭菜 辅助治疗脚气	生鱼+西红柿 不利营养成分的吸收
生鱼+苹果 辅助治疗腹泻	生鱼+咸菜 易引起消化道不适

03 食材处理 技艺生辉下厨更易

01. 洗净的香菇切成条。
02. 金华火腿切成条。
03. 将宰杀处理干净的生鱼，切下鱼头。
04. 生鱼剔去脊骨，切取鱼肉，再剔去腩骨。
05. 将鱼肉切双飞片。
06. 鸡蛋打入碗内。
07. 鱼片加盐、味精、蛋清拌匀。
08. 加生粉搅拌匀。
09. 鱼头鱼尾撒上盐，加生粉拌匀。
10. 鸡蛋加生粉拌匀。
11. 香菇丝加盐、油拌匀。
12. 将鱼片摊开。
13. 放入火腿条、香菇条。
14. 卷起鱼片，撒上生粉捏紧。
15. 将鱼卷生坯蘸上蛋液，裹上面包糠。

04 做法演示 烹饪方法分步详解

01. 热锅注油，烧至四成热，放入鱼头炸约1分钟。
02. 捞出炸熟的鱼头。
03. 放入鱼尾。
04. 炸熟捞出。
05. 将炸好的鱼头、鱼尾装入盘中。
06. 将鱼卷生坯放入油锅中，炸约1分钟。
07. 捞出炸好的鱼卷。
08. 摆入盘中即可。

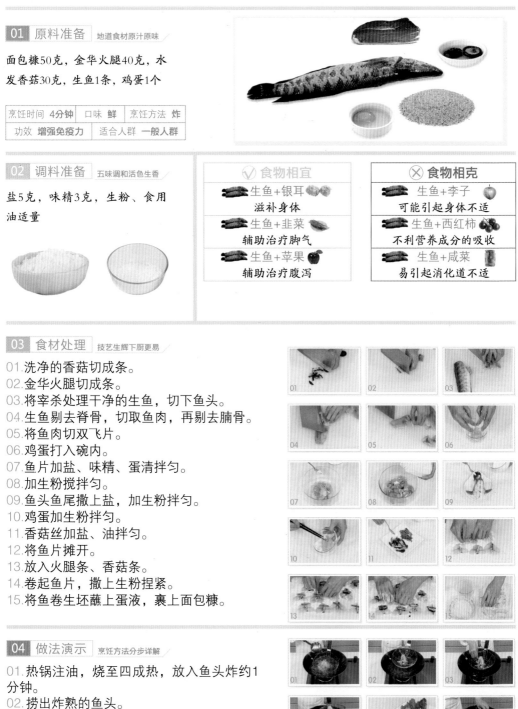

吉利百花卷

Ji li bai hua juan

营养分析> 虾仁肉质松软，易消化，蛋白质含量相当高。虾仁还含有丰富的钾、碘、镁、磷等矿物质及维生素A等成分，具有补肾壮阳、增强免疫力等功效，尤其适宜身体虚弱以及病后需要调养的人食用。

制作指导> 炸制虾肉团时，油温应保持五成热，若油温偏低，虾肉团不易定形，面包糠也容易掉。

01 原料准备　地道食材原汁原味

虾仁400克，面包糠250克，咸蛋黄50克，蛋清少许

烹饪时间 10分钟	口味 鲜	烹饪方法 炸
功效 增强免疫力	适合人群 一般人群	

02 调料准备　五味调和活色生香

盐、食用油各适量

✔ 食物相宜

虾+燕麦
有利牛磺酸的合成

虾+韭菜花
治夜盲、干眼、便秘

虾+白菜
增强机体免疫力

虾+葱
益气、下乳

虾+香菜
补脾益气

虾+枸杞子
补肾壮阳

✘ 食物相克

虾+西瓜
降低免疫力

虾+猪肉
易耗人阴精

03 做法演示　烹饪方法分步详解

1. 将洗好的虾仁剁成肉馅，装入盘中备用。

2. 将肉馅捏成大小均匀的肉丸。

3. 用手蘸少许蛋清，将咸蛋黄塞入肉丸中。

4. 包裹严实，即成肉团。

5. 将做好的肉团裹上面包糠。

6. 锅中注油烧至五成热，放入做好的肉团。

7. 用中火炸约2分钟至熟。

8. 捞出炸好的肉团，沥干油。

9. 将肉团摆入盘中即可。

☆ 小贴士

1. 需要用鸡蛋清时，可用针在蛋壳的两端各扎1个孔，蛋白会从孔流出来，而蛋黄仍留在蛋壳里。

2. 用纸卷成1个漏斗，漏斗口下放1只杯子或碗，把蛋打开倒进纸漏斗里，蛋白顺着漏斗流入容器内，而蛋黄则整个留在漏斗里。

3. 把蛋壳打成两瓣，下面放一容器，把蛋黄在两瓣蛋壳里互相倒两三次，蛋白、蛋黄即可分开。

4. 把鸡蛋打入碗中，拿空的矿泉水瓶接近蛋黄，轻轻捏矿泉水瓶中部，把瓶口接触蛋黄，松开瓶身，即可把蛋黄吸入瓶内。

香煎池鱼

Xiang jian chi yu

营养分析 池鱼含有丰富的蛋白质、脂肪、胡萝卜素、维生素A、维生素E、钙、磷、铁等营养物质。此外，它还含有丰富的鱼油，鱼油可以预防动脉硬化、脑血栓。所以，池鱼对心脑血管病有辅助治疗的作用。

制作指导 池鱼切一字花刀时，不要切得太深，否则鱼肉容易煎散。池鱼入锅时，油应烧至八成热，这样可防止鱼破皮。另外，池鱼煎至两面金黄色时，可添加适量食用油，继续浸炸片刻，可使之外酥里嫩。

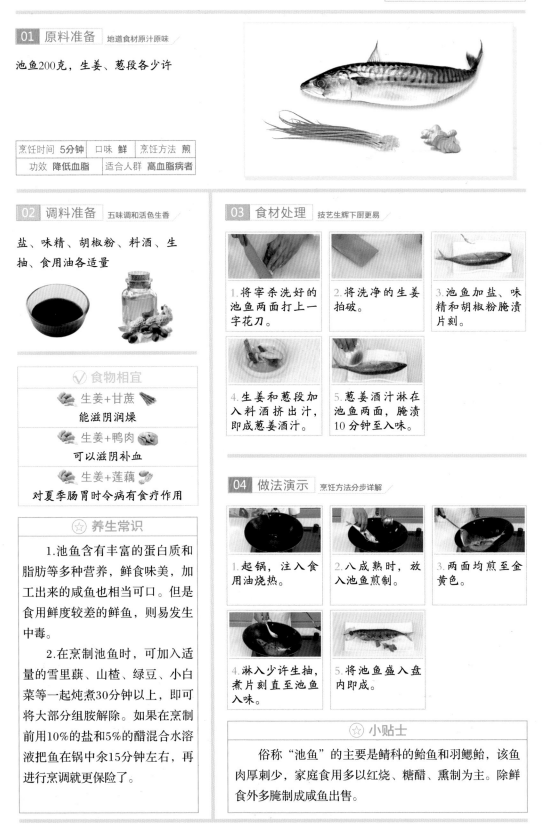

01 原料准备　地道食材原汁原味

池鱼200克，生姜、葱段各少许

烹饪时间 5分钟	口味 鲜	烹饪方法 煎
功效 降低血脂	适合人群 高血脂病者	

02 调料准备　五味调和活色生香

盐、味精、胡椒粉、料酒、生抽、食用油各适量

✓ 食物相宜

生姜+甘蔗
能滋阴润燥

生姜+鸭肉
可以滋阴补血

生姜+莲藕
对夏季肠胃时令病有食疗作用

☆ 养生常识

　　1.池鱼含有丰富的蛋白质和脂肪等多种营养，鲜食味美，加工出来的咸鱼也相当可口。但是食用鲜度较差的鲜鱼，则易发生中毒。

　　2.在烹制池鱼时，可加入适量的雪里蕻、山楂、绿豆、小白菜等一起炖煮30分钟以上，即可将大部分组胺解除。如果在烹制前用10%的盐和5%的醋混合水溶液把鱼在锅中余15分钟左右，再进行烹调就更保险了。

03 食材处理　技艺生辉下厨更易

1.将宰杀洗好的池鱼两面打上一字花刀。

2.将洗净的生姜拍破。

3.池鱼加盐、味精和胡椒粉腌渍片刻。

4.生姜和葱段加入料酒挤出汁，即成葱姜酒汁。

5.葱姜酒汁淋在池鱼两面，腌渍10分钟至入味。

04 做法演示　烹饪方法分步详解

1.起锅，注入食用油烧热。

2.八成熟时，放入池鱼煎制。

3.两面均煎至金黄色。

4.淋入少许生抽，煮片刻直至池鱼入味。

5.将池鱼盛入盘内即成。

☆ 小贴士

　　俗称"池鱼"的主要是鲭科的鲐鱼和羽鳃鲐，该鱼肉厚刺少，家庭食用多以红烧、糖醋、熏制为主。除鲜食外多腌制成咸鱼出售。

菠萝鱼片

Bo luo yu pian

营养分析 菠萝营养丰富，维生素C含量是苹果的5倍。菠萝的鲜果肉中还含有丰富的果糖、葡萄糖、氨基酸、蛋白质、粗纤维、钙及胡萝卜素等营养物质。其所含的菠萝蛋白酶能帮助人体对蛋白质的消化，吃肉类及油腻食品后吃菠萝可解腻。

制作指导 鲜菠萝先用淡盐水泡上半个小时再烹饪，不仅可以减少菠萝蛋白酶对口腔黏膜和嘴唇的刺激，还能使菠萝更加香甜。

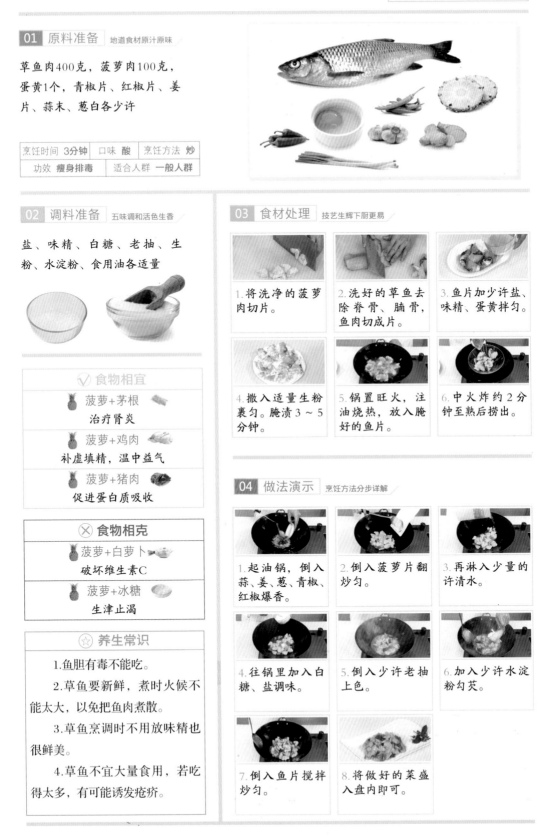

01 原料准备 地道食材原汁原味

草鱼肉400克，菠萝肉100克，蛋黄1个，青椒片、红椒片、姜片、蒜末、葱白各少许

烹饪时间 **3分钟**	口味 **酸**	烹饪方法 **炒**
功效 **瘦身排毒**	适合人群 **一般人群**	

02 调料准备 五味调和活色生香

盐、味精、白糖、老抽、生粉、水淀粉、食用油各适量

✓ 食物相宜

菠萝+茅根
治疗肾炎

菠萝+鸡肉
补虚填精，温中益气

菠萝+猪肉
促进蛋白质吸收

✗ 食物相克

菠萝+白萝卜
破坏维生素C

菠萝+冰糖
生津止渴

☆ 养生常识

1.鱼胆有毒不能吃。

2.草鱼要新鲜，煮时火候不能太大，以免把鱼肉煮散。

3.草鱼烹调时不用放味精也很鲜美。

4.草鱼不宜大量食用，若吃得太多，有可能诱发疮疖。

03 食材处理 技艺生辉下厨更易

1.将洗净的菠萝肉切片。

2.洗好的草鱼去除脊骨、腩骨，鱼肉切成片。

3.鱼片加少许盐、味精、蛋黄拌匀。

4.撒入适量生粉裹匀。腌渍3～5分钟。

5.锅置旺火，注油烧热，放入腌好的鱼片。

6.中火炸约2分钟至熟后捞出。

04 做法演示 烹饪方法分步详解

1.起油锅，倒入蒜、姜、葱、青椒、红椒爆香。

2.倒入菠萝片翻炒匀。

3.再淋入少量的许清水。

4.往锅里加入白糖、盐调味。

5.倒入少许老抽上色。

6.加入少许水淀粉勾芡。

7.倒入鱼片搅拌炒匀。

8.将做好的菜盛入盘内即可。

茄汁鱼片

Qie zhi yu pian

营养分析 草鱼是温中补虚的养生食品，为淡水鱼中的上品。草鱼含有丰富的蛋白质、脂肪，并含有多种维生素，还含有核酸和锌，有增强体质、延缓衰老的作用。对于身体瘦弱、食欲不振的人来说，草鱼肉嫩而不腻，可以开胃、滋补，应多食用。

制作指导 1.腌鱼片时，加入几滴柠檬汁，能去除鱼肉的腥味。

2.炸鱼片的过程中，应掌握好油温，以中小火炸制，炸好出锅前再升高油温，使其外酥里嫩。

01 原料准备 地道食材原汁原味

草鱼肉200克，番茄汁50克，蛋黄、青椒片、红椒片、蒜末、葱白各少许

| 烹饪时间 **3分钟** | 口味 **酸** | 烹饪方法 **炒** |
| 功效 **开胃消食** | 适合人群 **孕产妇** |

02 调料准备 五味调和活色生香

盐、味精、生粉、白糖、水淀粉、食用油各适量

✓ 食物相宜

草鱼+豆腐
增强免疫力

草鱼+冬瓜
祛风、清热、平肝

草鱼+黑木耳
补虚利尿

草鱼+醋
营养价值高

草鱼+莼菜
健脾和胃、利水消肿

草鱼+鸡蛋
温补强身

✗ 食物相克

草鱼+甘草
引起胃肠不适

草鱼+西红柿
降低营养价值

草鱼+咸菜
易生成有毒物质

03 食材处理 技艺生辉下厨更易

1.将洗好的草鱼肉切片。

2.鱼片装入碗里，加盐、味精拌匀。

3.鱼片加入蛋黄拌匀。

4.撒上生粉裹匀。腌渍3～5钟至入味。

5.锅置旺火，注油烧热，放入鱼片。

6.炸1分钟至熟捞出鱼片。

04 做法演示 烹饪方法分步详解

1.起油锅，倒入蒜末、葱白、青椒、红椒爆香。

2.再注入少量的清水。

3.倒入番茄汁拌匀煮沸。

4.锅中加入适量盐调味。

5.再加入适量白糖调味。

6.加入少许水淀粉勾芡。

7.倒入鱼片翻炒匀，再淋入熟油拌匀。

8.将做好的菜盛入盘内即可。

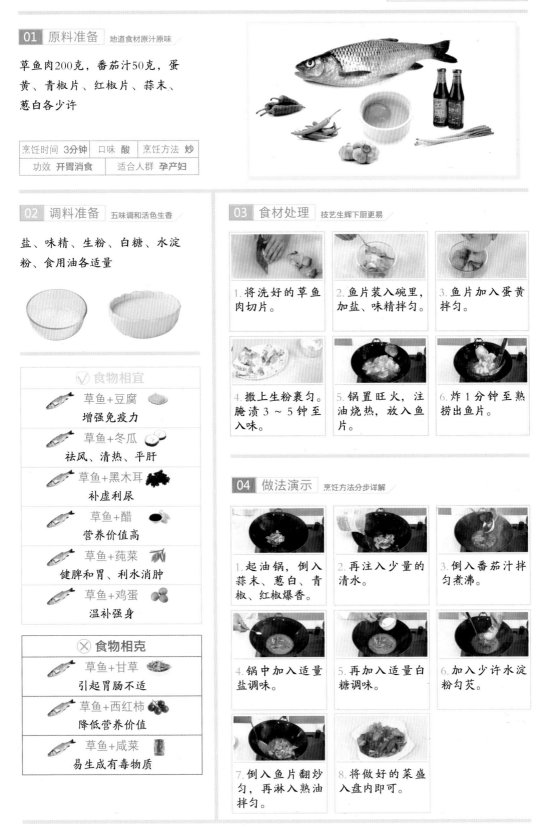

豆豉鲮鱼炒苦瓜

Dou chi ling yu chao ku gua

营养分析 苦瓜富含蛋白质、脂肪、碳水化合物、维生素C等营养成分，有降邪热、解疲乏、清心明目、益气壮阳的功效。它能促进糖分分解，保持体内的脂肪平衡。

制作指导 烹饪前，将苦瓜放入盐水中浸泡片刻，可以减轻苦瓜的苦味。

01 原料准备 地道食材原汁原味

苦瓜150克，豆豉鲮鱼80克，蒜末、胡萝卜片各少许

烹饪时间 5分钟	口味 鲜	烹饪方法 炒
功效 美容养颜	适合人群 女性	

02 调料准备 五味调和活色生香

盐、味精、白糖、水淀粉、食用油各适量

✓ 食物相宜

苦瓜+辣椒
排毒瘦身

苦瓜+鸡蛋
对骨骼、牙齿的健康有帮助

苦瓜+猪肝
清热解毒，补肝明目

苦瓜+茄子
延缓衰老

苦瓜+洋葱
增强免疫力

苦瓜+玉米
清热解毒

✗ 食物相克

苦瓜+豆腐
易形成结石

苦瓜+黄瓜
降低营养价值

苦瓜+牛奶
不利营养物质的吸收

苦瓜+胡萝卜
降低营养价值

03 食材处理 技艺生辉下厨更易

1.将洗净的苦瓜切片。

2.豆豉鲮鱼切成小块。

04 做法演示 烹饪方法分步详解

1.起锅，注食用油烧热。

2.放入切好的蒜末煸香。

3.倒入切好的苦瓜翻炒。

4.再倒入豆豉鲮鱼拌炒熟。

5.加入适量盐、味精、白糖调味炒匀。

6.加入适量水淀粉勾芡。

7.最后淋入少许熟油翻炒。

8.将做好的菜盛出装盘即成。

☆ 小贴士

1.鲮鱼一般都会做成罐头保存，罐头开封后最好一次吃完。

2.鲮鱼适合于春季食用，春季鲮鱼肉质最好。

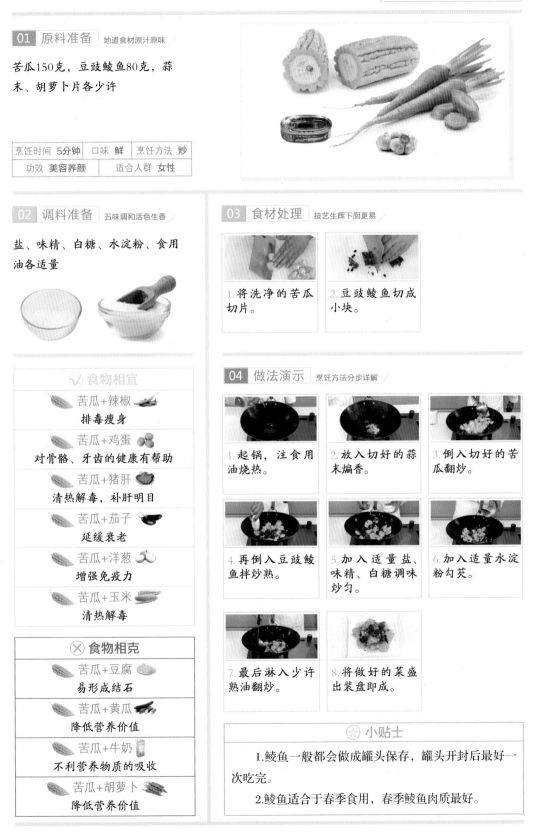

生鱼骨汤

Sheng yu gu tang

营养分析 生鱼骨含有丰富的钙和微量元素，经常食用可以防止骨质疏松，对于处于生长发育期的青少年和中老年人都非常有益处。用生鱼骨熬煮的鱼汤，鱼骨的营养成分都成为水溶性物质，很容易被人体吸收。所以，多吃鱼骨汤对身体非常有益。

制作指导 煎鱼骨时，宜用中小火，可边煎鱼骨边轻轻晃动锅子，这样不易粘锅，煲出的鱼汤味道也更鲜美。

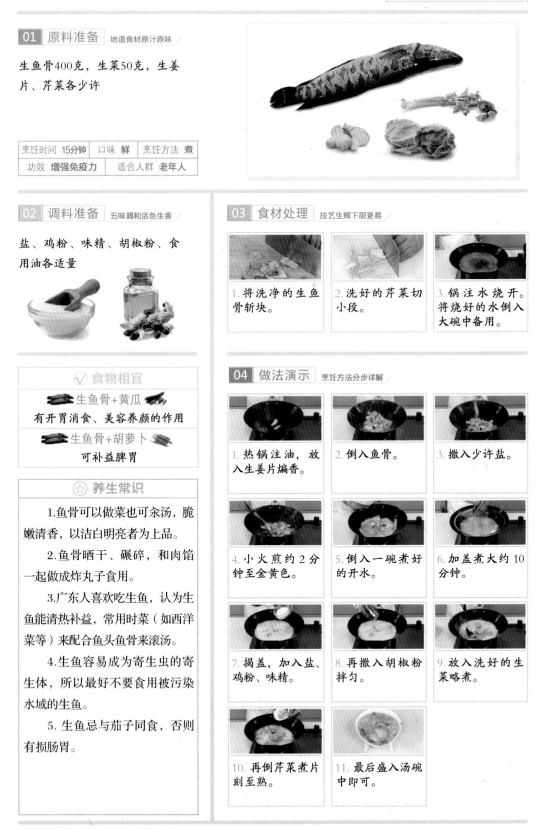

01 原料准备 地道食材原汁原味

生鱼骨400克，生菜50克，生姜片、芹菜各少许

烹饪时间 15分钟	口味 鲜	烹饪方法 煮
功效 增强免疫力	适合人群 老年人	

02 调料准备 五味调和活色生香

盐、鸡粉、味精、胡椒粉、食用油各适量

✓ 食物相宜

生鱼骨+黄瓜
有开胃消食、美容养颜的作用

生鱼骨+胡萝卜
可补益脾胃

☆ 养生常识

1.鱼骨可以做菜也可余汤，脆嫩清香，以洁白明亮者为上品。

2.鱼骨晒干、碾碎，和肉馅一起做成炸丸子食用。

3.广东人喜欢吃生鱼，认为生鱼能清热补益，常用时菜（如西洋菜等）来配合鱼头鱼骨来滚汤。

4.生鱼容易成为寄生虫的寄生体，所以最好不要食用被污染水域的生鱼。

5.生鱼忌与茄子同食，否则有损肠胃。

03 食材处理 技艺生辉下厨更易

1. 将洗净的生鱼骨斩块。

2. 洗好的芹菜切小段。

3. 锅注水烧开。将烧好的水倒入大碗中备用。

04 做法演示 烹饪方法分步详解

1. 热锅注油，放入生姜片煸香。

2. 倒入鱼骨。

3. 撒入少许盐。

4. 小火煎约2分钟至金黄色。

5. 倒入一碗煮好的开水。

6. 加盖煮大约10分钟。

7. 揭盖，加入盐、鸡粉、味精。

8. 再撒入胡椒粉拌匀。

9. 放入洗好的生菜略煮。

10. 再倒芹菜煮片刻至熟。

11. 最后盛入汤碗中即可。

鱼丸紫菜煲

Yu wan zi cai bao

营养分析〉紫菜含有多种人体必需的营养成分。其蛋白质含量相当高，维生素和碘、钙、铁等营养元素含量也很丰富，具有化痰软坚、清热利水、补肾养心的功效。尤其适宜咳嗽、高血压、肺病初期者食用。

制作指导〉泡发紫菜时，应换1~2次水，以彻底清除紫菜中掺杂的杂质。

01 原料准备 地道食材原汁原味

鱼丸180克，水发紫菜150克，姜片10克，葱花5克，枸杞子少许

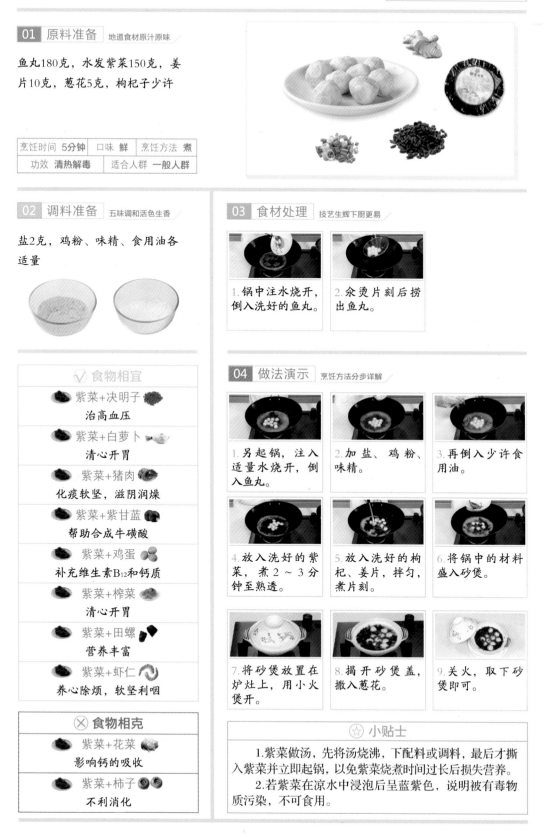

烹饪时间 5分钟	口味 鲜	烹饪方法 煮
功效 清热解毒	适合人群 一般人群	

02 调料准备 五味调和活色生香

盐2克，鸡粉、味精、食用油各适量

✓ 食物相宜

紫菜+决明子
治高血压

紫菜+白萝卜
清心开胃

紫菜+猪肉
化痰软坚，滋阴润燥

紫菜+紫甘蓝
帮助合成牛磺酸

紫菜+鸡蛋
补充维生素B_{12}和钙质

紫菜+榨菜
清心开胃

紫菜+田螺
营养丰富

紫菜+虾仁
养心除烦，软坚利咽

✗ 食物相克

紫菜+花菜
影响钙的吸收

紫菜+柿子
不利消化

03 食材处理 技艺生辉下厨更易

1.锅中注水烧开，倒入洗好的鱼丸。

2.汆烫片刻后捞出鱼丸。

04 做法演示 烹饪方法分步详解

1.另起锅，注入适量水烧开，倒入鱼丸。

2.加盐、鸡粉、味精。

3.再倒入少许食用油。

4.放入洗好的紫菜，煮2～3分钟至熟透。

5.放入洗好的枸杞、姜片，拌匀，煮片刻。

6.将锅中的材料盛入砂煲。

7.将砂煲放置在炉灶上，用小火煲开。

8.揭开砂煲盖，撒入葱花。

9.关火，取下砂煲即可。

☆ 小贴士

1.紫菜做汤，先将汤烧沸，下配料或调料，最后才撕入紫菜并立即起锅，以免紫菜烧煮时间过长后损失营养。

2.若紫菜在凉水中浸泡后呈蓝紫色，说明被有毒物质污染，不可食用。

木瓜红枣生鱼汤

Mu gua hong zao sheng yu tang

营养分析 木瓜中含有大量水分、碳水化合物、木瓜蛋白酶、番木瓜碱、脂肪、多种维生素及多种人体必需的氨基酸等营养成分。其所含的木瓜蛋白酶、番木瓜碱等，能消除体内过氧化物等毒素，净化血液，对肝功能障碍及高脂血症、高血压病具有防治效果。

制作指导 煎鱼时，宜用中小火，边煎鱼边轻轻晃动锅子，这样鱼皮不易粘锅，且还能去除鱼的腥味，煲出的鱼汤味道也更鲜美。

01 原料准备 地道食材原汁原味

生鱼1条，红枣6克，陈皮3克，木瓜100克，生姜片少许

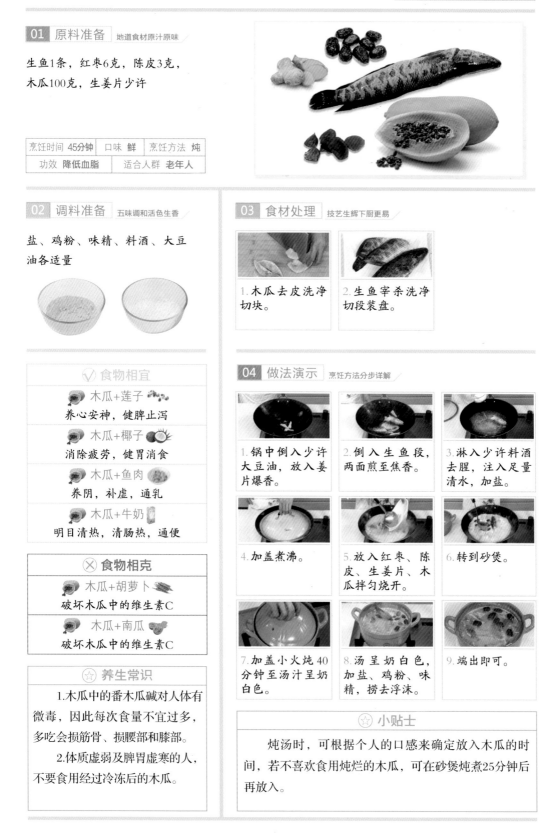

烹饪时间	45分钟	口味	鲜	烹饪方法	炖
功效	降低血脂	适合人群	老年人		

02 调料准备 五味调和活色生香

盐、鸡粉、味精、料酒、大豆油各适量

03 食材处理 技艺生辉下厨更易

1.木瓜去皮洗净切块。

2.生鱼宰杀洗净切段装盘。

✓ 食物相宜

🍈 木瓜+莲子
养心安神，健脾止泻

🍈 木瓜+椰子
消除疲劳，健胃消食

🍈 木瓜+鱼肉
养阴，补虚，通乳

🍈 木瓜+牛奶
明目清热，清肠热，通便

⊗ 食物相克

🍈 木瓜+胡萝卜
破坏木瓜中的维生素C

🍈 木瓜+南瓜
破坏木瓜中的维生素C

☆ 养生常识

1.木瓜中的番木瓜碱对人体有微毒，因此每次食量不宜过多，多吃会损筋骨、损腰部和膝部。

2.体质虚弱及脾胃虚寒的人，不要食用经过冷冻后的木瓜。

04 做法演示 烹饪方法分步详解

1.锅中倒入少许大豆油，放入姜片爆香。

2.倒入生鱼段，两面煎至焦香。

3.淋入少许料酒去腥，注入足量清水，加盐。

4.加盖煮沸。

5.放入红枣、陈皮、生姜片、木瓜拌匀烧开。

6.转到砂煲。

7.加盖小火炖40分钟至汤汁呈奶白色。

8.汤呈奶白色，加盐、鸡粉、味精，捞去浮沫。

9.端出即可。

☆ 小贴士

炖汤时，可根据个人的口感来确定放入木瓜的时间，若不喜欢食用炖烂的木瓜，可在砂煲炖煮25分钟后再放入。

天麻鱼头汤

Tian ma yu tou tang

营养分析 天麻具有很高的营养价值，富含蛋白质、氨基酸、碳水化合物、糖类、铁等营养物质，具有增强记忆力、保护视力、延年益寿等功效，是老少皆宜的保健药材。

制作指导 煎鱼头时，用油量不宜太多，以免成品过于油腻，影响口感。

01 原料准备 地道食材原汁原味

鱼头250克，姜片20克，天麻5克，枸杞子2克

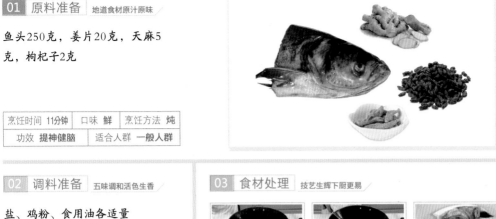

烹饪时间 11分钟	口味 鲜	烹饪方法 炖
功效 提神健脑	适合人群 一般人群	

02 调料准备 五味调和活色生香

盐、鸡粉、食用油各适量

☑ 食物相宜

鱼头+豆腐

增强免疫力

☆ 养生常识

1.鱼体内有两种不饱和脂肪酸，即22碳六烯酸(DHA)和20碳五烯酸(EPA)。这两种不饱和脂肪酸对清理和软化血管、降低血脂、延缓衰老都有好处。DHA和EPA在鱼油中的含量要高于鱼肉，而鱼油又相对集中在鱼头内。从这个意义上讲，多吃鱼头对人体健康有益。

2.天麻对冠状动脉、外周血管有一定程度的扩张作用。天麻素有促进心肌细胞能量代谢，特别是在缺氧情况下获得能量的作用。

3.天麻可以息风止痉，平肝潜阳，祛风通络。

03 食材处理 技艺生辉下厨更易

1. 锅置旺火上，注油烧热，放入姜片爆香。

2. 再放入洗净的鱼头，煎至两面焦黄。

3. 煎好后盛入盘内备用。

04 做法演示 烹饪方法分步详解

1. 取干净的砂煲，倒入开水。

2. 放入天麻、姜片和鱼头。

3. 加入少许盐。

4. 用大火煲开。

5. 再加入少许鸡粉调味。

6. 盖上锅盖，转中火再炖8分钟。

7. 揭开锅盖，放入枸杞子。

8. 继续用中火炖煮片刻。

9. 关火，端下砂煲即成。

☆ 小贴士

1.鱼鳃不仅是鱼的呼吸器官，也是一个相当重要的排毒器官，这也是人们吃鱼都要摘除鱼鳃的重要原因。

2.鱼头中存在着大量的寄生虫，所以吃鱼头一定要烧熟，千万不要贪生，尤其吃火锅的时候要注意这一点。

时蔬炒墨鱼

Shi shu chao mo yu

营养分析 西葫芦含有较多的维生素C、钙、葡萄糖等营养物质，而且其钠盐含量较低，糖尿病患者可以多食。西葫芦还富含很多水分，有润泽肌肤的作用。面色暗黄的人常食西葫芦，不仅能改善皮肤的颜色，还能补充肌肤的养分，让肌肤恢复活力。

制作指导 西葫芦入锅后，立即淋几滴醋，可使西葫芦片脆嫩爽口。

01 原料准备 地道食材原汁原味

西葫芦200克，墨鱼100克，胡萝卜80克，洋葱50克，红椒30克，蒜末、姜片、葱白各少许

| 烹饪时间 | 3分钟 | 口味 | 清淡 | 烹饪方法 | 炒 |
| 功效 | 增强免疫力 | | 适合人群 | 一般人群 | |

02 调料准备 五味调和活色生香

盐、味精、料酒、蚝油、生粉、水淀粉、食用油各适量

☑ 食物相宜

🥒 西葫芦+鸡蛋 🥚
补充动物蛋白

🥒 西葫芦+洋葱 🧅
增强免疫力

☆ 养生常识

中医认为，西葫芦具有清热利尿、除烦止渴、润肺止咳、消肿散结的功效，可用于辅助治疗水肿腹胀、烦渴、疮毒以及肾炎、肝硬化腹水等症。

03 食材处理 技艺生辉下厨更易

01.将洗好的西葫芦切片。
02.再把洗净的洋葱切片。
03.洗净的胡萝卜切片。
04.洗好的红椒切片。
05.再将已宰杀处理好的墨鱼切丝。
06.墨鱼加料酒、盐、味精拌匀，再加生粉拌匀，腌渍10分钟入味。
07.锅中加清水烧开，加盐、食用油和胡萝卜，拌匀煮沸。
08.倒入西葫芦拌匀，再煮1分钟至熟。
09.捞出煮好的胡萝卜和西葫芦。
10.倒入切好的墨鱼。
11.煮沸后捞出备用。

04 做法演示 烹饪方法分步详解

01.用油起锅。
02.倒入蒜末、姜片、葱白爆香。
03.倒入墨鱼炒匀，加入少许料酒。
04.再加入洋葱和红椒炒匀。
05.倒入胡萝卜和西葫芦，加盐、味精、蚝油翻炒至熟透。
06.加入少许水淀粉。
07.快速拌炒均匀。
08.出锅盛入盘中即可。

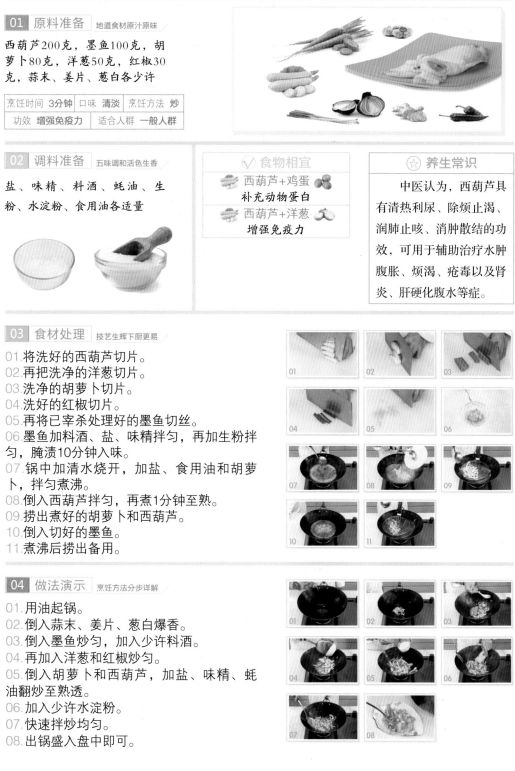

芹菜炒墨鱼

Qin cai chao mo yu

营养分析〉墨鱼富含丰富的蛋白质、脂肪、碳水化合物、维生素及钙、磷、铁等营养成分，是一种高蛋白、低脂肪的滋补佳品，也是女性塑造体型和保养肌肤的理想食品。

制作指导〉新鲜墨鱼烹制前，要将其内脏清除干净，因为其内脏中含有大量的胆固醇，多食无益。

01 原料准备 　地道食材原汁原味

芹菜100克，净墨鱼肉150克，
蒜苗30克，青椒片、红椒片、
姜片各少许

烹饪时间 **4分钟**	口味 **辣**	烹饪方法 **炒**
功效 **美容养颜**	适合人群 **女性**	

02 调料准备 　五味调和活色生香

盐、味精、鸡粉、辣椒酱、料
酒、水淀粉、食用油各适量

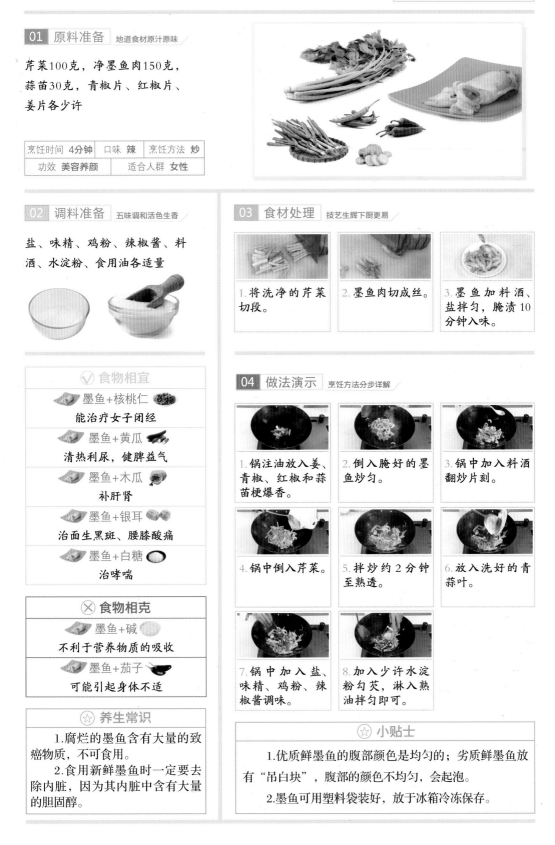

03 食材处理 　技艺生辉下厨更易

1.将洗净的芹菜切段。

2.墨鱼肉切成丝。

3.墨鱼加料酒、盐拌匀，腌渍10分钟入味。

✔ 食物相宜

墨鱼+核桃仁

能治疗女子闭经

墨鱼+黄瓜

清热利尿，健脾益气

墨鱼+木瓜

补肝肾

墨鱼+银耳

治面生黑斑、腰膝酸痛

墨鱼+白糖

治哮喘

✖ 食物相克

墨鱼+碱

不利于营养物质的吸收

墨鱼+茄子

可能引起身体不适

☆ 养生常识

1.腐烂的墨鱼含有大量的致癌物质，不可食用。

2.食用新鲜墨鱼时一定要去除内脏，因为其内脏中含有大量的胆固醇。

04 做法演示 　烹饪方法分步详解

1.锅注油放入姜、青椒、红椒和蒜苗梗爆香。

2.倒入腌好的墨鱼炒匀。

3.锅中加入料酒翻炒片刻。

4.锅中倒入芹菜。

5.拌炒约2分钟至熟透。

6.放入洗好的青蒜叶。

7.锅中加入盐、味精、鸡粉、辣椒酱调味。

8.加入少许水淀粉勾芡，淋入熟油拌匀即可。

☆ 小贴士

1.优质鲜墨鱼的腹部颜色是均匀的；劣质鲜墨鱼放有"吊白块"，腹部的颜色不均匀，会起泡。

2.墨鱼可用塑料袋装好，放于冰箱冷冻保存。

孜然鱿鱼

Zi ran you yu

营养分析 鱿鱼中含有丰富的钙、磷、铁元素，对骨骼发育和造血十分有益，可预防贫血。鱿鱼还富含蛋白质、氨基酸、硒、碘、锰、铜等微量元素。补硒有利于改善糖尿病患者的各种症状，并可以减少糖尿病患者产生各种并发症的危险。

制作指导 炸鱿鱼前，可适量拍上少许生粉，这样炸制后的鱿鱼口感更香脆。

01 原料准备 地道食材原汁原味

鱿鱼200克，洋葱100克

烹饪时间 2分钟	口味 鲜	烹饪方法 炒
功效 开胃消食	适合人群 一般人群	

02 调料准备 五味调和活色生香

盐、味精、孜然粉、生粉、辣椒粉各适量

✓ 食物相宜

鱿鱼+黄瓜
营养全面丰富

鱿鱼+竹笋
营养互补

鱿鱼+银耳
延年益寿

鱿鱼+猪蹄
补气养血

鱿鱼+黑木耳
排毒，造血

鱿鱼+虾
抵抗寒冷

✗ 食物相克

鱿鱼+茄子
对人体有害

鱿鱼+茶叶
会影响蛋白质的吸收

鱿鱼+冬瓜
会引起身体不适

鱿鱼+柿子
降低蛋白质的吸收且不利消化

03 食材处理 技艺生辉下厨更易

1.将洗好的洋葱切成丝。

2.再将处理好的鱿鱼切丝。

3.锅注水烧开倒入鱿鱼，煮沸后捞出沥干备用。

4.将生粉撒在鱿鱼上，抓匀。

5.锅注油烧热，倒入洋葱，小火炸片刻捞出。

6.放入鱿鱼，滑油片刻后捞出。

04 做法演示 烹饪方法分步详解

1.锅留底油，倒入洋葱。

2.放入鱿鱼，再倒入孜然粉、辣椒粉。

3.加入盐、味精。

4.将菜炒匀。

5.将成品盛入盘内即可。

☆ 小贴士

1.鱿鱼应煮熟透后再食，因为鲜鱿鱼中含有多肽，若未煮透就食用，会导致肠功能失调。

2.食用新鲜鱿鱼时一定要去除内脏，因为其内脏中含有大量的胆固醇。

锅仔鲈鱼煮萝卜

Guo zai lu yu zhu luo bo

营养分析 鲈鱼肉质白嫩、清香，没有腥味，肉为蒜瓣形，最宜清蒸、红烧或炖汤。秋末冬初时的鲈鱼特别肥美，鱼体内积累的营养物质也最丰富，所以是吃鲈鱼的最好时令。常食鲈鱼可补益五脏，益筋骨，调和肠胃。

制作指导 煎鲈鱼时，应高油温投入略炸，再转中小火浸炸，这样鱼皮不易破碎。煎的过程中还可以用锅铲稍稍按压鱼身，让鱼身里的水分充分炸干，这样炸出的鱼会外酥里嫩。

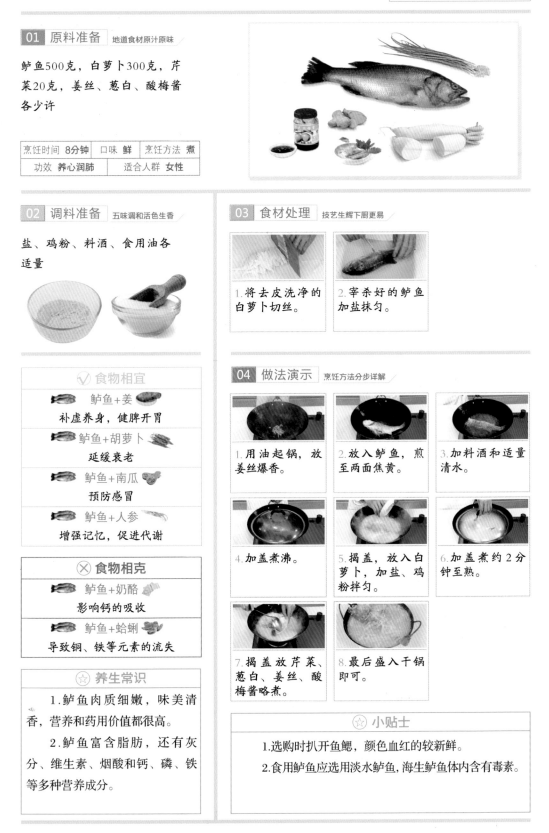

01 原料准备 地道食材原汁原味

鲈鱼500克，白萝卜300克，芹菜20克，姜丝、葱白、酸梅酱各少许

烹饪时间 **8分钟**	口味 **鲜**	烹饪方法 **煮**
功效 **养心润肺**	适合人群 **女性**	

02 调料准备 五味调和活色生香

盐、鸡粉、料酒、食用油各适量

03 食材处理 技艺生辉下厨更易

1.将去皮洗净的白萝卜切丝。

2.宰杀好的鲈鱼加盐抹匀。

04 做法演示 烹饪方法分步详解

1.用油起锅，放姜丝爆香。

2.放入鲈鱼，煎至两面焦黄。

3.加料酒和适量清水。

4.加盖煮沸。

5.揭盖，放入白萝卜，加盐、鸡粉拌匀。

6.加盖煮约2分钟至熟。

7.揭盖放芹菜、葱白、姜丝、酸梅酱略煮。

8.最后盛入干锅即可。

✔ 食物相宜

🐟 鲈鱼+姜
补虚养身，健脾开胃

🐟 鲈鱼+胡萝卜
延缓衰老

🐟 鲈鱼+南瓜
预防感冒

🐟 鲈鱼+人参
增强记忆，促进代谢

✖ 食物相克

🐟 鲈鱼+奶酪
影响钙的吸收

🐟 鲈鱼+蛤蜊
导致铜、铁等元素的流失

☆ 养生常识

1.鲈鱼肉质细嫩，味美清香，营养和药用价值都很高。

2.鲈鱼富含脂肪，还有灰分、维生素、烟酸和钙、磷、铁等多种营养成分。

☆ 小贴士

1.选购时扒开鱼鳃，颜色血红的较新鲜。

2.食用鲈鱼应选用淡水鲈鱼，海生鲈鱼体内含有毒素。

鲜虾银杏炒百合

Xian xia yin xing chao bai he

营养分析〉百合富含蛋白质、脂肪、淀粉、钙、磷、铁等营养物质及秋水仙碱等多种生物碱，有润肺、清心、调中、滋补之效，可止咳、止血、开胃、安神，对病后体弱、神经衰弱者大有裨益。支气管不好的人食用百合，有助病情改善。

制作指导〉因为百合微苦，所以焯百合的水中可加入少许白糖，使百合的味道更加清甜。

01 原料准备 地道食材原汁原味

虾仁120克，百合100克，银杏100克，红椒片15克，姜片、蒜片各10克，胡萝卜片、口蘑、蛋清、葱白各少许

烹饪时间 **2分钟**	口味 **鲜**	烹饪方法 **炒**
功效 **养心润肺**	适合人群 **老年人**	

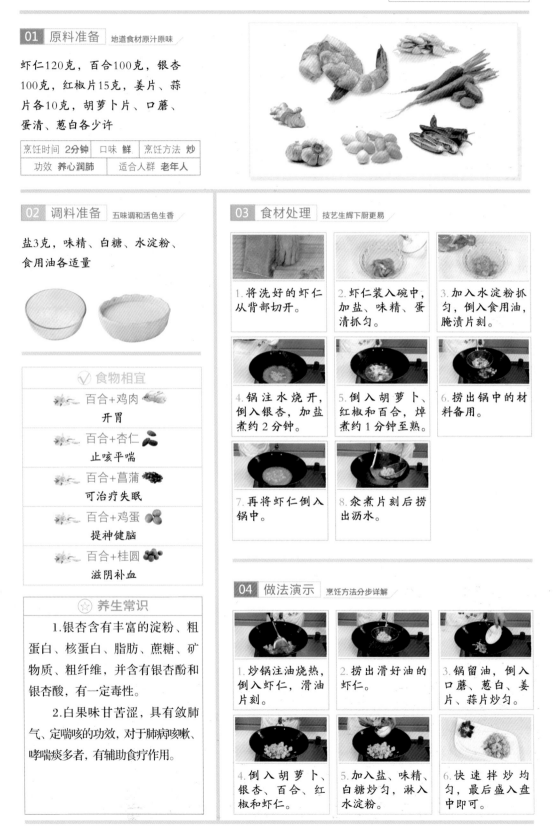

02 调料准备 五味调和活色生香

盐3克，味精、白糖、水淀粉、食用油各适量

✓ 食物相宜

	百合+鸡肉	
	开胃	
	百合+杏仁	
	止咳平喘	
	百合+菖蒲	
	可治疗失眠	
	百合+鸡蛋	
	提神健脑	
	百合+桂圆	
	滋阴补血	

☆ 养生常识

　　1.银杏含有丰富的淀粉、粗蛋白、核蛋白、脂肪、蔗糖、矿物质、粗纤维，并含有银杏酚和银杏酸，有一定毒性。

　　2.白果味甘苦涩，具有敛肺气、定喘咳的功效，对于肺病咳嗽、哮喘痰多者，有辅助食疗作用。

03 食材处理 技艺生辉下厨更易

1.将洗好的虾仁从背部切开。

2.虾仁装入碗中，加盐、味精、蛋清抓匀。

3.加入水淀粉抓匀，倒入食用油，腌渍片刻。

4.锅注水烧开，倒入银杏，加盐煮约2分钟。

5.倒入胡萝卜、红椒和百合，焯煮约1分钟至熟。

6.捞出锅中的材料备用。

7.再将虾仁倒入锅中。

8.汆煮片刻后捞出沥水。

04 做法演示 烹饪方法分步详解

1.炒锅注油烧热，倒入虾仁，滑油片刻。

2.捞出滑好油的虾仁。

3.锅留油，倒入口蘑、葱白、姜片、蒜片炒匀。

4.倒入胡萝卜、银杏、百合、红椒和虾仁。

5.加入盐、味精、白糖炒匀，淋入水淀粉。

6.快速拌炒均匀，最后盛入盘中即可。

山药炒虾仁

Shan yao chao xia ren

营养分析 虾仁肉质松软，易消化，蛋白质含量非常高。虾仁还含有丰富的钾、碘、镁、磷、维生素A等营养成分，具有补肾壮阳、增强免疫力等功效，尤其适宜身体虚弱以及病后需要调养的人食用。

制作指导 新鲜山药切开时会有黏液，极易滑刀伤手，可以先用清水加少许醋洗，这样可减少黏液。

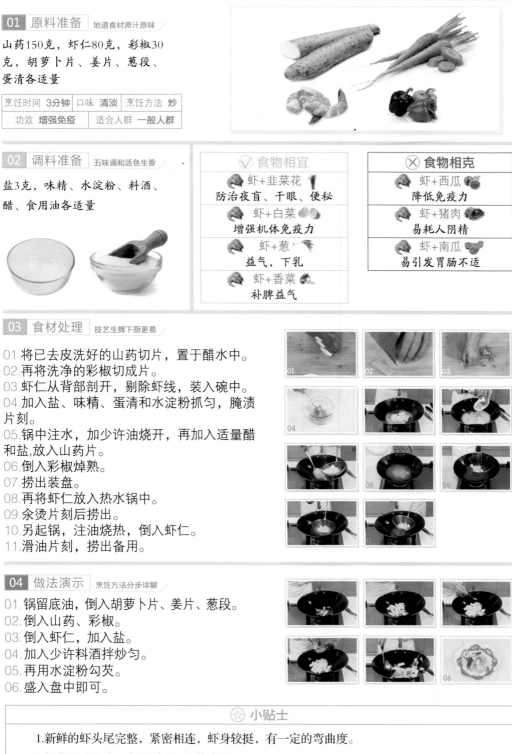

01 原料准备 地道食材原汁原味

山药150克，虾仁80克，彩椒30克，胡萝卜片、姜片、葱段、蛋清各适量

烹饪时间	3分钟	口味	清淡	烹饪方法	炒
功效	增强免疫		适合人群	一般人群	

02 调料准备 五味调和活色生香

盐3克，味精、水淀粉、料酒、醋、食用油各适量

✓ 食物相宜

🦐 虾+韭菜花
防治夜盲、干眼、便秘

🦐 虾+白菜
增强机体免疫力

🦐 虾+葱
益气，下乳

🦐 虾+香菜
补脾益气

✗ 食物相克

🦐 虾+西瓜
降低免疫力

🦐 虾+猪肉
易耗人阴精

🦐 虾+南瓜
易引发胃肠不适

03 食材处理 技艺生辉下厨更易

01. 将已去皮洗好的山药切片，置于醋水中。
02. 再将洗净的彩椒切成片。
03. 虾仁从背部剖开，剔除虾线，装入碗中。
04. 加入盐、味精、蛋清和水淀粉抓匀，腌渍片刻。
05. 锅中注水，加少许油烧开，再加入适量醋和盐，放入山药片。
06. 倒入彩椒焯熟。
07. 捞出装盘。
08. 再将虾仁放入热水锅中。
09. 汆烫片刻后捞出。
10. 另起锅，注油烧热，倒入虾仁。
11. 滑油片刻，捞出备用。

04 做法演示 烹饪方法分步详解

01. 锅留底油，倒入胡萝卜片、姜片、葱段。
02. 倒入山药、彩椒。
03. 倒入虾仁，加入盐。
04. 加入少许料酒拌炒匀。
05. 再用水淀粉勾芡。
06. 盛入盘中即可。

☆ 小贴士

1. 新鲜的虾头尾完整，紧密相连，虾身较挺，有一定的弯曲度。

2. 虾背上的沙线一定要剔除，不能食用。

3. 食用虾类等水生甲壳类动物时服用大量的维生素C能够致人中毒。

椒盐基围虾

Jiao yan ji wei xia

营养分析 基围虾含有丰富的钾、碘、镁、磷等矿物质及维生素A等成分，其肉质松软，易消化，对身体虚弱以及病后需要调养的人是极好的食物；此外它还含有丰富的镁，而镁对心脏活动具有重要的调节作用，能很好地保护心血管系统。

制作指导 烹饪基围虾时，放入少许柠檬片可去除腥味，使虾肉更鲜美。

01 原料准备 地道食材原汁原味

基围虾150克，葱末、蒜末、姜末、辣椒末各适量

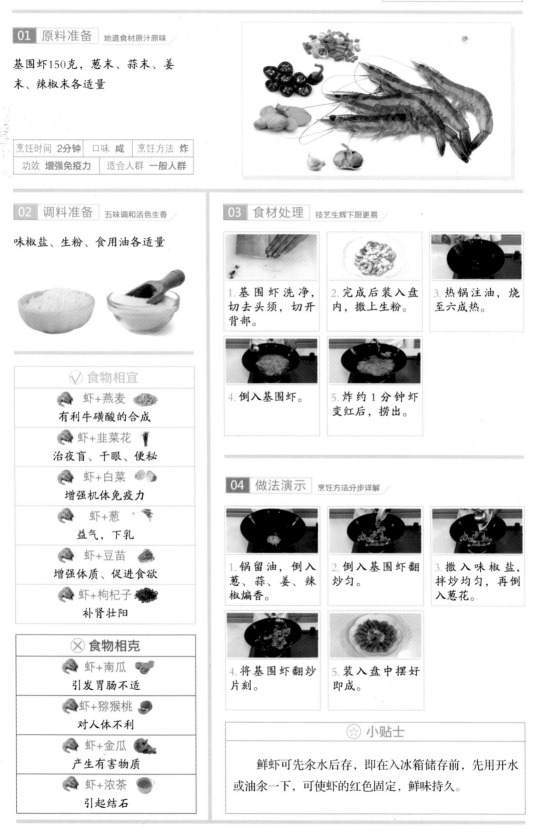

烹饪时间 2分钟	口味 咸	烹饪方法 炸
功效 增强免疫力	适合人群 一般人群	

02 调料准备 五味调和活色生香

味椒盐、生粉、食用油各适量

✓ 食物相宜

🦐 虾+燕麦
有利牛磺酸的合成

🦐 虾+韭菜花
治夜盲、干眼、便秘

🦐 虾+白菜
增强机体免疫力

🦐 虾+葱
益气，下乳

🦐 虾+豆苗
增强体质、促进食欲

🦐 虾+枸杞子
补肾壮阳

✕ 食物相克

🦐 虾+南瓜
引发胃肠不适

🦐 虾+猕猴桃
对人体不利

🦐 虾+金瓜
产生有害物质

🦐 虾+浓茶
引起结石

03 食材处理 技艺生辉下厨更易

1. 基围虾洗净，切去头须，切开背部。

2. 完成后装入盘内，撒上生粉。

3. 热锅注油，烧至六成热。

4. 倒入基围虾。

5. 炸约1分钟虾变红后，捞出。

04 做法演示 烹饪方法分步详解

1. 锅留油，倒入葱、蒜、姜、辣椒煸香。

2. 倒入基围虾翻炒匀。

3. 撒入味椒盐，拌炒均匀，再倒入葱花。

4. 将基围虾翻炒片刻。

5. 装入盘中摆好即成。

☆ 小贴士

鲜虾可先氽水后存，即在入冰箱储存前，先用开水或油氽一下，可使虾的红色固定，鲜味持久。

白灼基围虾

Bai zhuo ji wei xia

营养分析 基围虾营养丰富，其蛋白质含量是鱼、蛋、奶的几倍到几十倍。基围虾还含有丰富的钾、碘、镁、磷等矿物质及维生素A，是身体虚弱以及病后需要调养的人的良好食物。此外，基围虾肉质松软，易消化，非常适合儿童、孕妇和老年人食用。

制作指导 基围虾头部长有剑齿状的锋利外壳，烹制基围虾前应将其头须和脚剪去。氽煮基围虾时，放入少许柠檬片可去除腥味，使虾肉味道更鲜美。

01 原料准备 地道食材原汁原味

基围虾250克，生姜35克，红椒20克，香菜少许

烹饪时间 **4分钟**	口味 **鲜**	烹饪方法 **煮**
功效 **增强免疫力**	适合人群 **一般人群**	

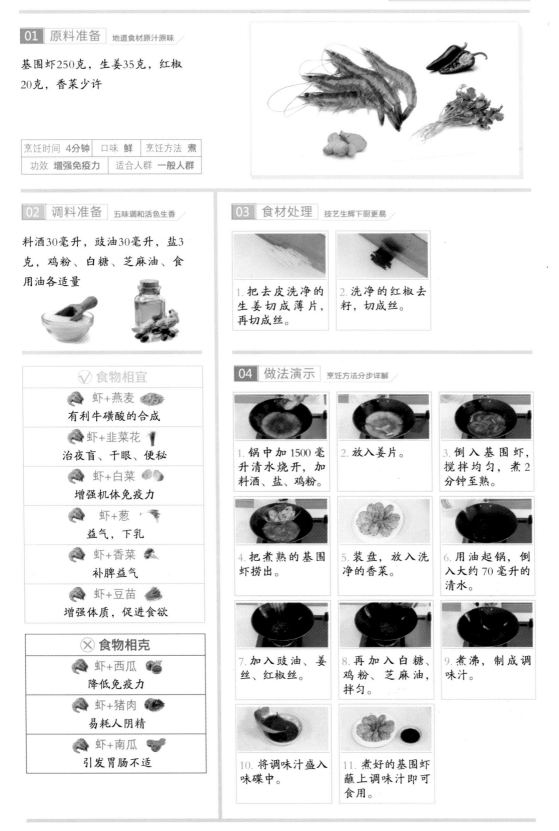

02 调料准备 五味调和活色生香

料酒30毫升，豉油30毫升，盐3克，鸡粉、白糖、芝麻油、食用油各适量

03 食材处理 技艺生辉下厨更易

1. 把去皮洗净的生姜切成薄片，再切成丝。

2. 洗净的红椒去籽，切成丝。

⊘ 食物相宜

🦐 虾+燕麦
有利牛磺酸的合成

🦐 虾+韭菜花
治夜盲、干眼、便秘

🦐 虾+白菜
增强机体免疫力

🦐 虾+葱
益气，下乳

🦐 虾+香菜
补脾益气

🦐 虾+豆苗
增强体质，促进食欲

⊗ 食物相克

🦐 虾+西瓜
降低免疫力

🦐 虾+猪肉
易耗人阴精

🦐 虾+南瓜
引发胃肠不适

04 做法演示 烹饪方法分步详解

1. 锅中加1500毫升清水烧开，加料酒、盐、鸡粉。

2. 放入姜片。

3. 倒入基围虾，搅拌均匀，煮2分钟至熟。

4. 把煮熟的基围虾捞出。

5. 装盘，放入洗净的香菜。

6. 用油起锅，倒入大约70毫升的清水。

7. 加入豉油、姜丝、红椒丝。

8. 再加入白糖、鸡粉、芝麻油、拌匀。

9. 煮沸，制成调味汁。

10. 将调味汁盛入味碟中。

11. 煮好的基围虾蘸上调味汁即可食用。

虾仁莴笋

Xia ren wo sun

营养分析 虾仁肉质松软，易消化，蛋白质含量非常高。虾仁还含有丰富的钾、碘、镁、磷等矿物质及维生素A等成分，具有补肾壮阳、增强免疫力等功效，尤其适宜身体虚弱以及病后需要调养的人食用。

制作指导 虾仁入锅煸炒时火不要太大，而且时间不要太长，这样炒出的虾仁才会更嫩。

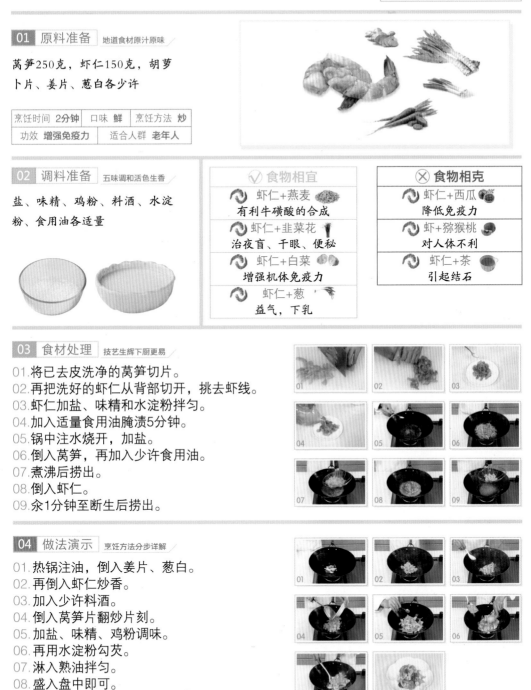

01 原料准备 地道食材原汁原味

莴笋250克，虾仁150克，胡萝卜片、姜片、葱白各少许

烹饪时间 **2分钟**	口味 **鲜**	烹饪方法 **炒**
功效 **增强免疫力**	适合人群 **老年人**	

02 调料准备 五味调和活色生香

盐、味精、鸡粉、料酒、水淀粉、食用油各适量

✓ 食物相宜

虾仁+燕麦
有利牛磺酸的合成
虾仁+韭菜花
治夜盲、干眼、便秘
虾仁+白菜
增强机体免疫力
虾仁+葱
益气，下乳

✗ 食物相克

虾仁+西瓜
降低免疫力
虾+猕猴桃
对人体不利
虾仁+茶
引起结石

03 食材处理 技艺生辉下厨更易

01.将已去皮洗净的莴笋切片。
02.再把洗好的虾仁从背部切开，挑去虾线。
03.虾仁加盐、味精和水淀粉拌匀。
04.加入适量食用油腌渍5分钟。
05.锅中注水烧开，加盐。
06.倒入莴笋，再加入少许食用油。
07.煮沸后捞出。
08.倒入虾仁。
09.余1分钟至断生后捞出。

04 做法演示 烹饪方法分步详解

01.热锅注油，倒入姜片、葱白。
02.再倒入虾仁炒香。
03.加入少许料酒。
04.倒入莴笋片翻炒片刻。
05.加盐、味精、鸡粉调味。
06.再用水淀粉勾芡。
07.淋入熟油拌匀。
08.盛入盘中即可。

☆ 小贴士

1.让炒出来的虾仁又大又鲜脆，最好的方法是在虾仁洗净以后，用干净的纱布或厨房用纸包裹住，充分吸干水分，这样可以避免炒的过程中虾仁缩水。

2.虾仁一般都采用滑炒的方式，这样炒出来的虾仁才能保持虾仁的鲜嫩。

虾胶日本豆腐

Xia jiao ri ben dou fu

营养分析 日本豆腐营养丰富、味道甜香，富含碳水化合物、脂肪、维生素B₁、维生素B₂、维生素E、蛋白质、钾、钙、钠、镁、磷、铁、锌等营养元素，有降压、化痰、消炎、美容、止吐的功效。

制作指导 豆腐上蒸锅时，应掌握好火候，若火太大，易将日本豆腐蒸老，起蜂巢，影响口感。

01 原料准备 地道食材原汁原味

虾胶120克，日本豆腐2根

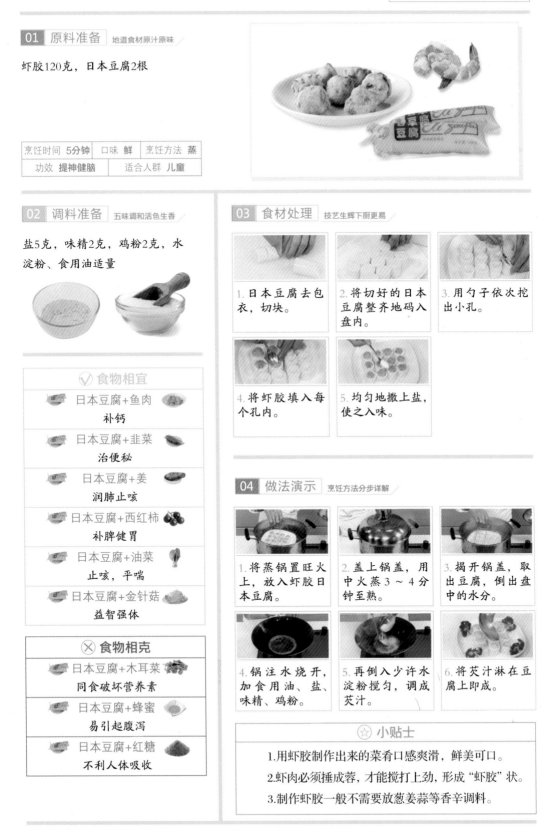

烹饪时间 5分钟	口味 鲜	烹饪方法 蒸
功效 提神健脑	适合人群 儿童	

02 调料准备 五味调和活色生香

盐5克，味精2克，鸡粉2克，水淀粉、食用油适量

✓ 食物相宜

日本豆腐+鱼肉
补钙

日本豆腐+韭菜
治便秘

日本豆腐+姜
润肺止咳

日本豆腐+西红柿
补脾健胃

日本豆腐+油菜
止咳，平喘

日本豆腐+金针菇
益智强体

✗ 食物相克

日本豆腐+木耳菜
同食破坏营养素

日本豆腐+蜂蜜
易引起腹泻

日本豆腐+红糖
不利人体吸收

03 食材处理 技艺生辉下厨更易

1.日本豆腐去包衣，切块。

2.将切好的日本豆腐整齐地码入盘内。

3.用勺子依次挖出小孔。

4.将虾胶填入每个孔内。

5.均匀地撒上盐，使之入味。

04 做法演示 烹饪方法分步详解

1.将蒸锅置旺火上，放入虾胶日本豆腐。

2.盖上锅盖，用中火蒸3～4分钟至熟。

3.揭开锅盖，取出豆腐，倒出盘中的水分。

4.锅注水烧开，加食用油、盐、味精、鸡粉。

5.再倒入少许水淀粉搅匀，调成芡汁。

6.将芡汁淋在豆腐上即成。

☆ 小贴士

1.用虾胶制作出来的菜肴口感爽滑，鲜美可口。

2.虾肉必须捶成蓉，才能搅打上劲，形成"虾胶"状。

3.制作虾胶一般不需要放葱姜蒜等香辛调料。

鲜虾蒸豆腐

Xian xia zhen dou fu

营养分析〉虾肉营养丰富，其钙含量为各种动植物食品之冠。虾肉富含蛋白质、钾、碘、镁、磷、维生素A等营养成分，其肉质松软，易于消化吸收，对身体虚弱以及病后需要调养的人均有良好的滋补作用。

制作指导〉1.豆腐烹制前，应放入清水中浸泡洗净，以去除豆腐的酸味。

2.豆腐和虾仁入蒸锅后，一定要用猛火快蒸至熟，若火候太小，蒸熟的虾仁就会失去弹性和鲜嫩的口感。其次，选购虾仁时尽量做到大小相近，才能使虾仁受热均匀，成熟后的虾仁老嫩一致，形态美观。

01 原料准备 地道食材原汁原味

豆腐350克，虾仁150克，葱花少许

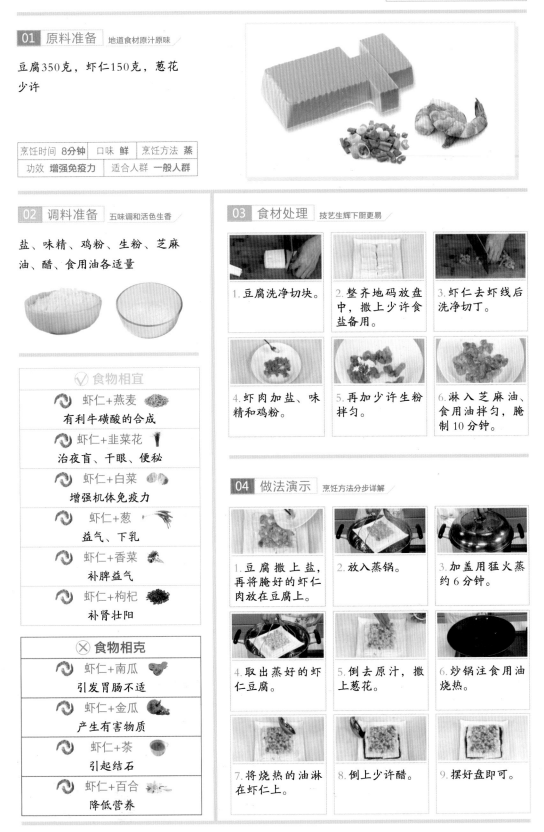

烹饪时间 8分钟	口味 鲜	烹饪方法 蒸
功效 增强免疫力	适合人群 一般人群	

02 调料准备 五味调和活色生香

盐、味精、鸡粉、生粉、芝麻油、醋、食用油各适量

☑ 食物相宜

虾仁+燕麦
有利牛磺酸的合成

虾仁+韭菜花
治夜盲、干眼、便秘

虾仁+白菜
增强机体免疫力

虾仁+葱
益气、下乳

虾仁+香菜
补脾益气

虾仁+枸杞
补肾壮阳

✕ 食物相克

虾仁+南瓜
引发胃肠不适

虾仁+金瓜
产生有害物质

虾仁+茶
引起结石

虾仁+百合
降低营养

03 食材处理 技艺生辉下厨更易

1. 豆腐洗净切块。

2. 整齐地码放盘中，撒上少许食盐备用。

3. 虾仁去虾线后洗净切丁。

4. 虾肉加盐、味精和鸡粉。

5. 再加少许生粉拌匀。

6. 淋入芝麻油、食用油拌匀，腌制10分钟。

04 做法演示 烹饪方法分步详解

1. 豆腐撒上盐，再将腌好的虾仁肉放在豆腐上。

2. 放入蒸锅。

3. 加盖用猛火蒸约6分钟。

4. 取出蒸好的虾仁豆腐。

5. 倒去原汁，撒上葱花。

6. 炒锅注食用油烧热。

7. 将烧热的油淋在虾仁上。

8. 倒上少许醋。

9. 摆好盘即可。

香酥虾

Xiang su xia

营养分析 由于虾体内本来就含有少量的砷，如果同时和维生素C进食，会与维生素C产生化学反应生成三价砷，而三价砷是有毒的，类似于砒霜，所以要避免这种情况出现。

制作指导 脆浆糊是粤菜中一个特殊的糊种，它是用面粉、发酵粉、生粉、水、油、盐等调制而成的。挂脆浆糊炸制而成的菜品具有外观光润饱满、色泽金黄、质地疏松酥脆的特点。

01 原料准备 地道食材原汁原味

虾200克，面粉150克，吉士粉20克，青椒、红椒各15克，泡打粉10克

烹饪时间	2分钟	口味	清淡	烹饪方法	拌
功效	降压降糖	适合人群	糖尿病患者		

02 调料准备 五味调和活色生香

盐4克，生粉适量

✅ 食物相宜

🦐 虾+燕麦
有利牛磺酸的合成

🦐 虾+韭菜花
治夜盲、干眼、便秘

🦐 虾+白菜
增强机体免疫力

🦐 虾+葱
益气，下乳

🦐 虾+香菜
补脾益气

🦐 虾+枸杞子
补肾壮阳

✕ 食物相克

🦐 虾+西瓜
降低免疫力

🦐 虾+猪肉
易耗人阴精

🦐 虾+南瓜
引发胃肠不适

03 食材处理 技艺生辉下厨更易

1.吉士粉、泡打粉、面粉制成脆浆粉加盐拌匀。

2.分开几次加少许温水，调成面糊状。

3.加入食用油，静置15分钟。

4.红椒先切丝后切粒。

5.青椒先切丝后切粒。

6.将洗净的虾去头剥壳，横刀将筋切断。

7.将牙签穿入虾仁中，装盘。

8.虾仁中撒上盐，再加生粉拌匀后腌10分钟。

04 做法演示 烹饪方法分步详解

1.锅注油烧五成热。虾仁裹上脆浆粉。

2.放入油锅炸大约1分钟至熟后取出。

3.将牙签取出，把炸好的虾仁装入盘中。

4.撒入青椒粒、红椒粒。

5.即可食用。

鲜虾干捞粉丝煲

Xian xia gan lao fen si bao

营养分析 虾含有丰富的蛋白质、钾、碘、镁、磷等矿物质及维生素A等成分，且其肉质松软、易消化，对身体虚弱以及病后需要调养的人是极好的食物。虾的通乳作用较强，对孕妇还有补益功效。

制作指导 粉丝可用温水先泡发。先将锅热好，再倒入冷油，再快速将泡发的粉丝倒入锅中翻炒，这样可以避免翻炒时粉丝出现粘锅现象。

01 原料准备 地道食材原汁原味

水发粉丝300克，虾仁100克，红椒末、芹菜末、葱末、姜末、蒜末各少许

烹饪时间	4分钟	口味	鲜	烹饪方法	炒
功效	提神健脑		适合人群	孕产妇	

02 调料准备 五味调和活色生香

盐、味精、生抽、料酒、水淀粉、食用油各适量

✓ 食物相宜

虾+燕麦
有利牛磺酸的合成

虾+韭菜花
治夜盲、干眼、便秘

虾+白菜
增强机体免疫力

虾+葱
益气，下乳

虾+香菜
补脾益气

虾+枸杞子
补肾壮阳

✗ 食物相克

虾+西瓜
降低免疫力

虾+猪肉
易耗人阴精

虾+南瓜
引发胃肠不适

03 食材处理 技艺生辉下厨更易

1. 把洗净的粉丝切段。

2. 虾仁切丁。

3. 虾肉加入味精、盐拌匀，再加入水淀粉拌匀。

4. 淋入少许食用油腌渍10分钟。

5. 热锅注油，烧至四成热，倒入虾肉。

6. 滑油片刻后捞出备用。

04 做法演示 烹饪方法分步详解

1. 用油起锅，倒入葱末、姜末、蒜末爆香。

2. 倒入虾肉，加料酒炒香。

3. 倒入粉丝翻炒均匀。

4. 加入盐、味精、生抽，再淋入熟油拌匀。

5. 放入芹菜末、红椒末。

6. 快速翻炒匀。

7. 盛入煲仔，置于大火上烧开。

8. 取下砂煲即可食用。

豉油皇焗虾

Chi you huang ju xia

营养分析〉虾中含有丰富的蛋白质、脂肪、维生素及钙、磷、镁等矿物质，对心脏活动具有重要的调节作用，能很好地保护心血管系统，减少血液中胆固醇含量，有利于老年人预防高血压及心肌梗死，同时虾的通乳作用较强，对孕妇有很大的补益功效。

制作指导〉炒制时加入胡椒粉可以更好地去除虾的腥味，使虾口味更丰富。

01 原料准备 地道食材原汁原味

基围虾500克，香菜少许

烹饪时间 4分钟	口味 鲜	烹饪方法 炒
功效 益气补血	适合人群 一般人群	

02 调料准备 五味调和活色生香

豉油30毫升，白糖3克，鸡粉3克，芝麻油、食用油适量

✓ 食物相宜

🦐 虾+燕麦
有利牛磺酸的合成

🦐 虾+白菜
增强机体免疫力

🦐 虾+葱
益气，下乳

🦐 虾+香菜
补脾益气

🦐 虾+枸杞
补肾壮阳

🦐 虾+豆腐
利于消化

✗ 食物相克

🦐 虾+西瓜
降低免疫力

🦐 虾+猪肉
易耗人阴精

🦐 虾+南瓜
引发痢疾

03 食材处理 技艺生辉下厨更易

1. 热锅注油，烧至六成热。

2. 倒入处理干净的基围虾。

3. 搅散，炸约2分钟至熟。

4. 将炸好的基围虾捞出沥干油。

5. 装入盘中备用。

04 做法演示 烹饪方法分步详解

1. 用油起锅。

2. 加20毫升清水，加豉油、鸡粉、白糖拌匀。

3. 煮沸，制成豉油皇。

4. 倒入滑油后的基围虾，翻炒至入味。

5. 加入适量的芝麻油。

6. 翻炒匀至入味。

7. 盛出摆盘。

8. 用香菜装饰后即可食用。

茄汁虾丸

Qie zhi xia wan

营养分析〉虾肉肉质松软，易消化，蛋白质含量相当高。虾仁还含有丰富的钾、碘、镁、磷等矿物质及维生素A等成分，具有补肾壮阳、增强免疫力等功效。尤其适宜身体虚弱以及病后需要调养的人食用。

制作指导〉烹饪此菜肴，用油不能太多，否则茨汁不宜粘在虾丸上；另外，勾茨时要把握好茨汁的稀稠度，否则会影响菜肴的质量。

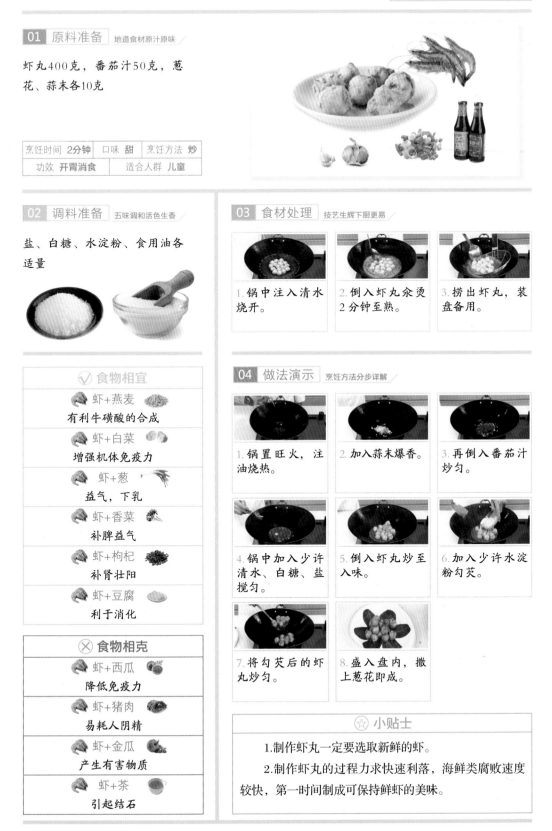

01 原料准备 地道食材原汁原味

虾丸400克，番茄汁50克，葱花、蒜末各10克

烹饪时间 **2分钟**	口味 **甜**	烹饪方法 **炒**
功效 **开胃消食**		适合人群 **儿童**

02 调料准备 五味调和活色生香

盐、白糖、水淀粉、食用油各适量

✓ 食物相宜

虾+燕麦
有利牛磺酸的合成

虾+白菜
增强机体免疫力

虾+葱
益气，下乳

虾+香菜
补脾益气

虾+枸杞
补肾壮阳

虾+豆腐
利于消化

✗ 食物相克

虾+西瓜
降低免疫力

虾+猪肉
易耗人阴精

虾+金瓜
产生有害物质

虾+茶
引起结石

03 食材处理 技艺生辉下厨更易

1. 锅中注入清水烧开。

2. 倒入虾丸汆烫2分钟至熟。

3. 捞出虾丸，装盘备用。

04 做法演示 烹饪方法分步详解

1. 锅置旺火，注油烧热。

2. 加入蒜末爆香。

3. 再倒入番茄汁炒匀。

4. 锅中加入少许清水、白糖、盐搅匀。

5. 倒入虾丸炒至入味。

6. 加入少许水淀粉勾芡。

7. 将勾芡后的虾丸炒匀。

8. 盛入盘内，撒上葱花即成。

☆ 小贴士

1.制作虾丸一定要选取新鲜的虾。

2.制作虾丸的过程力求快速利落，海鲜类腐败速度较快，第一时间制成可保持鲜虾的美味。

韭黄炒虾仁

Jiu huang chao xia ren

营养分析 虾仁营养丰富，其中钙的含量为各种动植物食品之冠。其蛋白质含量也相当高，还富含钾、碘等矿物质及维生素A等营养成分，且其肉质松软、味道鲜美，还易消化，对身体虚弱以及病后需要调养的人是极好的营养食物。

制作指导 虾仁入锅炒制时火不要太大，而且时间不要太长，这样炒出的虾仁才够嫩。

01 原料准备 地道食材原汁原味

韭黄250克，虾仁150克，青蒜苗段20克，红椒丝少许

| 烹饪时间 **2分钟** | 口味 **清淡** | 烹饪方法 **炒** |
| 功效 **保肝护肾** | 适合人群 **一般人群** | |

02 调料准备 五味调和活色生香

盐2克，味精1克，水淀粉、料酒各适量

✔ 食物相宜

虾+燕麦
有利牛磺酸的合成

虾+白菜
增强机体免疫力

虾+葱
益气，下乳

虾+香菜
补脾益气

虾+豆苗
增强体质，促进食欲

虾+枸杞
补肾壮阳

✘ 食物相克

虾+西瓜
降低免疫力

虾+猪肉
易耗人阴精

虾+南瓜
引发肠胃不适

03 食材处理 技艺生辉下厨更易

1. 将洗净的韭黄切段。

2. 再把洗好的虾仁从背部划开。

3. 虾加盐、味精、水淀粉、油腌渍3～5分钟。

4. 锅置旺火，注油烧热。

5. 倒入虾仁滑油片刻捞出。

04 做法演示 烹饪方法分步详解

1. 锅留底油，倒入青蒜苗、红椒丝炒。

2. 再倒入韭黄和虾仁炒匀。

3. 加入盐、味精、料酒。

4. 炒至入味。

5. 将炒好的菜盛入盘内即可。

☆ 小贴士

1. 多吃韭黄可养肝，增强脾胃之气。

2. 蒜苗不宜烹制得过烂，以免辣素被破坏，杀菌作用降低。

茄汁基围虾

Qie zhi ji wei xia

营养分析 基围虾富含蛋白质、脂肪、碳水化合物、谷氨酸、维生素和钙、磷、镁等多种矿物质，具有补肾、壮阳、通乳之功效，能很好地保护心血管系统，降低血液的胆固醇含量，防止动脉硬化，同时还能扩张冠状动脉，有利于预防高血压及心肌梗死。

制作指导 烹饪此菜时，加少许柠檬汁，可去除腥味，使虾更鲜香。

01 原料准备 地道食材原汁原味

基围虾250克，番茄酱20克，蒜末、红椒末、洋葱末各少许

烹饪时间 2分钟	口味 酸	烹饪方法 炒
功效 开胃消食	适合人群 儿童	

02 调料准备 五味调和活色生香

盐2克，白糖、食用油各适量

✓ 食物相宜

虾+燕麦
有利牛磺酸的合成

虾+韭菜花
治夜盲、干眼、便秘

虾+白菜
增强机体免疫力

虾+葱
益气，下乳

虾+香菜
补脾益气

✗ 食物相克

虾+西瓜
降低免疫力

虾+猪肉
易耗人阴精

虾+南瓜
引发胃肠不适

虾+茶
引起结石

03 食材处理 技艺生辉下厨更易

1.基围虾洗净，并剪去头须以及虾脚。

2.再将背部切开，抽出虾线。

3.倒入半锅油，烧至七成热，倒入基围虾。

4.将虾用小火浸炸约2分钟至熟且呈红色。

5.将炸好的虾捞出，沥油备用。

04 做法演示 烹饪方法分步详解

1.锅置旺火，注油烧热。

2.倒入蒜末、红椒末以及洋葱末爆香。

3.再倒入番茄酱拌匀。

4.加入白糖、盐炒匀。

5.倒入炸好的基围虾。

6.拌炒均匀直至入味。

7.最后，将做好的茄汁基围虾夹入盘中。

8.浇上锅中的原汁即可。

鲜虾烩冬蓉

Xian xia hui dong rong

营养分析 冬瓜含有蛋白质、碳水化合物、维生素A、维生素C、维生素B$_1$、维生素B$_6$、钙、铁、镁、磷、钾等营养物质，具有润肺生津、化痰止渴、利尿消肿、清热祛暑、解毒的功效。冬瓜中的膳食纤维含量也很高，能刺激肠道蠕动，加速排出肠道里积存的致癌物质，尤其适宜便秘者食用。

制作指导 虾粒在水煮沸后再倒入煮，而且时间不宜过长，这样能保证它的鲜嫩度，口感会更佳。

01 原料准备 地道食材原汁原味

冬瓜300克，虾仁50克，鸡蛋1个

烹饪时间 6分钟	口味 鲜	烹饪方法 煮
功效 清热解毒		适合人群 女性

02 调料准备 五味调和活色生香

盐、味精、水淀粉、料酒、高汤、鸡粉、胡椒粉、芝麻油、食用油各适量

✓ 食物相宜

冬瓜+海带
降低血压

冬瓜+芦笋
降低血脂

冬瓜+甲鱼
润肤，明目

冬瓜+鲢鱼
可辅助治疗产后气血亏虚

冬瓜+口蘑
利小便，降血压

✗ 食物相克

冬瓜+鲫鱼
尿量增多

冬瓜+醋
降低营养价值

☆ 小贴士

鸡蛋在煎、炒、烹、炸、煮、蒸等各种食法中，以煮、蒸较好，并注意宜嫩不宜老，这样容易消化吸收。

03 食材处理 技艺生辉下厨更易

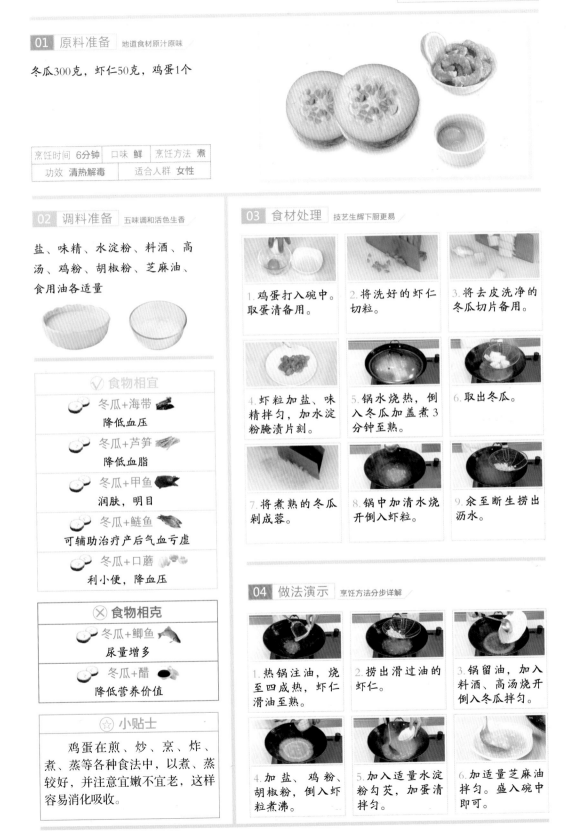

1.鸡蛋打入碗中。取蛋清备用。

2.将洗好的虾仁切粒。

3.将去皮洗净的冬瓜切片备用。

4.虾粒加盐、味精拌匀，加水淀粉腌渍片刻。

5.锅水烧热，倒入冬瓜加盖煮3分钟至熟。

6.取出冬瓜。

7.将煮熟的冬瓜剁成蓉。

8.锅中加清水烧开倒入虾粒。

9.汆至断生捞出沥水。

04 做法演示 烹饪方法分步详解

1.热锅注油，烧至四成热，虾仁滑油至熟。

2.捞出滑过油的虾仁。

3.锅留油，加入料酒、高汤烧开倒入冬瓜拌匀。

4.加盐、鸡粉、胡椒粉，倒入虾粒煮沸。

5.加入适量水淀粉勾芡，加蛋清拌匀。

6.加适量芝麻油拌匀。盛入碗中即可。

莴笋木耳炒虾仁

Wo sun mu er chao xia ren

营养分析〉虾仁富含蛋白质、脂肪、谷氨酸、糖类、维生素以及钙、磷、铁等矿物质，具有补肾壮阳、通乳之功效，可辅助治疗腰痛、腿软、筋骨疼痛、失眠。此外，虾仁含有的微量元素硒能有效预防癌症。

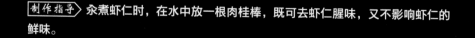

制作指导〉汆煮虾仁时，在水中放一根肉桂棒，既可去虾仁腥味，又不影响虾仁的鲜味。

01 原料准备 地道食材原汁原味

水发木耳80克，莴笋70克，虾仁60克，胡萝卜片50克，蒜末、姜片、葱白各少许

烹饪时间 1.5分钟	口味 鲜	烹饪方法 炒
功效 保肝护肾	适合人群 男性	

02 调料准备 五味调和活色生香

盐5克，水淀粉10毫升，味精、料酒、鸡粉、白糖、食用油各适量

✓ 食物相宜	✗ 食物相克
虾+燕麦 有利牛磺酸的合成	虾+橄榄 可能引起身体不适
虾+葱 益气，下乳	虾+苦瓜 可能引起身体不适
虾+香菜 补脾益气	虾+茶 易引起结石
虾+豆腐 利于消化	

03 食材处理 技艺生辉下厨更易

01.将去皮洗净的莴笋切成片。
02.洗净的木耳切去根部，切成片。
03.洗好的虾仁背部切开，挑去虾线后盛入碗中。
04.虾仁加少许盐、味精、水淀粉抓匀，倒入少许食用油，腌渍至入味。
05.锅中加适量清水，加盐、鸡粉、食用油，拌匀后煮沸。
06.倒入莴笋片、胡萝卜片拌匀。
07.倒入木耳拌匀。
08.将焯好的材料捞出装盘。
09.倒入虾仁。
10.汆煮片刻后捞出，盛入碗中。
11.热锅注油，烧至五成热，倒入虾仁。
12.滑油至熟后捞出。

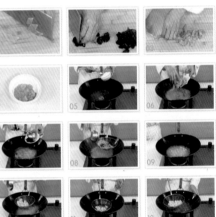

04 做法演示 烹饪方法分步详解

01.锅底留油，倒入姜片、蒜末、葱白爆香。
02.倒入莴笋片、胡萝卜片、木耳。
03.拌炒均匀。
04.倒入虾仁炒匀，淋入料酒炒香。
05.加入盐、白糖、味精炒匀调味。
06.倒入少许水淀粉。
07.拌炒均匀。
08.盛出装盘即可。

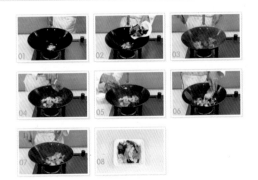

火龙果海鲜盏

Huo long guo hai xian zhan

营养分析 火龙果是一种低能量、高纤维的水果，水溶性膳食纤维含量非常丰富，因此具有减肥、降低血糖、预防大肠癌等功效。火龙果还含有美白皮肤的维生素C以及具有抗氧化、抗自由基、抗衰老作用的花青素。

制作指导 因火龙果富含的维生素C极易受到热、光、氧的破坏，所以火龙果入锅的时间不宜太久，应快炒出锅。

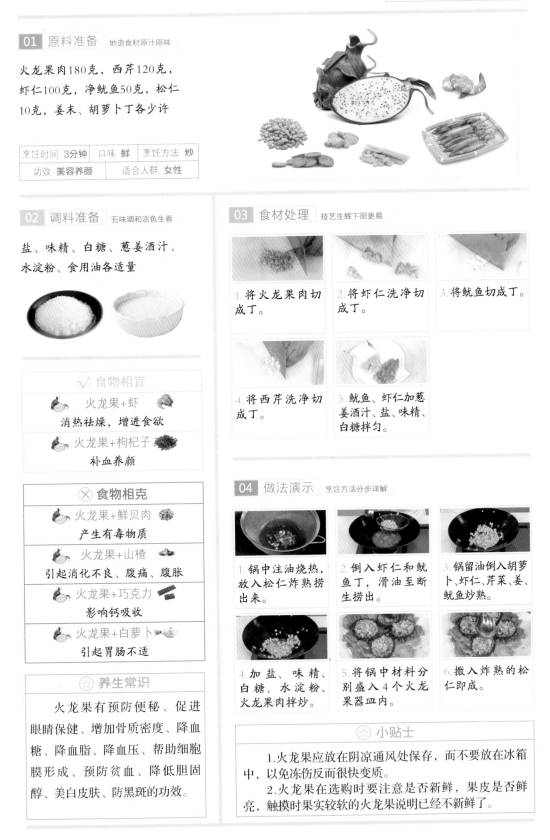

01 原料准备 地道食材原汁原味

火龙果肉180克，西芹120克，虾仁100克，净鱿鱼50克，松仁10克，姜末、胡萝卜丁各少许

烹饪时间 3分钟	口味 鲜	烹饪方法 炒
功效 美容养颜		适合人群 女性

02 调料准备 五味调和活色生香

盐、味精、白糖、葱姜酒汁、水淀粉、食用油各适量

✓ 食物相宜

火龙果+虾
消热祛燥，增进食欲

火龙果+枸杞子
补血养颜

✕ 食物相克

火龙果+鲜贝肉
产生有毒物质

火龙果+山楂
引起消化不良、腹痛、腹胀

火龙果+巧克力
影响钙吸收

火龙果+白萝卜
引起胃肠不适

☆ 养生常识

火龙果有预防便秘、促进眼睛保健、增加骨质密度、降血糖、降血脂、降血压、帮助细胞膜形成、预防贫血、降低胆固醇、美白皮肤、防黑斑的功效。

03 食材处理 技艺生辉下厨更易

1. 将火龙果肉切成丁。

2. 将虾仁洗净切成丁。

3. 将鱿鱼切成丁。

4. 将西芹洗净切成丁。

5. 鱿鱼、虾仁加葱姜酒汁、盐、味精、白糖拌匀。

04 做法演示 烹饪方法分步详解

1. 锅中注油烧热，放入松仁炸熟捞出来。

2. 倒入虾仁和鱿鱼丁，滑油至断生捞出。

3. 锅留油倒入胡萝卜、虾仁、芹菜、姜、鱿鱼炒熟。

4. 加盐、味精、白糖、水淀粉、火龙果肉拌炒。

5. 将锅中材料分别盛入4个火龙果器皿内。

6. 撒入炸熟的松仁即成。

☆ 小贴士

1. 火龙果应放在阴凉通风处保存，而不要放在冰箱中，以免冻伤反而很快变质。

2. 火龙果在选购时要注意是否新鲜，果皮是否鲜亮，触摸时果实较软的火龙果说明已经不新鲜了。

虾仁豆腐

Xia ren dou fu

营养分析 豆腐营养丰富，含有铁、钙、磷、镁等人体必需的多种营养元素，可补中益气、清热润燥、生津止渴、清洁肠胃。虾富含蛋白质、钾、碘、镁、磷等，肉质松软，易消化，对身体虚弱以及病后需要调养的人是极好的食物。

制作指导 豆腐和虾仁不宜蒸太久，否则会影响口感。

01 原料准备 地道食材原汁原味

豆腐250克，虾仁100克，上海青50克，葱段、姜片、蒜末各少许

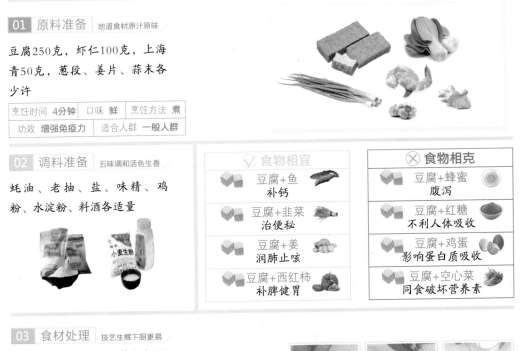

烹饪时间 4分钟	口味 鲜	烹饪方法 煮
功效 增强免疫力	适合人群 一般人群	

02 调料准备 五味调和活色生香

蚝油、老抽、盐、味精、鸡粉、水淀粉、料酒各适量

✓ 食物相宜	✗ 食物相克
豆腐+鱼 补钙	豆腐+蜂蜜 腹泻
豆腐+韭菜 治便秘	豆腐+红糖 不利人体吸收
豆腐+姜 润肺止咳	豆腐+鸡蛋 影响蛋白质吸收
豆腐+西红柿 补脾健胃	豆腐+空心菜 同食破坏营养素

03 食材处理 技艺生辉下厨更易

01.将洗净的虾仁从背部切开。
02.洗好的上海青对半切开，去叶留梗，洗净的豆腐切条块。
03.虾仁加盐、味精、料酒抓匀，再加少许水淀粉抓匀，腌渍片刻。
04.锅中注水烧热，倒入虾仁。
05.余烫片刻捞起。
06.起锅热油，烧至六成热，入豆腐块。
07.炸至金黄色，捞出沥油。
08.另起锅注水烧热，倒入上海青。
09.焯煮约1分钟至熟捞出。

04 做法演示 烹饪方法分步详解

01.炒锅热油，加入蒜末、姜片、葱白炒香。
02.倒入煮好的虾仁。
03.加少许料酒炒匀。
04.倒入适量清水。
05.煮开后加入蚝油、老抽、盐、味精、鸡粉，炒匀。
06.再倒入豆腐块炒匀，煮片刻。
07.加水淀粉勾芡，倒入葱叶炒匀。
08.盛入装有上海青的盘即成。

☆ 小贴士

　　豆腐含有丰富的蛋白质，一次不可食用过多。食用过多不仅阻碍人体对铁的吸收，而且容易出现腹胀、腹泻等症状。

蒜蓉虾仁娃娃菜

Suan rong xia ren wa wa cai

营养分析〉虾富含蛋白质、钾、碘、镁、磷、维生素A等营养成分，其肉质松软，易于人体消化吸收。此外，虾还含有丰富的钙质，对身体虚弱以及病后需要调养的人均有良好的滋补作用。

制作指导〉爆香虾仁时，要用大火快速爆炒，入锅时间不宜过久，以免失去虾仁鲜嫩的口感。

01 原料准备 地道食材原汁原味

娃娃菜450克，虾仁150克，胡萝卜20克，蒜蓉适量

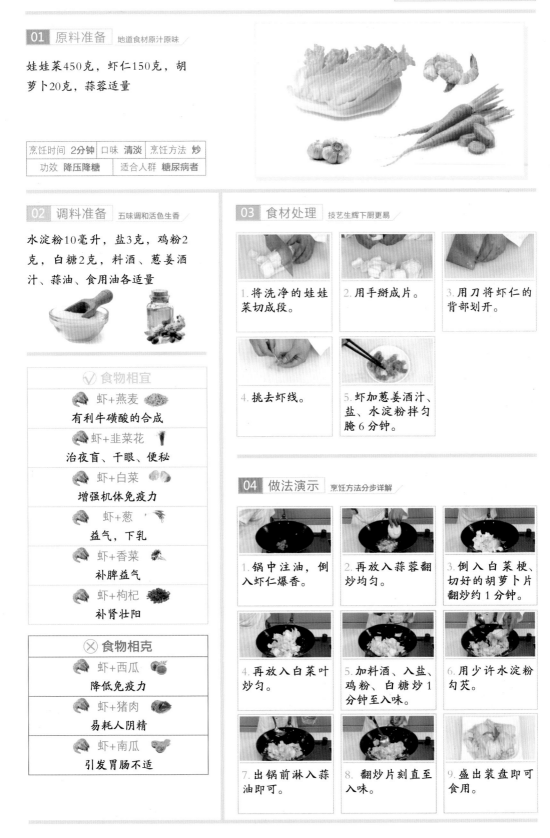

烹饪时间 **2分钟**	口味 **清淡**	烹饪方法 **炒**
功效 **降压降糖**	适合人群 **糖尿病者**	

02 调料准备 五味调和活色生香

水淀粉10毫升，盐3克，鸡粉2克，白糖2克，料酒、葱姜酒汁、蒜油、食用油各适量

✅ 食物相宜

🦐 虾+燕麦
有利牛磺酸的合成

🦐 虾+韭菜花
治夜盲、干眼、便秘

🦐 虾+白菜
增强机体免疫力

🦐 虾+葱
益气，下乳

🦐 虾+香菜
补脾益气

🦐 虾+枸杞
补肾壮阳

❌ 食物相克

🦐 虾+西瓜
降低免疫力

🦐 虾+猪肉
易耗人阴精

🦐 虾+南瓜
引发胃肠不适

03 食材处理 技艺生辉下厨更易

1. 将洗净的娃娃菜切成段。

2. 用手掰成片。

3. 用刀将虾仁的背部划开。

4. 挑去虾线。

5. 虾加葱姜酒汁、盐、水淀粉拌匀腌6分钟。

04 做法演示 烹饪方法分步详解

1. 锅中注油，倒入虾仁爆香。

2. 再放入蒜蓉翻炒均匀。

3. 倒入白菜梗、切好的胡萝卜片翻炒约1分钟。

4. 再放入白菜叶炒匀。

5. 加料酒、入盐、鸡粉、白糖炒1分钟至入味。

6. 用少许水淀粉勾芡。

7. 出锅前淋入蒜油即可。

8. 翻炒片刻直至入味。

9. 盛出装盘即可食用。

蒜蓉干贝蒸丝瓜

Suan rong gan bei zheng si gua

营养分析 丝瓜中维生素C的含量较高，可用于预防各种维生素C缺乏症。丝瓜中富含的维生素B_1有利于小儿大脑发育及中老年人保持大脑健康。

制作指导 丝瓜味道清甜，烹制丝瓜时应注意尽量保持其清淡的口味，不宜加老抽、豆瓣酱等口味较重的酱料，以免抢味。

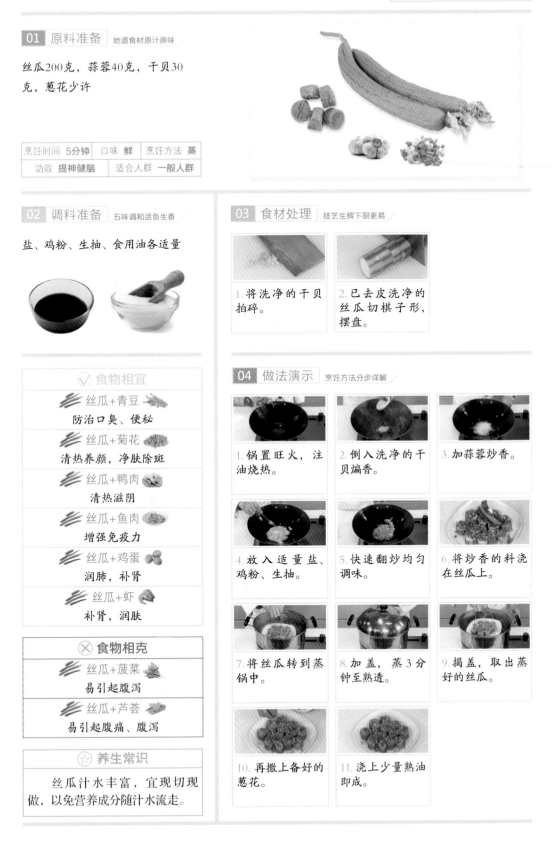

01 原料准备 地道食材原汁原味

丝瓜200克，蒜蓉40克，干贝30克，葱花少许

烹饪时间 **5分钟**	口味 **鲜**	烹饪方法 **蒸**
功效 **提神健脑**	适合人群 **一般人群**	

02 调料准备 五味调和活色生香

盐、鸡粉、生抽、食用油各适量

03 食材处理 技艺生辉下厨更易

1.将洗净的干贝拍碎。

2.已去皮洗净的丝瓜切棋子形，摆盘。

✓ 食物相宜

丝瓜+青豆
防治口臭、便秘

丝瓜+菊花
清热养颜，净肤除斑

丝瓜+鸭肉
清热滋阴

丝瓜+鱼肉
增强免疫力

丝瓜+鸡蛋
润肺，补肾

丝瓜+虾
补肾，润肤

✗ 食物相克

丝瓜+菠菜
易引起腹泻

丝瓜+芦荟
易引起腹痛、腹泻

☆ 养生常识

丝瓜汁水丰富，宜现切现做，以免营养成分随汁水流走。

04 做法演示 烹饪方法分步详解

1.锅置旺火，注油烧热。

2.倒入洗净的干贝煸香。

3.加蒜蓉炒香。

4.放入适量盐、鸡粉、生抽。

5.快速翻炒均匀调味。

6.将炒香的料浇在丝瓜上。

7.将丝瓜转到蒸锅中。

8.加盖，蒸3分钟至熟透。

9.揭盖，取出蒸好的丝瓜。

10.再撒上备好的葱花。

11.浇上少量熟油即成。

蒜蓉粉丝蒸扇贝

Suan rong fen si zheng shan bei

营养分析 粉丝中含有碳水化合物、膳食纤维、蛋白质、烟酸和矿物质等，能增强免疫力、促进消化。但粉丝铝含量较多，故一次不宜食用过多。扇贝味道鲜美，营养丰富，与海参、鲍齐名，并列为海味中的三大珍品。其所含丰富的维生素E，能抑制皮肤衰老、防止色素沉着、驱除因皮肤过敏或是感染而引起的皮肤干燥和瘙痒等皮肤损害。

制作指导 扇贝本身极具鲜味，所以在烹调时应少放鸡精和盐，以免破坏扇贝的天然鲜味。

01 原料准备　地道食材原汁原味

扇贝300克，水发粉丝100克，
蒜蓉30克，葱花少许

| 烹饪时间 **7分钟** | 口味 **咸** | 烹饪方法 **蒸** |
| 功效 **增强免疫力** | 适合人群 **男性** | |

02 调料准备　五味调和活色生香

盐、鸡粉、生抽、食用油各适量

03 食材处理　技艺生辉下厨更易

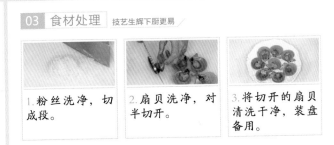

1.粉丝洗净，切成段。

2.扇贝洗净，对半切开。

3.将切开的扇贝清洗干净，装盘备用。

✓ 食物相宜

扇贝+瘦肉

养脾补虚

✕ 食物相克

扇贝+蚕豆

会使营养成分流失

扇贝+玉米

会使营养成分流失

☆ 小贴士

1.鉴别扇贝是否新鲜很容易，两扇壳没有开口，则大多是活的。

2.扇贝宜放在淡盐水中保存。

3.一定要用刷子把扇贝的壳仔细地刷干净，还要把壳边类似胡须的贝脚用手拨掉。

4.扇贝蛋白质含量高，过量食用会影响胃的消化功能，导致食物积滞，还可能引发皮疹或旧症。

04 做法演示　烹饪方法分步详解

1.起油锅，倒入蒜蓉。

2.炸至金黄色后盛入碗中备用。

3.将扇贝上撒上粉丝。

4.炸好的蒜蓉加入盐、鸡粉，搅拌均匀。

5.将调好味的蒜蓉浇在扇贝、粉丝上。

6.放入蒸锅。

7.盖上锅盖，中火蒸约5分钟至扇贝、粉丝熟透。

8.揭开锅盖，取出已蒸好的粉丝扇贝。

9.撒入葱花。

10.淋入少许生抽调味。

11.再浇上适量热油即成。

蒜蓉粉丝蒸蛏子

Suan rong fen si zheng cheng zi

营养分析 蛏子含有丰富的蛋白质、钙、铁、硒、维生素A等营养元素，滋味鲜美，营养价值高，具有补虚的功能。此外，蛏子富含碘和硒，它是孕妇、老年人的良好保健食品。常食蛏子有益于脑的营养补充，有健脑益智的作用。

制作指导 蛏子用淡盐水浸泡，较容易清洗。

01 原料准备 地道食材原汁原味

蛏子300克，水发粉丝100克，
蒜蓉30克，葱花少许

| 烹饪时间 25分钟 | 口味 鲜 | 烹饪方法 蒸 |
| 功效 开胃消食 | 适合人群 一般人群 | |

02 调料准备 五味调和活色生香

味精、盐、生抽、食用油各适量

☑ 食物相宜

🦪蛏子+西瓜🍉
辅助治疗中暑、血痢

🦪蛏子+黄酒
治疗产后虚损、少乳

⊗ 食物相克

🦪蛏子+酒
易引发痛风

☆ 养生常识

1.蛏肉含丰富蛋白质、钙、
铁、硒、维生素A等营养元素，
滋味鲜美，营养价值高，具有补
虚的功能。

2.蛏肉甘、咸寒，用于产后
虚寒、烦热痢疾，壳可用于医治
胃病、咽喉肿痛。

3.蛏子为发物，过量食用可
引发慢性疾病。脾胃虚寒、腹泻
者应少食。

03 食材处理 技艺生辉下厨更易

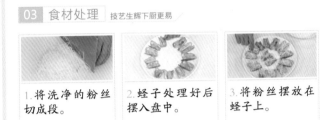

1.将洗净的粉丝切成段。

2.蛏子处理好后摆入盘中。

3.将粉丝摆放在蛏子上。

04 做法演示 烹饪方法分步详解

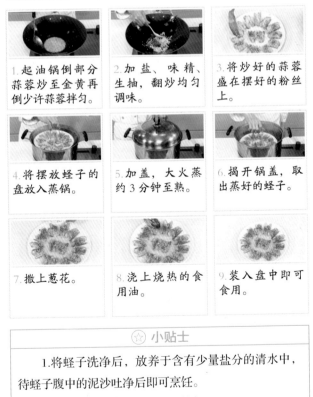

1.起油锅倒部分蒜蓉炒至金黄再倒少许蒜蓉拌匀。

2.加盐、味精、生抽，翻炒均匀调味。

3.将炒好的蒜蓉盛在摆好的粉丝上。

4.将摆放蛏子的盘放入蒸锅。

5.加盖，大火蒸约3分钟至熟。

6.揭开锅盖，取出蒸好的蛏子。

7.撒上葱花。

8.浇上烧热的食用油。

9.装入盘中即可食用。

☆ 小贴士

1.将蛏子洗净后，放养于含有少量盐分的清水中，
待蛏子腹中的泥沙吐净后即可烹饪。

2.蛏子不宜保存，建议现买现食。

干贝冬瓜竹荪汤

Gan bei dong gua zhu sun tang

营养分析 冬瓜含有蛋白质、碳水化合物、维生素A、维生素B₁、维生素B₆、维生素C及钙、铁、镁、磷等矿物质，具有润肺生津、化痰止渴、利尿消肿、清热祛暑的功效。冬瓜的膳食纤维含量很高，能刺激肠道蠕动，加速排出肠道里积存的致癌物质。

制作指导 冬瓜不宜炒制太久，以免影响成品口感和外观。

01 原料准备 地道食材原汁原味

冬瓜200克，水发竹荪20克，水发干贝15克，姜片、葱花各少许

烹饪时间 6分钟	口味 鲜	烹饪方法 炒
功效 清热解毒	适合人群 一般人群	

02 调料准备 五味调和活色生香

盐3克，味精1克，鸡粉2克，料酒、胡椒粉、白糖、食用油各适量

✅ 食物相宜

冬瓜+海带
降低血压

冬瓜+芦笋
降低血脂

冬瓜+甲鱼
润肤，明目

冬瓜+鲢鱼
可辅助治疗产后气血亏虚

冬瓜+口蘑
利小便，降血压

☆ 小贴士

1.干贝表面呈金黄色，掰开来看，里面也是金黄或略呈棕色的就是新鲜的标志，如果表面有一层薄薄的白粉状的附着物，则是风干多时的，这样的瑶柱，用来煲汤、做粥品还可以，但用来做菜，味道就会稍逊一些。

2.干贝相对于其他干货的涨发要简单许多，原则上用姜葱汤蒸炖即可，用意是去除其本身轻微的腥味。

03 食材处理 技艺生辉下厨更易

1.冬瓜去皮洗净，切成片。

2.洗净的竹荪切成段。

04 做法演示 烹饪方法分步详解

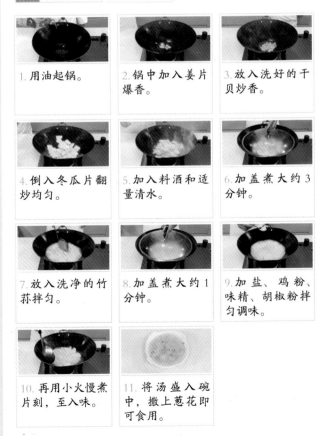

1.用油起锅。

2.锅中加入姜片爆香。

3.放入洗好的干贝炒香。

4.倒入冬瓜片翻炒均匀。

5.加入料酒和适量清水。

6.加盖煮大约3分钟。

7.放入洗净的竹荪拌匀。

8.加盖煮大约1分钟。

9.加盐、鸡粉、味精、胡椒粉拌匀调味。

10.再用小火慢煮片刻，至入味。

11.将汤盛入碗中，撒上葱花即可食用。

花蛤苦瓜汤

Hua jia ku gua tang

营养分析 苦瓜含丰富的蛋白质、脂肪、碳水化合物、多种维生素及钙、磷、铁等矿物质，长期食用，能解疲乏、清热祛暑、明目解毒、益气壮阳、降压降糖，还有助于加速伤口愈合，使皮肤细嫩柔滑。

制作指导 清洗花蛤时，放少许盐，有利于将花蛤清洗干净。

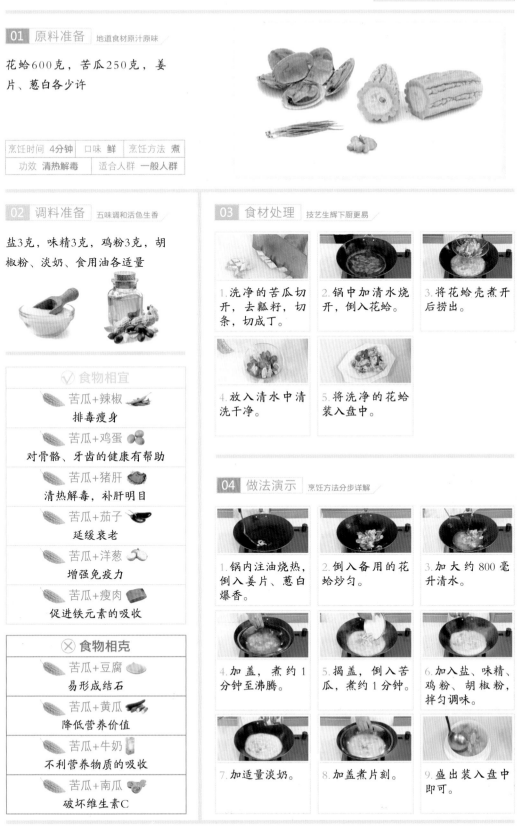

01 原料准备 地道食材原汁原味

花蛤600克，苦瓜250克，姜片、葱白各少许

烹饪时间 4分钟	口味 鲜	烹饪方法 煮
功效 清热解毒	适合人群 一般人群	

02 调料准备 五味调和活色生香

盐3克，味精3克，鸡粉3克，胡椒粉、淡奶、食用油各适量

✔ 食物相宜

苦瓜+辣椒
排毒瘦身

苦瓜+鸡蛋
对骨骼、牙齿的健康有帮助

苦瓜+猪肝
清热解毒，补肝明目

苦瓜+茄子
延缓衰老

苦瓜+洋葱
增强免疫力

苦瓜+瘦肉
促进铁元素的吸收

✕ 食物相克

苦瓜+豆腐
易形成结石

苦瓜+黄瓜
降低营养价值

苦瓜+牛奶
不利营养物质的吸收

苦瓜+南瓜
破坏维生素C

03 食材处理 技艺生辉下厨更易

1.洗净的苦瓜切开，去瓤籽，切条，切成丁。

2.锅中加清水烧开，倒入花蛤。

3.将花蛤壳煮开后捞出。

4.放入清水中清洗干净。

5.将洗净的花蛤装入盘中。

04 做法演示 烹饪方法分步详解

1.锅内注油烧热，倒入姜片、葱白爆香。

2.倒入备用的花蛤炒匀。

3.加大约800毫升清水。

4.加盖，煮约1分钟至沸腾。

5.揭盖，倒入苦瓜，煮约1分钟。

6.加入盐、味精、鸡粉、胡椒粉，拌匀调味。

7.加适量淡奶。

8.加盖煮片刻。

9.盛出装入盘中即可。

冬笋海味汤

Dong sun hai wei tang

营养分析 冬笋富含蛋白质、氨基酸、维生素、糖类以及钙、铁、磷等矿物质，有清热化痰、益气和胃、治消渴、利水道、帮助消化、去积食、防便秘等功效。另外，冬笋是低脂肪、低热量的食品，是肥胖者的减肥佳品。

制作指导 冬笋可先焯水，然后放入清水中清洗，以去其涩味。

01 原料准备 地道食材原汁原味

净鱿鱼180克，冬笋120克，姜丝少许，虾米、上海青各适量

烹饪时间 4.5分钟	口味 鲜	烹饪方法 煮
功效 开胃消食	适合人群 老年人	

02 调料准备 五味调和活色生香

盐3克，鸡粉、料酒、胡椒粉、芝麻油各适量

食物相宜

冬笋+鸡肉
暖胃益气，补精填髓

冬笋+莴笋
辅助治疗肺热痰火

冬笋+鲫鱼
辅助治疗小儿麻痹

冬笋+猪腰
补肾利尿

冬笋+猪肉
辅助治疗肥胖症

冬笋+枸杞子
辅助治疗咽喉疼痛

食物相克

冬笋+红糖
对身体不利

冬笋+羊肉
易导致腹痛

冬笋+羊肝
对身体不利

冬笋+豆腐
易形成结石

03 食材处理 技艺生辉下厨更易

1. 鱿鱼去外皮，切上"十"字花刀，切成片。

2. 将洗净的冬笋切成片。

04 做法演示 烹饪方法分步详解

1. 锅中加入适量清水。

2. 放入姜丝。

3. 倒入笋片、虾米搅匀烧开。

4. 倒入鱿鱼片，加盐、鸡粉。

5. 拌匀后略煮。

6. 加少许料酒拌匀调味。

7. 放入洗净的上海青拌匀。

8. 加少许胡椒粉拌匀。

9. 再淋入少许芝麻油。

10. 搅拌均匀。

11. 盛出装入碗中即可。